O LIVRO DAS PEDRAS SAGRADAS

Toda a Verdade sobre os Cristais

Barbara G. Walker

O LIVRO DAS PEDRAS SAGRADAS

Toda a Verdade sobre os Cristais

Tradução
ADAIL UBIRAJARA SOBRAL
MARIA STELA GONÇALVES

Fotografias
WERNER P. BRODDE

EDITORA CULTRIX
São Paulo

Título do original:
The Book of Sacred Stones
Fact and Fallacy in the Crystal World

Agradecemos pela permissão de fazer citações dos seguintes livros: *The Spiritual Value of Gem Stones* por Wally e Jenny Richardson e Leonora Huett, Devorss and Company, Publisher, Marina Del Rey, Califórnia, 1980; *The Crystal Connection* por Randall N. e Vicki V. Baer, Harper & Row, Inc., Publishers, Nova York, Nova York, 1984; e do livro de Daya Sarai Chocron, *Healing with Crystals and Gemstones*, copyright 1986 por Daya Sarai Chocron (York Beach, ME: Samuel Weiser, Inc., 1986).

Edição	Ano
2-3-4-5-6-7-8-9-10	95-96-97

Direitos de tradução para o Brasil
adquiridos com exclusividade pela
EDITORA CULTRIX LTDA.
Rua Dr. Mário Vicente, 374 – 04270-000 – São Paulo, SP – Fone: 272 1399
que se reserva a propriedade literária desta tradução.

Impresso em nossas oficinas gráficas.

Sumário

Agradecimentos

Pela sua generosa ajuda, agradeço a meu marido, Gordon N. Walker; a meu fotógrafo, Werner P. Brodde; e a todos os que cederam gentilmente espécimes minerais para fotografar: Helga Brodde, Joseph Cilen, Allan W. Eckert, Lisa Miller, Nick Rochester, John Rudowski, Phyllis e Bud Schiffer, Susan Schmitt, Donna Wilshire, e o Morris Museum of Arts and Sciences.

Pela terra que é Sua carne,
Pelo ar que é Seu hálito,
Pelo fogo que é Seu espírito ativo,
Pelas águas vivas do Seu ventre,
E pelas pedras que são Seus ossos,
Que a Paz da Deusa esteja no seu coração,
E que uma parte da Deusa
Sempre esteja com você.

Canto de Bruxa Modificado

Parte Um
A Mitologia e a Cultura dos Cristais

Introdução

Nos últimos vinte anos vem ocorrendo algo que tem poucos paralelos na história. Um ramo da ciência natural – que significa, no sentido antigo, "conhecimento da natureza" – vem passando por uma reversão de progresso. Quer dizer, a informação geral sobre o campo caminhou para trás, do conhecimento para a ignorância, e não ao contrário.

Boa parte da nossa compreensão do mundo desenvolveu-se pouco a pouco a partir de erros anteriores. A química se desenvolveu a partir da alquimia; a astronomia, da astrologia; a medicina, da magia; a zoologia, dos grosseiros bestiários medievais. A mineralogia desenvolveu-se do misticismo primitivo dos cristais: isto é, das antigas noções acerca das propriedades mágicas das pedras. Gradualmente, o verdadeiro conhecimento foi substituindo os erros passados.

É raro um corpo de conhecimento empírico estabelecido com firmeza ser virtualmente ignorado por uma geração que parece inclinada a pôr em seu lugar o erro supersticioso e que chega a acreditar que suas próprias fantasias são um tipo superior de conhecimento, "mais elevado" do que o tipo comprovável. Eis o que acontece no campo da mineralogia.

O moderno misticismo dos cristais trata de um assunto sobre o qual muito se tem descoberto, mas seus praticantes quase não dão atenção a essas descobertas. Proliferam livros desse gênero, cheios de desinformação. A composição, as propriedades e mesmo os nomes de vários minerais são representados, escritos e descritos de maneira errônea, ou, simplesmente, omitidos, porque os autores não se deram ao trabalho de ler sobre o seu tópico.

Outra notável ocorrência desse gênero aconteceu perto do começo da era cristã, quando forças violentamente antiintelectuais, numa sociedade avançada mas esgotada, causaram um rápido declínio da educação e uma onda de ignorantes cultos supersticiosos, as chamadas religiões de mistério, o que incluía o próprio cristianismo. A ênfase na espiritualidade a expensas da racionalidade foi uma causa básica da Idade das Trevas. Caíram no limbo de esquecimento quase todos os conhecimentos antigos, adquiridos arduamente, na engenharia, na construção, na navegação, na medicina, nas artes e ofícios, e em muitos campos de conhecimento do mundo natural. Escolas foram fechadas; livros e bibliotecas, queimados. A busca do conhecimento empírico foi condenada como arte do demônio.

Foram necessários mais de mil anos para que a civilização européia começasse a sair do poço de ignorância criado nessas épocas sombrias. As autoridades espirituais não ajudaram a ascensão, mas resistiram a ela a cada passo, até derrubando, num frenético ódio, alguns dos que procuravam a verdade, fazendo-os morrer nas fogueiras.

Há hoje alguns primeiros sinais de uma possível nova onda de barbarismo: a disseminação do analfabetismo, do fanatismo religioso, das crenças irracionais, da imprecisão e da indiferença diante de fatos comprovados. O moderno misticismo dos cristais pode ser parte dessa tendência. Baseado na atração humana muito real pelos objetos naturais belos, ele também se aproveita de outras características do ser humano, como o pouco gosto pelo aprendizado disciplinado.

A premissa deste livro é a de que o misticismo dos cristais pode ser um estudo válido e recompensador, potencialmente rico em termos de valorização da nossa Mãe Terra – mas não da maneira como é divulgado no momento. O atual nível de compreensão do seu assunto pelos místicos dos cristais significa uma deplorável atitude preguiçosa diante do conhecimento. A ignorância pode nos deixar uma sensação de bem-estar, mas a longo prazo traz prejuízo. Nos últimos dois séculos, muito se aprendeu sobre minerais e cristais. Não devemos ignorar ou falsificar esse conhecimento. Dificilmente poderemos esperar compreender a nossa Mãe rejeitando o que se sabe até agora sobre ela.

Portanto, esta obra foi escrita na esperança de lançar luz sobre uma nuvem crescente de trevas e na convicção de que, para quem ama a Mãe Terra, todas as pedras são sagradas.

Por amor às pedras

Quase toda manhã, para iniciar o dia, vou ao quarto em que minha coleção de espécimes minerais ocupa prateleiras e armários. Minha mão se estende automaticamente para pegar um ou dois desses objetos. Eu nunca sei bem quais deles a minha mão vai escolher até que a escolha é feita. Não sei a razão de uma dada escolha num determinado dia. Mas, tendo escolhido, levo-os a uma cadeira perto da janela e ali me instalo para meditar, de preferência sob um raio de luz do sol que possa iluminar o interior de pedras transparentes.

A meditação começa com um processo que denomino "tornar-se microscópica". Como uma mera partícula, infinitamente diminuta, entro nas fantásticas paisagens e estruturas que a imaginação pode ver no interior de quase todo cristal transparente que apresente fendas internas, reentrâncias, planos fraturados e superfícies refrativas. Viro a pedra com lentidão, descobrindo a cada novo ângulo uma cena diferente e, a cada mudança de orientação com relação à luz, uma nova perspectiva de cor.

Percorro vastas planícies brancas de neve sob um céu negro e estrelado. Vejo uma grande torre de prata elevando-se a distância, ao lado de um lago brilhante como um espelho, a tal ponto que poderia ser gelo liso semelhante a vidro ou água parada. Então, estou numa densa floresta de altos e retos troncos de árvore refletindo-se num rio profundo. Com outra virada do cristal, entro num enorme caminho ladeado por duas torres de mármore embranquecido pelo gelo, tão imponentes que parecem alcançar o céu. Adiante há uma longa escadaria que sobe para um local desconhecido, perdido na névoa espessa. Com outra virada do cristal, eis um palco que tem ao fundo cortinas ondulantes e luminosas em que figuras com vestes fantásticas estão congeladas em posturas de uma dança distorcida.

Hoje, posso ter escolhido uma ponta de cristal de aparência indistinta que poderia parecer ao observador casual um bastão irregular de seis lados de vidro incolor. Mas o observador casual não saberia que reluzentes cores se apresentam à visão nessa aparente transparência. Quando a luz solar atinge vários planos fraturados no seu interior, a minha pedra rebrilha como o arco-íris. Vejo esplêndidas reentrâncias iridescentes, asas de borboleta, pedaços de lantejoulas coloridas, coroas cravejadas de jóias. Passo por arcos com nuanças de verde e de ouro, colunas drapeadas com rosa profundo, estranhos lagos coloridos com um turquesa forte com margens prateadas. Vejo luzirem estrelas flamejantes, como o brilho da luz solar sobre a neve recém-caída. Vejo mil luzes de árvores de Natal. Penetro num majestoso castelo dourado e encontro toda uma parede pintada de luz colorida. Virando o cristal, sempre devagar, em diferentes direções, posso fazer a luz passar por todo um espectro de cores: rubi, topázio, esmeralda, safira, ametista.

Que maravilhoso mundo presente numa simples pedra, um bastão de dióxido de silício, um dos minerais mais comuns do mundo, a matéria da areia comum e de uma larga proporção da crosta terrestre. O quartzo é um membro da vasta família dos silicatos, que compõe oitenta por cento de todas as rochas. É duro, durável, inerte. Não pode ser riscado por uma lâmina de aço. Não pode ser dissolvido na água nem nos ácidos mais fortes. Não pode ser magnetizado. Não pode conduzir uma corrente elétrica e, por isso, funciona como um bom isolante. Todas essas qualidades terão particular importância nas ponderações a seguir. O quartzo tem de fato a propriedade da piezoeletricidade, mas isso é muito diferente de ser um condutor.

Eu sei essas coisas sobre o meu cristal de quartzo, mas no momento penso nele em termos poéticos, e não físicos. Vejo-o como uma destilação da beleza e do mistério da minha Mãe Terra, uma obra de arte criada invisivelmente na escuridão do seu ventre universal durante centenas de milhares de anos. Esse objeto que tenho na mão é provavelmente mais velho que a raça humana; pegá-lo é como segurar um pedaço do tempo. Com infinita paciência, suas camadas moleculares foram depositadas pouco a pouco, era após era, no líquido amniótico quente de Géia. Agora, posso girá-lo nos dedos e encontrar mundos inteiros neste filho do seu escuro subsolo.

Quão efêmeras parecem todas as criações humanas, por mais belas, quando comparadas com esta simples pedra! É com algo próximo da reverência que a ponho de volta na prateleira, no lugar que ela ocupa por este breve espaço de tempo. Não sei onde ela esteve nem onde estará quando eu – e talvez toda a minha espécie – tiver caído no esquecimento. Mas, por agora, ela está aqui.

Os cristais de quartzo são tão diferentes entre si quanto os rostos e corpos humanos. O mesmo acontece com todos os outros espécimes minerais da minha coleção, ou da de qualquer pessoa, porque a Natureza nunca se repete. Cada espécime me mostra cenas, cores, estruturas distintas. Mesmo aqueles que conheço bem podem me surpreender a cada dia com novas imagens.

Os minerais não transparentes também estão cheios de imagens. Eis, por exemplo, um pesado bloco de galena, sulfeto de chumbo, o minério prata acinzentado que forneceu os cristais do velho rádio de cristal. Cada vez que pego essa pedra, vejo uma configuração diferente das paredes, torretas, colunas, escadarias, janelas e construções imponentes de misteriosa estrutura que parecem gravadas em baixo relevo em toda a sua superfície. Ali, há um agregado de cristais marrons de aragonita: uma floresta petrificada em miniatura com cepos mineralizados espalhados em todas as direções, lançando pontos refletidos de luz do sol na parede. Há também um geode de ágata, que me mostra uma prodigiosa caverna de Aladim numa planície deserta ricamente colorida.

Passar alguns momentos de todos os dias com os meus tesouros minerais é uma das maneiras pelas quais me centro e me acalmo. Para quem os ama, os minerais são sem dúvida tranqüilizadores. Eles com certeza não retribuem o nosso amor, ao contrário de membros da família, de amigos ou dos bichinhos de estimação. Contudo, inclinamo-nos a atribuir-lhes algo semelhante a uma personalidade, ou ao menos a uma singularidade, reagindo a eles *como se* sentissem.

Há um prazer sensual em manuseá-los, tal como o há em afagar o pêlo de um gato ou de um cão. Assim, eles parecem reagir ao sentido do tato, bem como ao da visão. Há quem lhes dê nomes e fale com eles como se fala com um animal de estimação. De algum modo, o fato de terem sido criados pela Natureza e não pelos homens parece conferir-lhes uma espécie de vivacidade que os meros artefatos não conseguem imitar.

Com efeito, o supremo atrativo que representam para a maioria dos seres humanos fez desses minerais que chamamos de gemas os objetos mais desejados (e, portanto, mais caros) do mundo. Num certo sentido, as gemas se tornam artefatos, pois são cortadas, polidas e montadas de modo a, como acreditam as pessoas, aumentar sua beleza. Hoje, pode-se até criá-las artificialmente, fazendo-as química e fisicamente idênticas às pedras naturais e com menos falhas. Os produtos da lapidação sempre foram objeto de desejo. Mas, na recente onda de colecionadores amadores de minerais e de amantes de pedras – como eu e milhares de outras pessoas –, vem acontecendo uma coisa nova.

A bem dizer, essa recente onda poderia ser descrita como uma inundação. Depois de décadas ignorando o assunto da mineralogia, o público mais amplo desenvolveu de repente tamanho anseio eminentemente comercializável por ele que toda uma nova indústria de lojas de pedras e exposições de minerais surgiu de uma hora para outra. Os preços dos minerais brutos foram para a estratosfera. Muitas fontes foram praticamente esgotadas para atender à demanda.

As gemas são tão desejáveis quanto sempre o foram, e até mais, mas quase tão desejáveis são muitos outros minerais que, no passado recente, não teriam despertado nenhuma atenção. Podem-se vender por altos preços pedras sem nenhuma graça, pedaços quebrados e cheios de falhas que, há uns quinze ou vinte anos, teriam sido jogados fora. Os novos entusiastas dos minerais sabem menos e querem mais do que qualquer grupo já vinculado a essa atividade. Mesmo alguns vendedores continuam a ignorar a verdadeira natureza daquilo que vendem, tendo descoberto que podem ter lucros sem se dar ao trabalho de aprender qualquer coisa sobre o estranho e difícil tópico da mineralogia. Tudo o que eles precisam saber é até onde elevar o preço no varejo a cada ano.

Do mesmo modo, a demanda não produziu muita melhoria na maneira de extrair os minerais da rocha-mãe. Cristais lascados e quebrados – retirados da matriz à força de dinamite e tratados sem nenhum cuidado – ainda obtêm bom preço com facilidade.

Está claro que há uma mania crescente em relação aos cristais. Milhares de pessoas os colecionam por uma variedade de razões. Algumas os consideram investimentos de fácil liqüidez; algumas se deliciam com suas qualidades estéticas; outras estão fascinadas com a ciência da mineralogia que lida com eles; há quem queira ter como *hobby* ou profissão o trabalho de ourives. Há também quem veja os minerais como objetos místicos e mágicos dotados de vários poderes ocultos – idéia presente em quase toda cultura humana desde a pré-história. Na verdade, algumas crenças da antigüidade acerca dos poderes misteriosos das pedras ainda são correntes em alguns círculos atuais.

Há um espectro surpreendentemente amplo de opiniões sobre o estudo e o uso adequados de espécimes cristalinas, que vão do estritamente mineralógico ao puramente místico. De modo geral, os seguidores de uma escola de pensamento não querem saber nada sobre outra. Os místicos dos cristais costumam trair uma grotesca ignorância do próprio assunto em que afirmam ser especialistas, ou seja, os minerais – para não mencionar os princípios essenciais da geologia, da química e da física em sua aplicação aos minerais. No extremo oposto, os mineralogistas profissionais descartam as afirmações dos "praticantes da cura com cristais" de que podem ser curadas doenças mediante o contato com certas pedras, considerando-as abaixo de crítica, demasiado absurdas para merecer atenção.

Este livro procura um terreno intermediário em que o estudo mineralógico bem fundamentado possa aperfeiçoar a sensação de beleza e mistério – e até de espiritualidade – desses objetos eminentemente materiais. Como obras de arte da Natureza, que estimulam a imaginação e atraem os olhos e as mãos, os minerais têm muito a oferecer a quem reage a eles no nível emocional. Mas por certo é um insulto à sua beleza e à sua idade venerável ignorar os fatos conhecidos a seu respeito ou, pior ainda, representar esses fatos erroneamente ou distorcê-los com tolas afirmações. É necessário desmistificar algumas das crenças mais supersticiosas sobre os minerais e, ao mesmo tempo, perceber de modo pleno o seu valor como metáfora poética e símbolo sagrado. Encontrar o terreno intermediário pode ser um alvo valioso para muitos que se sentem atraídos pelos frutos dos jardins de pedra subterrâneos da Natureza.

A moderna mania dos cristais apresenta alguns aspectos sobremodo perturbadores. O principal é a ampla disseminação de falsas informações, sob a rubrica de "verdade superior", em inúmeros livros e panfletos, bem como em lojas e locais de palestras. Muitos especialistas autocreditados nem sequer se incomodam em aprender o nome correto dos minerais que discutem, para não falar de suas reais propriedades físicas ou químicas. Para essas mentes irresponsáveis, toda mancha ou distorção da verdade não parece ter importância. Se decidirem contradizer fatos comprovados da mineralogia, da geologia, da cristalografia ou da fisiologia, acham que não fazem nenhum mal. Dizem que as pessoas são livres para acreditar no que quiserem, pouco importa se a crença pode ou não justificar-se cientificamente. Em outras ocasiões, no entanto, ficam ávidos por reivindicar validade científica para noções que são um claro absurdo.

Não há desculpas para quem finge educar o público quando na verdade o desvia, isto é, ignora o verdadeiro e comprovado enquanto defende com ardor o falso e impossível. A Natureza é uma grande mestra, mas só instrui quem vai a ela com honesta humildade, pronto a esforçar-se por assimilar as primeiras lições. O conhecimento da Natureza não vem aos mentalmente preguiçosos, que preferem a imaginação subjetiva ao estudo disciplinado.

A imaginação é ótima como metáfora, poesia, meditação, aperfeiçoamento pessoal. A imaginação é necessária, pois sem ela o mundo seria um lugar muito triste. Mas ela não é o caminho para o conhecimento empírico; os erros absurdos dos numerosos místicos dos cristais constituem ampla prova disso.

Nossos ancestrais remotos também cometeram muitos erros absurdos em questões mineralógicas. Tinham, porém, a excelente desculpa de, na época, haver muito pouco conhecimento genuíno para revelar o caráter absurdo desses erros. Eles quase nada sabiam acerca das propriedades físicas e químicas das pedras. Eles nem sequer conheciam os verdadeiros elementos, a base de toda matéria. Seus "elementos" simplistas – terra, ar, fogo, e água – jamais poderiam ter-lhes fornecido uma concepção verdadeira da composição da Terra. A complexa crosta do seu planeta era um grande mistério para os antigos; o pouco que podiam observar, carecendo dos testes e técnicas sofisticados de hoje, só lhes fornecia pedacinhos de conhecimento a partir dos quais eles construíram poderosíssimas estruturas de mito e de imaginação.

Isso é compreensível. Mas é desanimador descobrir muitos desses mitos antigos, com variações, seriamente repetidos em nossos dias – numa flagrante negação de tudo o que foi aprendido arduamente desde então. É necessário unir os mitos antigos e os modernos para identificar os caminhos da superstição ao longo dos séculos e descobrir as razões subconscientes por trás deles.

O verdadeiro amante da Natureza deseja conhecê-la de fato.

Eu amo as minhas pedras e posso contar intermináveis histórias a seu respeito. Elas podem confortar-me e/ou inspirar-me, bem como influenciar as minhas emoções. Tendo tanta ligação com os minerais, conheço bem todas as manifestações da obsessão dos entusiastas: misteriosas sensações de afinidade, o impulso de levar consigo ou de pegar certas pedras, o som das "vozes dos espíritos" que parecem falar dentro da nossa cabeça. Sei do súbito calor ou formigar das mãos que se aproximam da superfície de um mineral (na verdade, um reflexo do próprio calor das mãos, que pode ser sentido a partir de quase tudo). Conheço o agradável encantamento trazido por pontos de luz que se movem numa gema transparente; as maneiras pelas quais a intensa concentração numa pedra pode levar a pessoa ao complexo mundo do inconsciente; o assombro inspirado pela beleza e longevidade de formas minerais.

Acima de tudo isso, no entanto, sei que as realidades do reino mineralógico exibem mais prodígios do que a mente humana mais criativa poderia conceber. Por isso, quero saber ainda mais: a origem, a idade, o nome próprio, a composição química, os atributos físicos, os hábitos de formação das minhas pedras. Embora esses objetos possam ajudar-me no contato com o meu eu interior, também desejo os outros contatos, os que me trazem conhecimento do mundo exterior nos quais os minerais existem, existiram muito antes de mim e existirão por muito tempo depois de mim.

Muitos que escrevem sobre a "magia" dos minerais perdem o seu e o tempo do leitor ao apresentarem imaginosas fantasias à guisa de fatos. É no mínimo irresponsável "educar" o público na crença literal no que não tem sentido. Nada há de errado com a fantasia em si, desde que a entendamos como um jogo, e não como um trabalho mental. É claro que se pode aprender do jogo; mas quando algumas almas desorientadas passam a desorientar os outros, levando-os a tomarem fantasias por realidade, a sociedade como um todo sucumbe a uma maré montante de ignorância.

Na nossa sociedade, as mulheres têm particular inclinação para apoiar quase toda abordagem alternativa do místico e do espiritual que possa surgir – não porque as mulheres sejam mais ingênuas do que os homens, mas porque a religião patriarcal estabelecida continua a negar-lhes acesso às decisões criativas em questões espirituais. A moralidade oficial não é a moralidade das mulheres; a teologia oficial deriva do espírito feminino, mas continua a negar a plena importância ou divindade desse espírito. As mulheres que se sentem atraídas para o lado espiritual da sua natureza anseiam, pois, por novas maneiras de aplicar seus sentimentos interiores à vida diária. Sem articularem por inteiro as suas razões, mesmo para si, elas consideram incompatíveis as rígidas teologias de deuses patriarcais, procurando por isso alternativas. Muitas mulheres conquistam alguma autoridade espiritual, ou, ao menos, permissão para desenvolver um sistema de crença pessoal em vários ramos do ocultismo e da magia xamanista.

Por conseguinte, as mulheres têm especial necessidade de considerar com cuidado as idéias apresentadas pelo misticismo dos cristais e tópicos relacionados, tendo em mente que, como mulheres, podem ser particularmente vulneráveis à exploração por sistemas irracionais. Elas não precisam apenas de uma atitude cética diante do patriarcado religioso "revelado", como devem ser céticas diante das autoridades que se intitulam de modernas e que usam os anseios e necessidades espirituais da mulher para aumentar sua fortuna pessoal.

Como amam as coisas belas, as mulheres são facilmente atraídas pelos belos produtos da nossa Mãe Terra, encontrando nas pedras muita satisfação sensual para as mãos e para os olhos. Essa satisfação é a verdadeira base do misticismo dos cristais. Essencialmente, o movimento é mais estético do que científico, razão pela qual tantos erros colossalmente não-científicos podem ser cometidos e repetidos no seu interior e merecer crédito.

Contudo, há muitos amantes devotados dos cristais que se envergonham dos irresponsáveis que se intitulam mestres, dos ignorantes publicitários exploradores, dos grosseiros e infantis livros que desmerecem esses adoráveis objetos ao dizerem tolas mentiras a seu respeito. Os sagrados frutos da Mãe Terra merecem melhor tratamento. Seus filhos humanos também merecem melhores informações. Em vez de contradizer o conhecimento adquirido com esforço nos últimos dois séculos e regredir para as sombrias eras da ignorância, o misticismo dos cristais merece tornar-se digno de aceitação pelas pessoas educadas como uma maneira legítima de apreciação estética dotada de profunda significação simbólica.

As pedras são primorosos símbolos da nossa Terra, personificada pelos antigos como a Mãe-Deusa primal que deu origem a todos os seres vivos – chamada de Géia, Gaia, Terra, Ops, Deméter, Ceres, Hertha, Hawah, Eva, Mama, Maya, Hel, Hathor, Cibele, Prithivi e de centenas de outros nomes. Em épocas pré-patriarcais, os seres humanos percebiam a sua própria vida como essencialmente unida a todas as outras formas de vida e à própria Terra, considerando-se membros do mesmo clã materno universal. Essa filosofia promovia um respeito muito mais profundo pela Terra, pelas suas plantas e animais, pelas suas rochas e pelo solo do que filosofias ulteriores que caracterizavam toda a Natureza como a posse inferior, sem alma e explorável, "do homem".

A ciência revela hoje que os antigos povos "primitivos" percebiam melhor a realidade do que seus sucessores mais civilizados. Os minerais da Terra são de fato as substâncias essencias de todas as formas de vida. São extraídos das pedras pela água, pelo vento e pelo clima, para se tornarem solo; são retiradas do solo pelas plantas, destas por animais herbívoros e, deles, pelos carnívoros, como nós. A grande diversidade de espécies vivas neste planeta depende, em última análise, dos minerais, que entram em toda substância nutriente que sustenta cada vida, do vírus ou bactéria à baleia mais volumosa. Somos todos, literalmente, compostos de minerais. Num certo sentido, somos de fato carne da carne da Mãe Terra e ossos dos seus ossos.

Portanto, temos todas as razões para respeitar e reverenciar os tesouros minerais da Terra, para contemplar a sua beleza com a devida consciência de que são necessários à nossa própria vida. Com efeito, a nossa divisão arbitrária de todas as coisas em orgânicas e inorgânicas é enganosa, porque há entre elas um contínuo intercâmbio íntimo. Muitos minerais considerados inorgânicos são na verdade partes essenciais da existência de toda forma orgânica, extraindo seus elementos da mesma fonte básica. Quando dedicamos algum tempo à profunda apreciação estética de qualquer mineral cristalino, fazemos uma conexão intelectual/emocional com substâncias vitais básicas. Do mesmo modo como todos os ciclos da criação eram simbolizados como Mãe Terra pelos Seus antigos adoradores, assim também todas as complexas trocas de substância nos processos geológicos e biológicos podem ser simbolizadas por espécimes minerais que chamam a nossa atenção. Não se trata de um relacionamento simplista que podemos perceber, mas de um símbolo válido da infinita variedade da Natureza.

No tocante a isso, os chineses há muito consideram as pedras focos de contemplação mística. Os escritos chineses incluem algumas reações profundas a esse procedimento. A introdução ao catálogo de Du Wan, feita por Kong Chuan, diz:

> A essência mais pura da energia do mundo do céu-terra aglutina-se na pedra. Ela emerge, suportando o solo. Suas formações são maravilhosas, fantásticas. Algumas têm cavernosas gargantas que revelam seu interior; outras apresentam picos e cordilheiras com camadas de extremidades agudas... As imagens de todas as coisas aparecendo em apropriadas semelhanças. Na dimensão de um punho pode ser montada a beleza de milhares de penhascos... O Sábio [Confúcio] disse certa feita: "O homem humano ama as montanhas", e o amor às pedras tem o mesmo sentido. Por conseguinte, a longevidade por meio da quietude é alcançada mediante esse amor.[1]

Podemos começar amando as pedras pela sua beleza. Mas o que elas são além disso? O que faz a sua beleza? Qual a sua real natureza? Que mundos jazem dentro delas, esperando ser descobertos?

1. Hay, 38.

O que é um cristal?

Qual o mineral cristalizado mais comum e familiar na face da terra? Resposta: o gelo. A água é um mineral, óxido de hidrogênio. Felizmente para a existência da vida no planeta, a água é um dos mais abundantes e estáveis compostos minerais. (Ainda assim, um místico desorientado a considera "instável"!)[1]

O líqüido é, por definição, não-cristalino. Mas quando a temperatura da água cai abaixo de zero, ela se cristaliza. Congelar é sinônimo de cristalizar.

O nome grego do gelo é *krystallos*. Os gregos antigos deram esse nome ao cristal de rocha (quartzo) porque pensaram erroneamente que ele fosse gelo fossilizado – ou seja, gelo congelado a tal ponto que jamais podia voltar a derreter. Eles estavam mais próximos da verdade do que imaginavam. Como cristalizar é o mesmo que congelar, todos os minerais cristalinos da terra estão solidamente congelados. As temperaturas em que passam da forma líqüida à sólida podem ser centenas ou milhares de graus mais baixas do que o ponto de congelamento da água, mas o princípio é o mesmo.

Só há um outro mineral que permanece líqüido em temperaturas normais, o mercúrio, que se cristaliza a menos três graus centígrados. Exploradores polares e outras pessoas em lugares frios têm os termômetros de mercúrio congelados e inutilizados quando as temperaturas estão abaixo desse ponto.

A palavra *cristal* representa uma substância mineral congelada no seu estado sólido. Suas moléculas se organizaram num entrelaçamento tridimensional relativamente rígido. Para cada mineral há um padrão característico de entrelaçamento de moléculas. Quase todas as rochas e metais da crosta terrestre são formados por esses cristais.

Mas nem todos os minerais sólidos são cristalinos, alguns passaram do estado líqüido ao sólido com demasiada rapidez para que se formassem cristais. Isso ocorre muitas vezes com a lava lançada de vulcões na superfície da terra, onde esfria rapidamente. Esses sólidos são definidos como "vidro". A obsidiana é um exemplo comum de vidro vulcânico natural.

O vidro é o oposto do cristal. Nele, as moléculas não têm um padrão ordenado de entrelaçamento, organizando-se ao acaso, como as moléculas de um líqüido. O vidro é, na verdade, um líqüido endurecido ou gel não cristalino. Ao contrário dos materiais cristalinos, o vidro não tem ponto específico de congelamento (ou de fusão). Com o aumento da temperatura, o vidro amolece gradualmente por uma ampla gama de graus antes de se liqüefazer por inteiro.

Por conseguinte, o hábito comum de referir-se a compostos de vidro como se fossem "cristais" é enganoso. Seja qual for a sua composição, e por mais formosos que sejam o seu corte ou o aspecto externo que lhe dermos, o vidro não é cristalino e nunca será.

O quartzo e outros minerais cristalizados parecem mais frios ao toque do que o vidro. Isso se deve ao fato de o padrão ordenado de entrelaçamento do cristal retirar calor da mão com mais rapidez do que a estrutura interior desordenada do vidro é capaz de fazê-lo.

Os cristais naturais existem em todas as dimensões. Por vezes, um único cristal pode ter muitos metros de comprimento e pesar toneladas; outras vezes, um mineral pode ser composto de cristais microscópicos invisíveis a olho nu; esses minerais dão a falsa impressão de ter uma textura lisa, "vítrea". As várias formas de calcedônia – ágatas, ônix, jaspes, cornalinas – são exemplos comuns de minerais microcristalinos ou criptocristalinos.

De modo geral, o esfriamento rápido da solução mineral produz cristais menores do que o esfriamento lento. Os cristais grandes podem demorar muito tempo para aparecer. Acredita-se que alguns dos maiores cristais de quartzo devem ter duzentos a trezentos mil anos. Uma intrusão de magma, elevando-se como líqüido a partir de dentro da crosta terrestre, pode levar cerca de um milhão de anos para solidificar por inteiro, isto é, para que todos os seus minerais componentes se cristalizem. Como cada mineral tem seu ponto individual de congelamento, os componentes minerais se cristalizam a diferentes temperaturas enquanto o composto esfria.

Os mineralogistas reconhecem seis sistemas cristalinos básicos: isométrico, hexagonal, tetragonal, ortorrômbico, monoclínico e triclínico. Esses sistemas se dividem em trinta e duas classes cristalinas determinadas a partir dos vários eixos de simetria no interior do entrelaçamento cristalino. Ainda assim, nem sempre é fácil classificar minerais com base na aparência superficial, visto que eles podem assumir muitas formas diferentes na natureza. Suas aparências profundas são conhecidas como "hábitos" minerais, ou seja, as formas que eles podem assumir no curso do seu crescimento em condições normais. Segundo seus hábitos, os cristais de vários minerais podem formar cubos, lâminas, agulhas, fibras semelhantes a tecido (como o asbestos), placas finas (como a mica) ou massas que lembram rins, feixes de trigo ou cachos de uva. Alguns minerais, como a turmalina e o berilo, formam colunas verticalmente estriadas. Outros, como a marcassita, formam "cristais" serrilhados. Outros formam flocos de algodão, trançados filiformes ou rosas de imitação. Com freqüência, os cristais de um mineral crescem em torno de cristais de outro mineral formado antes, cercando-os, criando as chamadas inclusões.

Muitas pessoas usam a palavra *cristalino* como sinônimo de transparente, o que tende a promover a falsa impressão de que os minerais cristalinos são somente aqueles que o olhar percorre de um lado a outro. Nada está mais longe da verdade. A maioria dos cristais da Natureza é opaca. Mesmo o material das gemas (como o rubi, a safira, o diamante, a esmeralda, a granada, por exemplo) é mais comumente opaco do que transparente; essa é a razão pela qual as pedras transparentes são consideradas raras, alcançando por isso alto preço. Muitos minerais que costumam ser opacos às vezes formam cristais transparentes. Esses cristais podem ser usados como gemas, mas só se tiverem dureza suficiente.

Na verdade, é a dureza, e não a transparência, que determina se um mineral é material para gemas. Os minerais usados como jóias devem ser duros o bastante para suportar e manter o polimento de sua superfície. Uma pedra que vai ser cortada e facetada deve ser dura o bastante para agüentar as agudas extremidades das facetas, para que não se desgastem logo e fiquem sem brilho. Alguns minerais formam belos cristais transparentes que seriam esplêndidas jóias se não fossem muito suaves para resistir a um dano provocado por alguma batida ou golpe – advindo da sujeira ou da poeira do ar. Partículas de poeira podem ter extremidades agudas o bastante para danificar a superfície polida. A escala-padrão de dureza é conhecida pelos mineralogistas como a escala Mohs. (Alguns místicos dos cristais – que com freqüência não sabem soletrar – escrevem "Moh's" ou até "Mohr".)[2] A dureza relativa de cada mineral está entre os pontos 1 e 10 dessa escala, nos termos da qual se sabe que outros minerais podem riscá-lo ou ser riscados por ele. O talco, o mineral mais mole, tem grau 1. O diamante, o mais duro, grau 10. Os minerais intermediários são tipificados como (em ordem ascendente) gipsita, calcita, fluorita, apatita, microclíneo, quartzo, topázio e coríndon. Na joalheria, é preferível trabalhar com pedras com ao menos a dureza do quartzo (número 7). São usadas pedras menos duras, mas elas terminam por mostrar sinais de danos.

Uma das maravilhas do mundo mineral é o fato de duas formas cristalinas do mesmo mineral ocuparem o topo e a base da escala Mohs. O mineral é o elemento carbono; o diamante (dureza 10) é carbono puro; o mesmo ocorre com a grafita (dureza 1), o material escuro conhecido popularmente como o "grafite" das lapiseiras. A capacidade de assumir formas externas tão diferentes que parecem bastante distintas até que a verdadeira natureza química seja revelada não se limita ao carbono, atingindo muitos outros minerais. Só a calcita tem umas três centenas de formas cristalinas.

Como todas as coisas criadas pela Mãe Natureza, esse mundo mineral parece relativamente simples até começarmos a investigar seu verdadeiro caráter – que se mostra extremamente complexo. Os mecanismos precisos da formação dos cristais ainda não estão plenamente compreendidos. Sabemos, contudo, que toda a vida na terra depende dessas substâncias minerais que formam a crosta do planeta e, ao fazê-lo, por vezes produzem as "flores do mundo inferior" que sempre deliciaram o olho humano e estimularam a nossa imaginação.

Por infelicidade, é comum a imaginação sobrepor-se ao bom senso. Uma das mais imaginosas idéias sobre os cristais, que recebe uma ampla e imerecida crença, é a idéia de que eles irradiam uma energia sutil e imperceptível, tal como o fogo irradia energia perceptível na forma do calor e da luz. Algumas pedras, como grandes cristais de quartzo, costumam ser chamadas de "geradores" porque se supõe que emitam uma energia radiante passível de ser transmitida a outros materiais.

Só quem ignora as leis fundamentais da física poderia acreditar nisso. Uma das regras da Natureza é que a energia é produzida pela decomposição de formas existentes de matéria. O fogo produz a energia do calor e da luz ao queimar alguma coisa – isto é, ao destruir a substância do combustível. A nossa estrela local, o Sol – do qual derivam, em última análise, as energias da terra –, irradia enormes quantidades de energia ao consumir sua própria substância, num perpétuo holocausto nuclear.

Aqui na terra, os minerais que de fato emitem alguma espécie de energia são os radiativos. Eles decompõem sua própria substância, que assim é convertida num mineral diferente, mais inerte. Um cristal de quartzo, no entanto, não é radiativo. Como outras formas de sílica, ele é fisicamente estável e quimicamente inerte. Ele não consome sua própria substância; apenas existe. A dureza, a durabilidade e a resistência do quartzo à decomposição química são conseqüências diretas dessa inércia autocontida.

Entusiastas desinformados do quartzo apontam a sua propriedade piezoelétrica como prova do seu potencial para produzir energia. Trata-se daquelas comparações de alhos com bugalhos que parecem racionais sem o serem. A piezoeletricidade não é indicação de que o mineral produza ele mesmo corrente elétrica; ela se refere à capacidade de alguns minerais (incluindo o quartzo) de desenvolver uma tênue carga estática quando a estrutura do cristal é momentaneamente deformada pela pressão mecânica. Inversamente, uma corrente elétrica externa pode provocar no cristal uma pulsação mecânica. A freqüência dessa pulsação pode ser controlada de modo preciso pela orientação do cristal. Por exemplo, uma placa bem diminuta de quartzo sintético (preferido por ter maior uniformidade do que o quartzo natural) pode ser cortada em ângulo reto para manter qualquer freqüência dada num oscilador, num relógio ou em outro mecanismo de estabilização de freqüência. Mas o cristal não é uma bateria capaz de gerar sua própria eletricidade, devendo recebê-la de fora. Quando não há fonte de energia, a superfície do cristal mantém sua condição não reativa normal.

O quartzo nem sequer permite a passagem de corrente elétrica. Tal como o vidro, é um material não condutor, sendo, portanto, um bom isolante. Do mesmo modo, não pode ser magnetizado nem reage a um campo magnético. Os místicos dos cristais que se referem apaixonada e freqüentemente às pretensas propriedades eletromagnéticas do quartzo apenas balbuciam palavras cujo som gostam de ouvir. O eletromagnetismo é alheio a toda a família dos silicatos.

Piroeletricidade é outro termo pouco entendido e muito desvirtuado pelos místicos dos cristais. Trata-se da propensão de um mineral a desenvolver uma carga estática quando aquecido. A turmalina é um bom exemplo de mineral piroelétrico. Mas ser dotado de piroeletricidade ou de piezoeletricidade não é o mesmo que gerar ou transmitir corrente elétrica. Os condutores, como os metais, passam corrente elétrica através de elétrons soltos que fluem de fato pelo material. A maioria dos minerais não tem elétrons como esses e, portanto, não conduz corrente elétrica.

Outro fato que os místicos raramente compreendem é que muitos minerais são em série, não tendo uma composição consistente; diferentes espécimes contêm proporções diferentes dos seus componentes elementais. Por exemplo, um sulfato que tenha estrôncio numa quantidade nove vezes maior que bário poderia ser chamado de celestita, e um sulfato de composição oposta poderia ser chamado de barita; mas também há todas as proporções possíveis entre esses extremos. No ponto médio da série, o mineral não é uma coisa nem outra, mas um composto paritário delas. A Mãe Natureza resiste às classificações superficiais. No entanto, o místico dos cristais atribui alegremente diferentes propriedades ao mesmo mineral com nomes diferentes ou a membros distintos de uma série, sem perceber que eles podem ter somente uma diferença de grau.

Os místicos adoram imaginar que as pretensas energias e forças emitidas pelos minerais são tão sutis que só podem ser percebidas por pessoas de alta sensibilidade como eles, de modo que só eles possam descrever propriedades minerais. Uma de suas noções favoritas é que essas energias minerais primorosamente sutis podem penetrar a carne humana com a facilidade de raios X, e "alinhar" ou "equilibrar" as estruturas internas do corpo humano à feição do seu entrelaçamento cristalino. Diz-se que isso cura os doentes (por meio de um mecanismo não perceptível à verificação científica ou médica) através de "vibrações", uma confusa referência às oscilações naturas de partículas atômicas ou moleculares. Mas essas mesmas "vibrações" não ocorrem apenas em rochas e minerais, mas em toda forma de matéria: plástico, borracha, náilon, esmalte dos dentes, pétalas de rosa, quitina dos insetos (material do exoesqueleto), seiva de árvore, madeira, carvão, bactérias e resíduos industriais.

Além disso, as células vivas em nada se assemelham às estruturas minerais, nem são fisicamente afetadas pela proximidade delas, exceto no caso de minerais radiativos – os únicos de que se pode dizer que emitem energia em algum sentido real. E seu efeito nos tecidos animais em geral não é benéfico.

Outro erro favorito dos místicos é a noção de que os cristais têm vibrações de "alta freqüência" ou "altas taxas" de vibração; isto é, mais movimento vibratório do que outros objetos sólidos. Isso é falso. Uma forma cristalina vem a existir porque as moléculas componentes ou íons são agregadas entre si da maneira mais fixa, o que significa que o movimento de partículas no interior do cristal é restringido ao máximo. Para se tornarem essa forma, as partículas perdem energia e passam a ter um movimento menos aleatório; movem-se menos, e não mais. A solidez e inércia relativa da maioria dos compostos minerais são produzidas pela rigidez de suas estruturas, que permite às partículas componentes menos movimento do que num líqüido ou num gás.

"Curas pelos cristais" por vezes acontecem: não através de vibrações imaginárias, mas do poder da mente, supondo-se que o paciente esteja convencido da possibilidade de cura e que a enfermidade seja passível de manipulação mental. Água benta, Bíblias, crucifixos, ossos de santos, dentes de tubarão, pedras da sorte, medalhas e mil outros amuletos e talismãs funcionam da mesma maneira há muitos séculos.

Não é necessário aceitar nenhuma crença supersticiosa, no entanto, para sentir forte atração pelos minerais. Longe de qualquer magia primitiva que lhes possa ser atribuída, as flores inorgânicas da natureza são fascinantes por si. As invenções das auto-intituladas Consciência Superior ou mente da Nova Era são de fato infantis em comparação com a realidade das estruturas, hábitos, natureza química, qualidades e histórias da formação dos cristais.

A crosta terrestre é o suporte subterrâneo de toda a nossa biosfera viva, metafórica e literalmente. A vida orgânica surgiu de constituintes inorgânicos, os minerais. A Terra é de fato a nossa Mãe última – não somente o seu solo produtor de alimentos, como as suas próprias rochas, de onde o solo é criado. Nenhuma civilização seria possível sem os recursos inorgânicos que a Terra oferece. É com boa razão que atribuímos as primeiras tentativas de civilização à Idade da Pedra.

Quase todas as pedras não cristalinas. Quando se pega uma pedra comum, segura-se o complexo agregado de formas cristalinas em que o microscópio pode perceber miraculosos mundos de forma e de cor. Quando se está numa praia comum, tem-se ao redor milhões de toneladas de quartzo cristalino, idênticas em sua natureza essencial à bola de cristal do médium ou ao "gerador" do místico. Um grão de areia é composto pelos mesmos arranjos de átomos do mais gigantesco cristal da mesma substância. O tamanho relativo percebido pelos olhos humanos não tem sentido no nível atômico. Tenha doze ou dezesseis metros de comprimento, ou seja invisível a olho nu, um cristal continua a ser o mesmo material, com os mesmos atributos.

Os orientais há muito costumam valorizar pedras comuns pelas suas qualidades estéticas e pelos vislumbres espirituais que sugerem. Os jardins chineses costumam incluir alguns interessantes pedregulhos para contemplação. Mesmo canteiros internos são considerados incompletos se não contiverem alguma formação rochosa como elemento essencial.

Combinadas com o estudo sério das realidades mineralógicas, abordagens estético-espirituais do mundo mineral podem aumentar muito a nossa apreciação deste precioso planeta, a Espaçonave Terra, o único lar que temos. O real valor do misticismo dos cristais está no aumento da consciência dos elementos minerais que compõem o nosso ambiente vivo, incluindo o ambiente interior do nosso corpo. Rochas, plantas, insetos, peixes, bactérias e todas as outras coisas vivas são feitos do mesmo tipo de elementos. Os cristais são extremamente raros em tecidos vivos, mas são formas comuns no mundo inorgânico. Aparentemente ignorando isso, alguns místicos falam agora de componentes "cristalinos" do sangue humano, da linfa ou dos hormônios.[3] Na realidade, as reações bioquímicas das células humanas não costumam envolver cristalizações. Os depósitos cristalizados são patológicos, como as pedras renais ou os cristais de sal de ácido úrico, que causam a gota.

Alguns místicos dos cristais até fizeram confusão com a distinção entre cristais e vidro cortado, que é com freqüência chamado erroneamente de cristal de chumbo.[4] Outros, igualmente confusos, pensam que a palavra *cristal* só se aplica ao quartzo, ou consideram "não-cristalinos" minerais criptocristalinos como a calcedônia, em que os cristais são demasiado pequenos para serem vistos sem microscópio, mas por certo estão presentes.[5]

Também há muito desacordo quanto às alegadas propriedades místicas de vários minerais e dúvidas sobre se eles são ou não modificados por cortes e polimentos artificiais na manufatura joalheira. Os místicos dos cristais se embaraçam particularmente com a questão das gemas sintéticas, cuja simples existência ameaça muitas teorias místicas prediletas.

Para eliminar parte da confusão, as pedras da joalheria e outros minerais podem ser divididos em quatro grupos: (1) imitações, (2) sintéticos, (3) material natural cortado, e (4) material natural não cortado.

Imitações. Enquadram-se na categoria de imitações muitos tipos de "pedras" comuns de joalheria que têm a aparência superficial de pedras preciosas. O material mais comum delas é o vidro cortado ou moldado, que os joalheiros chamam de *massa de vidro*. Também são usados plásticos, resinas, cerâmicas e pedras naturais baratas forjadas para imitar alguma coisa. Ao longo da história, as jóias foram falsificadas de mil maneiras para induzir os desavisados a pagarem o preço de um produto mais caro.

Mas nem todas as imitações são fraudes. Elas podem ser vendidas admitindo-se que são cópias de preço baixo. Também consideradas legítimas hoje são as pedras duplas ou triplas. Aquelas são construídas com uma coroa superior de materiais preciosos ligada a uma base de alguma coisa mais barata, como quartzo ou vidro; estas se parecem com um sanduíche de três camadas: uma camada bem pequena de materiais preciosos entre uma capa e uma base transparentes. Elas já não são consideradas fraudulentas porque (ao menos na teoria) se diz ao comprador como a gema é criada. Essa regra também se aplica a produtos francamente sintéticos que imitam diamentes, como a zircônia cúbica, o niobato de lítio, o titanato de estrôncio e o dióxido de titânio. Às vezes, um comprador muito ingênuo pode ser levado a pagar o preço de um diamante por esse material, mas em geral ele é vendido pelo que é.

Sintéticos. Depois da invenção do forno de fusão a chama Verneuil, por volta de 1900, tornou-se possível sintetizar o coríndon e a espinela. Métodos ulteriores produziram berilo, quartzo, granada e outros minerais sintéticos. Química e fisicamente idênticos aos naturais, eles têm a mesma dureza, gravidade específica e composição.

Rubis, safiras e quartzo sintéticos são preferidos em relógios e equipamentos eletrônicos porque são mais perfeitos que as pedras naturais, com menos falhas, inclusões e variações estruturais. Pelas mesmas razões, pedras sintéticas resultam em jóias melhores (e mais baratas). Ainda assim, as pessoas preferem pagar altos preços por pedras naturais por causa de uma falsa crença, aparentemente inerradicável, de que *sintético* é sinônimo de *imitação.* Os místicos dos cristais também acreditam nisso e costumam tratar com desdém os sintéticos.

Material natural cortado. As pedras naturais, cortadas em facetas ou polidas como cabochões (gemas não facetadas), há séculos constituem o material dos joalheiros. Rubis, esmeraldas, safiras, diamantes, granadas, topázios, águas marinhas e ametistas são criados para adornar os abastados. Hoje, muitas outras pedras de dureza inferior são cortadas, não como jóias, propósito para o qual não servem, mas como peças de exibição para coleções.

Alguns místicos afirmam que, como cortar e polir não altera a estrutura cristalina da pedra, não importa se a pedra passou por isso para ser montada na joalheria. Outros ficam horrorizados com as serras e brocas, que, afirmam eles, traumatizam e arruínam o mineral. Uma pedra cortada é às vezes comparada com o velho ideal patriarcal de uma mulher bonita: pintada, empoada, de cabelo feito, espartilhada, apertada, mutilada de maneiras sutis, inconfortavelmente embonecada e ensinada a ter um comportamento artificial e robótico "bonito". A pedra natural, como a mulher natural, é considerada a real. Estranhamente, contudo, poucos místicos querem alguma coisa com pedras naturais que não sejam naturalmente bonitas. Seus trabalhos lidam principalmente com jóias convencionais e pedras que formam cristais interessantes.

Material natural não cortado. Alguns minerais formam cristais tão interessantes que a idéia de alterá-los é deplorada por mais gente do que os místicos dos cristais. Os mineralogistas profissionais e cristalógrafos também amam as formas naturais das pedras e gostariam que elas recebessem maior cuidado em sua preservação. "Para um cristalógrafo, um cristal claro e bem desenvolvido, cheio de faces naturais brilhantes, tem muito mais interesse do que um cortado e guarnecido de facetas artificiais. Neste último estado, ele não exibe senão uma pequena centelha de vidro cortado. A coisa toda tem um ar de artificialidade, sendo portanto, para um estudioso da natureza, censurável. Sempre que possível, ele se esforça por salvar dessa mutilação um cristal particularmente interessante ou singular."[6]

É verdade que, do ponto de vista visual/estético, os cristais naturais têm muito mais para ser olhado do que uma gema cortada, que costuma ser demasiado transparente e simétrica para estimular a imaginação. Para algumas pessoas, mesmo as luzes cambiantes e cores flamejantes de minerais como a pedra-da-lua, o olho-de-gato e a opala são mais interessantes numa peça-matriz não trabalhada do que num engaste de ouro ou de prata. E o colecionador que tem fundos limitados sabe que os minerais não cortados oferecem uma gama muito mais ampla de material, por menos dinheiro, do que gemas cortadas. Boa parte do dinheiro gasto com jóias paga, na verdade, o trabalho de lapidação.

Pode haver, no entanto, um terreno intermediário entre as escolas da lapidação e da pedra natural. As pedras naturais podem ser polidas a golpe: roladas, durante semanas, com grãos cada vez mais finos de areia num tambor girado eletricamente. Enquanto correias giram e amaciam os grãos, o polidor a golpe pole as superfícies exteriores das pedras, deixando-as brilhantes e sedosas, mantendo boa parte da sua forma original. Pedras polidas assim podem tornar-se pingentes ou outras jóias sem perder a aparência natural. A técnica é relativamente barata e produz belos resultados com muitos tipos diferentes de pedras.

O que é um cristal? Os mineralogistas e cristalógrafos têm uma definição de consenso. Os místicos dos cristais têm uma bem diferente – ou melhor, definições, porque há muitas e não há duas que concordem entre si. Alguns dos autores místicos nem sequer concordam consigo mesmos. Seus esforços para exprimir sua(s) noção(ões) do que constitui um cristal fornecem alguns dos mais fascinantes exemplos de salada de palavras já vistos em letra de forma. Eis uma seleção:

> Podemos visualizar o cristal como uma vasta rede de espirais que recebe energia, processa-a segundo determinadas leis e transmite as oscilações coletivas em padrões vibratórios precisos... Talvez um dia os cristais sejam codificados com seqüências holográficas de realidades interdimensionais e, quando projetados nos participantes, facilitem de fato uma transferência direta de consciência para esses planos dimensionais.[7]

Sejam quais forem, essas "seqüências holográficas de realidades interdimensionais" parecem estar associadas com o uso de uma "Coroa Espiral de Cristal" que consiste em cristais de quartzo engastados numa fita de prata colocada em torno da cabeça, com "espirais de liga de prata" ao redor e para cima, até um ponto que fica dez ou doze centímetros acima da parte média superior da cabeça:

> Essa coroa é excelente para dinamizar todo o campo cerebral-mental como um todo e é expecialmente [*sic*] apropriada para catalisar o processo de reprogramação da semente estelar e da semente celestial, e para ter acesso a veículos intergalácticos de espectro... A função das matrizes cristalinas é reproduzir a geometria abstrata causal da Mente Universal, servindo assim para fornecer uma matriz estável de continuidade interdimensional e de interações energéticas ordenadas. Os aspectos mais elevados da energética da forma cristalina do pleno físico é [*sic*] como ligações de acesso multidimensional específicas da geometria e como ferramentas numerológicas de parâmetros energéticos definidos... A única diferen-

ça entre qualquer elemento dado [*sic*] da Tabela Periódica dos Elementos é o seu ângulo de cristalização em matéria, que reflete padrões codificados do eixo abstrato originador dos domínios causais da Luz.[8]

Essa fonte também define os "efeitos" de cristais de quartzo hexagonais como "intermináveis fórmulas matemáticas, finalização geométrica, coerência micromodulada focalizadora, amplificação ressonante, processamento premonitório e formação de onda de posição colunar".[9] Toda elucidação compreensível desses "efeitos", numa língua verdadeira, fica a cargo da imaginação do leitor.

Outra autoridade autonomeada em cristais chama-os de focalizadores de orgone, seja lá o que isso significa, bem como de interfaces entre a amplificação de formas de pensamento e um tipo desconhecido de energia atribuído aos míticos orgones.[10] Ela afirma que essa interface – de alguma maneira inexplicada – cria "formas etéreas", termo que acompanha os orgones e as energias orgonais no reino do não-existente. Esses termos muitas vezes podem impressionar quem não sabe que o correspondente das palavras não existe.

O mesmo autor declara que todos os minerais são compostos por apenas oito elementos – alumínio, cálcio, ferro, magnésio, oxigênio, potássio, silício e sódio –, ignorando, sem se dar conta, os outros noventa e cinco elementos. Ele pensa que o pórfiro é um único mineral, quando o termo designa três tipos diferentes de pedra, cada qual contendo cerca de quinze minerais distintos.[11] Acredita que o fulgurito vítreo, formado por relâmpagos na areia, ou é feito pelo homem ou vem do espaço exterior, dá-lhe o nome de *fulganito* e alega ter ele sido usado na Lemúria para separar os seres humanos em macho e fêmea – o que implica que estes eram antes andróginos. Aconselha a que só se use o "fulganito" extraterrestre, mas não explica como distingui-lo do tipo comum.[12]

A maioria das propriedades dos minerais é desconhecida ou completamente deturpada pelos místicos dos cristais dessa cepa. Por exemplo, postula-se que os cristais interagem de estranhas maneiras com seres humanos e sons:

> No ato de interação de um sistema humano de energia com, de maneira especial, um cristal de quartzo, as energias do cristal estabelecem uma relação ressonante com as matrizes biocristalinas e estimulam não somente uma amplificação energética nos biocristais como também estados mais elevados de coerência vibracional e mudanças reais nas estruturas moleculares biocristalinas nos níveis áurico e microscópico (isto é, recristalização de ângulos vinculados, reorientações do código de entrelaçamento molecular, etc.)...
>
> Em limiares específicos de freqüência sônica indexada, influxos sônicos intensamente focados induzem um estado de hipercoerência com a matriz do cristal. A coerência molecular e de entrelaçamento normal tem as suas orientações submetidas a uma imensa transposição matricial para um nível superior de ordem energética, em que o perfil magnético-gravitacional induz uma grande ruptura do nível do limiar dimensional.[13]

Com certeza ninguém poderia acusar esse autor de hipercoerência – se isso existisse. Quanto às "matrizes biocristalinas" e às "estruturas moleculares biocristalinas", o seu significado será para sempre misterioso, para os biólogos em particular. Esse tipo de conversa é depressivamente típico dos místicos dos cristais da Nova Era, que usam a linguagem da ciência como criancinhas analfabetas usam a sopa de letras. É raro entenderem que as palavras científicas têm de fato sentidos científicos, que se cancelam mutuamente quando as palavras são enfileiradas ao acaso, produzindo algaravias. Mas as pessoas lêem esse tipo de evidente algaravia e imaginam que, de alguma maneira, foram iluminadas, embora possam não ter compreendido uma única palavra. Palavras convertidas assim em baboseira constituem um fenômeno comum nos círculos místicos. "Todos os grupos que prometem verdades e revelações definitivas exigem um código particular. O público não pode tolerar religiões, filosofias ou coisa parecida que usem uma linguagem facilmente compreensível."[14]

Uma das mais antigas falsas noções sobre os cristais ainda existente é a de que eles emitem luz própria. Às vezes, trata-se de uma metáfora intencional referente à iluminação espiritual, mas às vezes o sentido é literal.[15] Essa idéia surgiu nos primórdios, entre pessoas que achavam que a luz refletida ou refratada pelas pedras vinha do seu interior. Os hindus antigos supunham que a luz era fornecida no mundo inferior por imensas gemas, que agiam como sóis menores. Os gregos tinham crenças semelhantes. O Talmude afirma que a luz da Arca de Noé era fornecida por pedras preciosas.[16] Na Idade Média européia, dizia-se que um enorme rubi no topo do templo do Santo Graal fornecia luz como um farol, levando os cavaleiros do Graal para casa à noite.

É claro que as gemas não produzem luz. Os raios luminosos devolvidos por reflexão e refração não contêm um único fóton a mais do que os que a pedra recebe da luz ambiente. Minerais fluorescentes que brilham no escuro requerem o influxo de luz ultravioleta. Minerais fosforescentes mantêm um certo brilho por algum tempo depois da remoção da fonte de radiação, mas a luz não é deles; é somente uma lenta liberação da excitação causada por um influxo anterior. Nenhum mineral se comporta por si como lâmpada. Nem o mais fanático místico dos cristais esperaria usá-los como lanterna. Contudo, afirma-se com freqüência que os cristais "armazenam" de algum modo luz, apesar de ninguém nunca ter visto um deles fazer isso.[17]

Afirma-se até que certos cristais são "bastões de laser" capazes de projetar por si próprios "um raio laser de luz extremamente intensa". O autor dessa efusão parece não ter a mínima idéia do que é um raio laser, ou de como ele funciona, mas parece ter certeza de que esses cristais foram usados há muito tempo nos "templos de cura da Lemúria", tendo sido preservados pelos "seres da terra interior" (sejam eles quem forem). No momento, os bastões de laser estão sendo "recolocados" nas rochas matrizes das minas da América do Sul, para serem redescobertos.[18] Os geólogos receberiam agradecidos maiores informações sobre esse estranho fenômeno, mas não vão recebê-las, o que vai deixar a comunidade científica ignorante desse milagre particular.

Algumas pessoas concluem a partir de relógios luminosos, popularmente chamados de relógios a "rádio", que todos os minerais radiativos emitem luz visível. Na verdade, esses minerais não brilham; sua radiação é invisível. Os mostradores com "rádio" são criados pelo uso de pequenas quantidades de rádio combinadas a um mineral fosforescente, como o sulfido de zinco. O rádio não brilha, mas emite raios gama invisíveis que excitam a fosforescência do outro mineral. Na natureza, eles não ocorrem juntos.

Sempre antropomórficos, os místicos também falam de "sensibilidade e inteligência" semelhantes às humanas nas pedras.[19] Um deles diz que todas as pedras são vivas, "entidades que pulsam, irradiam, vibram em diferentes freqüências. Elas criam fortes campos de energia que nos permitem ser carregados com as suas energias".[20] Um autor diz que "o cristal é uma das novas formas de vida do planeta",[21] aparentemente ignorando até o fato básico de que os minerais foram cristalizados, formando a crosta do planeta, bem antes de haver nele *alguma* forma de vida. Outro descreve os cristais como "objetos inanimados, as mais inferiores formas de vida",[22] aparentemente ignorando o sentido de *inanimado,* que é "não-vivo". Outros ainda consideram as entidades que supostamente habitam os cristais como formas superiores, e não inferiores, aos seres humanos, em alguma escala imaginada de inteligência. Essas entidades são muitas vezes chamadas de *devas* – a partir da velha palavra grega para "deuses" – ou, às vezes, anjos ou fadas. Um autor diz que devemos considerar a criatura do cristal como "irmão ou irmã mais novos".[23] Mas não há dúvida de que é estranho considerar irmão mais novo um ser cuja idade seria de, ao menos, várias centenas de milhares de anos.

Contudo, a idéia de espíritos dentro de pedras é tão antiga quanto a raça humana. O próprio Deus do Antigo Testamento habitava uma, chamada *beth-el,* ou "casa de Deus", correspondente à palavra grega *baetyl.* Uma pedra pequena o bastante para ser carregada ou usada era considerada uma *beth-el* portátil: a casinha de uma divindade pessoal; daí surgiram o talismã de pedra ou o amuleto de gema, adorado desde o começo por todas as raças humanas. Madame de Barrera disse em 1860: "Quanto mais jóias, tanto mais espíritos guardiães."[24] Um moderno místico dos cristais diz o mesmo, afirmando que ficamos mais fortemente carregados de forças cósmicas quando usamos muitas pedras preciosas.[25] Por esse raciocínio não incomum, as pessoas abastadas que exibem ostentatoriamente diamantes, rubis e esmeraldas devem ser, de alguma maneira, mais cósmicas do que o resto de nós.

É tão antropomórfica a idéia de uma autoridade autonomeada que ela até declara que os cristais possuem "uma temperatura corporal de 22,4 graus, que se esforçam por manter... Um cristal de vários milhares de quilos poderia facilmente aquecer uma sala ou duas". Contudo, admite-se que uma casa aquecida somente por cristais sempre fica "um pouco incômoda", ou seja, fria.[26] A noção de que um cristal pode servir de fonte de calor é, diante disso, demasiado tola para precisar ser refutada, mas, evidentemente, nenhuma idéia é tola demais para ser elevada à condição de fato no estranho mundo dos místicos.

Igualmente tola é a noção de que um cristal possa servir de fonte primária de energia elétrica, ou, como dizem alguns autores, de "eletromagnetismo", outra palavra cujo sentido eles não parecem compreender. Os cristais existem em equilíbrio; não dão nem absorvem essas energias, não são baterias carregáveis. A não compreensão do efeito piezoelétrico característico de alguns minerais (mas de maneira alguma de todos) sugeriu alguns vínculos verbais ilógicos e sem sentido que nada têm que ver com realidades científicas. O fato de cristais de quartzo sintético serem usados para controlar freqüências vibracionais em transmissores, amplificadores e receptores eletrônicos não significa que os cristais façam tudo. Eles são apenas "uma pequena parte do mecanismo... Em nenhum sentido o cristal realiza de fato a transmissão".[27] Mas os místicos continuam a dizer coisas como: "O cristal claro e puro é usado essencialmente para a absorbição [*sic*] de energia a ser utilizada como força ... na eletricidade, nos geradores, etc."[28] Uma fonte afirma, sem nenhuma razão aparente, que os cristais pertencentes especificamente ao sistema monoclínico "têm uma ação pulsante. São capazes de pulsar com o Universo e ser de uma natureza que se expande e se contrai".[29] Naturalmente, essa asserção não é sustentada por nenhuma prova concreta, pela boa razão de que isso nunca acontece. O há muito falecido mas hoje popular místico "atlante" Edgar Cayce nem exigia que os chamados cristais geradores fossem cristalinos; ele declarava que o grande cristal gerador central de Atlântida – capaz de fornecer luz elétrica a um país inteiro – era feito de nada menos que vidro cortado.[30]

Uma das mais estranhas noções correntes sobre os cristais veio da terminologia da ciência dos computadores, a referência a um "banco de memória". Muitos místicos falam extaticamente das vastas quantidades de informações históricas e científicas armazenadas no banco de memória da "mente cristalina". Certos cristais são chamados de "registradores", sendo-lhes atribuída a capacidade verdadeiramente prodigiosa de depositar todo o seu conhecimento armazenado diretamente no cérebro de uma pessoa que os toque. "Um único cristal de boa memória é capaz de uma armazenagem maior do que a maior biblioteca da Terra hoje... A Biblioteca do Congresso dos Estados Unidos tem somente cerca de um quarto da informação armazenada num grande cristal de memória."[31] A melhor parte é que o interessado não precisa se dar ao trabalho de ler, de estudar, de tomar notas ou de guardar laboriosamente alguma coisa na memória das maneiras cansativas e demoradas comuns. Tudo isso vai ser desnecessário no mágico futuro baseado nos cristais, quando poderemos "ir à biblioteca, passar pelas prateleiras de cristais, até achar a área de conhecimento a ser absorvida e, com o simples ato de segurar o cristal, aprender".[32] Com efeito, o sonho do estudante preguiçoso finalmente se realiza na utopia concebida pelo misticismo dos cristais.

Mas as previsões da próxima Era dos Cristais não promete apenas a aprendizagem instantânea; prevêem-se muitos outros efeitos maravilhosos

– embora eles sejam descritos, de modo geral, em termos vagos. Diz-se que uma grande limpeza e purificação dos seres humanos vai ocorrer no nosso tempo, produzida por cristais agindo como catalisadores.[33] Ficamos a imaginar que tipo exato de purificação poderá ser ou por que ela ainda não aconteceu há muito tempo, já que os cristais e as pedras sempre foram, tanto quanto hoje, parte do nosso planeta. Normalmente, as idéias místicas sobre o que está ocorrendo ou vai ocorrer em algum futuro indefinido graças à presença dos cristais no planeta são vazadas em termos tão opacos que não transmitem absolutamente nada à mente racional. Por exemplo:

> Os cristais vão adquirir certas ressonâncias vibracionais que desequilibram suas expressões à medida que eles atendem às necessidades de cura do nosso planeta com sua capacidade de oscilar em fase com uma dada freqüência, que eles corrigem e transformam numa ressonância coerente e ativamente harmônica... A codificação de estruturas moleculares espiraladas está ocorrendo numa rede dimensionalmente estendida aos chamados reinos etéricos de vibração mais sutil... uma extensão filamentosa desse trabalho ocorre a todo momento em outras dimensões e, assim, registra as oscilações e transferências vibratórias de linguagens de luz e de som... Grosso modo, os mesmos principais [*sic*] que governam a geração holográfica atuam na geração das extensões holísticas de informação no interior dos cristais e de todas as dimensões da nossa criação física.[34]

Seja lá o que isso signifique, trata-se claramente do estilo gongórico afetado de muitos místicos dos cristais nos quais uma ortografia e uma gramática peso-leve lutam em vão para sustentar palavras peso-pesado absurdamente amontoadas. E, como absurdo final, até se postula que os próprios seres humanos podem tornar-se mais parecidos com os cristais enquanto "evoluem" na direção de algum futuro estado de onisciência. "O cristal se desenvolve a partir do imfluxo [*sic*] de energia, tal como a mente se desenvolve a partir do imfluxo [*sic*] de conhecimento... Cada vez que se recebe um influxo [*sic*] espiritual, a pureza da estrutura cristalina se amplia e é aprimorada." Ao que parece, o efeito é benéfico: "Como resultado do processo de cristalização, o envelhecimento físico do corpo é desacelerado consideravelmente, fornecendo mais anos de boa saúde e, com freqüência, estirando [*sic*] o tempo de vida física."[35]

Várias décadas atrás, certas histórias clássicas de ficção científica tinham como premissa formas de vida baseadas no silício capazes de ocupar planetas privados do ar, da água, do solo e do calor necessários às formas de vida com base no carbono da nossa terra. Está claro que essa premissa terminou por chegar ao misticismo dos cristais, embora, pelo que sabemos, a vida baseada no silício não seja possível. Os místicos dos cristais podem conceber a si mesmos petrificando-se gradualmente, mas para nós esse destino parece improvável. De qualquer maneira, que graça haveria em viver eternamente como uma pedra?

Do ponto de vista dos escritos da Nova Era, parece tão importante lidar com a questão do que um cristal *não* é quanto explicar (por mais superficialmente que seja) o que ele é. Podemos dizer com segurança que um cristal não é uma fada, um anjo ou um deus. Não é uma bateria nem fonte de luz. Não é orgânico. Não é vivo, de acordo com a definição biológica de vida. Se inteligência for compreendida como funcionamento de um cérebro, o cristal por certo não é inteligente. Ele não é um receptor ou transmissor de rádio, um gerador elétrico, uma espaçonave ou uma dádiva de "outra dimensão" (indefinida). Ele não produz energia por si mesmo, a não ser quando radiativo. Só é magnético se for um composto de ferro, níquel ou cobalto. Não é um remédio nem uma máquina. Não é um laser nem uma biblioteca. Não é uma vara de condão, um tapete mágico ou um presente do espaço exterior. É uma coisa da terra, talvez bela e eternamente capaz de trazer prazer; mas as percepções dos místicos dos cristais sobre ele são, todas elas, subjetivas.

Nada há de tão horroroso na subjetividade em si. Ela aperfeiçoa em muito a nossa apreciação de várias coisas, incluindo os minerais. O erro dos místicos está em confundir o subjetivo com o objetivo. Falar de pedras que transmitem "vibrações" é um grande abuso de um termo científico e uma distorção do seu significado específico. Seria mais correto dizer que, para alguns de nós, as pedras transmitem *associações*. Suas cores, texturas, pesos, temperaturas, dimensões, formas, bem como nosso conhecimento precedente sobre eles, despertam muitas associações num profundo nível emocional/estético, em especial quando a mente está preparada para "sentir" alguma coisa a respeito da pedra. Dada a mesma preparação, associações semelhantes podem parecer surgir de qualquer outro objeto exterior. Em essência, percebemos o que esperamos perceber.

Os cristais são objetos particularmente atraentes; são naturalmente belos e/ou interessantes. Sua origem é misteriosa — ao menos era até o desenvolvimento recente de ciências, como a geologia e a mineralogia, ter começado a lançar alguma luz sobre eles. Ainda assim, há muitos fatos a serem descobertos e muitos leigos quase inteiramente ignorantes dos fatos até agora descobertos.

Além disso, costumamos atribuir um alto valor monetário a certas pedras. O dinheiro significa muito para algumas pessoas. A cultura moderna as treinou em complexas reações positivas à própria idéia de preço elevado. Elas se impressionam automaticamente por qualquer coisa que se diga valer muito dinheiro, por mais arbitrária que seja a escala de valores. A natureza não tem essas escalas de valores — mas, para compreendermos o pensamento da Nova Era em geral, devemos dar atenção a esse ponto de vista singularmente humano.

---

1. Stein, 8. 2. Stein, 170; Gurudas, 54. 3. Gurudas, 92. 4. Harold, 38. 5. Stein, 172. 6. Spencer, 90. 7. Baer & Baer, *W. L.*, 55, 137. 8. Baer & Baer, *C. C.*, 177, 181. 9. Ibid., 184. 10. Gurudas, 1, 10. 11. Ibid., 142, 174. 12. Ibid., 106. 13. Baer & Baer, *C. C.*, 46, 112. 14. Flammonde, 217. 15. Baer & Baer, *C. C.*, 141-143. 16. Fernie, 87. 17. Bonewitz, 164. 18. Raphaell, *C. H.*, 143, 148. 19. Baer & Baer, *W. L.*, 130. 20. Chocron, 45. 21. Bryant, 23. 22. Raphaell, *C. E.*, 1. 23. Harold, 89. 24. Fernie, 282. 25. Chocron, 51. 26. Rea, 306. 27. Bonewitz, 102, 165. 28. Alper 1, 1/26-1. 29. Richardson & Huett, 22. 30. Robinson, 68. 31. Rea, 295. 32. Alper 2, 7. 33. Chocron, 100. 34. Rea, 136, 277. 35. Alper 1, 3/16-2; 2, 8.

A Nova Era

Quase toda a espiritualidade da Nova Era é um fenômeno publicitário. Quase todas as coisas com ela associadas estão à venda: música, arte, literatura, moda, alimentos, ervas, cristais, aulas, seminários, oráculos, amuletos, talismãs especiais e os serviços de todo tipo de guru, vidente, médium, astrólogo, conselheiro espiritual, terapeuta ou curador holista. O misticismo dos cristais não passa de um tentáculo do polvo comercial.

As revistas da Nova Era anunciam jóias mágicas, pêndulos de cristal e varas de rabdomancia, cursos de "terapia magnética", Kits de Cristal Equilibrador da Polaridade Masculino-Feminino, palestras em vídeo feitas por Mestres Superiores da Grande Fraternidade Branca, elixires e poções para todas as enfermidades humanas, livros com os "ensinamentos perdidos de Jesus", livros sobre a história perdida da raça humana, livros com métodos absolutamente seguros para obter saúde perfeita, riqueza, felicidade, juventude eterna e controle sobre os outros, bem como livros não escritos por seres humanos. Tudo em que se quiser acreditar está disponível por um determinado preço.

Muitas crenças da Nova Era vinculadas com minerais e cristais são, na verdade, crenças da Era das Trevas, remontando a pelo menos o início do período medieval. Algumas têm raízes na Grécia, na Índia, no Egito ou na Babilônia antigos. A qualidade infantil da linguagem da Nova Era é reminiscência de um mundo mais simples, quando o cosmos parecia mais ou menos compreensível à mente humana média e os seus deuses podiam ser influenciados pela iniciativa humana direta.

O cosmos parece mais complexo agora. Mesmo a compreensão de uma ínfima parcela do todo exige anos de árduo treinamento científico. De certa maneira, a Nova Era representa um desejo anti-racional de compreender sem as disciplinas da aprendizagem; daí vem a ambivalente atitude da

Nova Era, que menospreza a ciência mas apela à confirmação "científica" das suas convicções.

Os crentes são informados de que "têm de buscar continuamente a expansão dos seus horizontes mentais", mas não estudando o mundo real em que vivem, visto ser ele uma ilusão. "A principal tarefa com que a humanidade hoje depara" é "desenvolver a consciência da Quarta Dimensão – também chamada de 'o Plano Espiritual' – e relacionar-se com ela mais ou menos da mesma maneira com que nos relacionamos hoje com as ilusórias três dimensões da matéria." Essa quarta dimensão redefinida (chamada, de maneira mais geral, de *tempo*) deve ser compreendida particularmente com a ajuda de dois Mestres Elevados. Um deles é o velho réprobo Conde de St. Germain; o outro é denominado simplesmente o Mestre Tibetano.[1] Com essa pauta como principal tarefa "da humanidade", os problemas realmente difíceis – a poluição ambiental, a superpopulação, a superprodução, o desperdício, a inflação, os crimes, as doenças, a guerra e outras mazelas humanas – podem ser confortavelmente ignorados.

Tendo sido informados pela ciência de que as distinções entre a matéria e a energia tendem a se confundir no nível atômico, e de que os átomos e moléculas estão em constante movimento vibratório, pensadores da Nova Era deram um salto para a conclusão sem base de que essas vibrações podem ser percebidas por sentidos humanos sutis e até controladas por gestos humanos. Essas vibrações acessíveis não podem ser descobertas nem medidas pelos métodos usados para outros tipos de vibrações; elas não são transmitidas pela atmosfera nem por nenhuma outra forma de matéria que transporte vibrações perceptíveis. Para resolver o dilema lógico que essa teoria, como é óbvio, implica, foi ressuscitada da poeira dos séculos uma idéia muito antiga: a do éter.

A palavra *ether* foi inventada pelos primeiros gregos para descrever o que viam como um quinto elemento, ainda mais leve, mais brilhante, mais volátil e rarefeito do que o elemento fogo. O éter era a divina substância das estrelas, das almas e dos espíritos angélicos que habitam os céus superiores. Corpos dessa substância "etérea", mais sutil do que a luz, seriam dados aos bem-aventurados depois da morte terrestre.

Essa idéia permeou as seitas gnósticas do começo da era cristã e foi admitida na teologia cristã canônica. Outra teoria e crença associada foi a de que toda pessoa viva pode ter um corpo "astral" (estelar) feito de éter, que podia deixar sua morada material periodicamente e vagar como a alma vagueia durante os sonhos.

A idéia de que o éter era a substância dos espíritos e do céu persistiu até o final do século XIX, quando os físicos começavam a pensar sobre a natureza das "ondas" de luz. Eles se perguntavam como a luz podia viajar pelo espaço se o espaço é vazio. Uma onda tem de viajar através de algum meio, e já se sabia que o meio do ar era limitado a uma camada relativamente tênue em torno da Terra. Que meio estaria fora da atmosfera para conduzir a luz de estrelas distantes até olhos terrenos? Para o pensamento da época, o meio era o éter: um gás atenuado que preenchia todo o espaço.

Hoje, os cientistas sabem que o espaço é um vácuo e que a luz de fato viaja através dele; não há substância como o éter. Mas essa informação ainda não conseguiu descer até o pensamento da Nova Era, que continua a acreditar no éter como uma matéria espiritual que tudo permeia formando corpos de luz, tal como no antigo conceito grego. Afirma-se que o espaço não é um vácuo, mas uma massa de "fluido etéreo".[2] Essa asserção certamente vai surpreender a NASA, que já vem trabalhando com o vácuo extraterrestre há várias décadas. Ao que parece, certos místicos precisam de um bom curso de atualização.

O éter, que se supõe encher o espaço vazio, também enche o espaço em torno de todo ser humano como um corpo "astral" exterior, que pode ser chamado de aura, corpo etéreo, duplo portador de energia e vários outros termos, arbitrariamente definidos de maneiras distintas por diferentes autores. Um deles inclusive concebe um complexo conjunto de corpos humanos exteriores compostos por "camadas de energia" e dotados de quarenta e nove níveis diferentes![3] O pessoal da Nova Era muitas vezes se preocupa demais com o estado dessas entidades etéreas. "Nas antigas civilizações, a limpeza da Forma Etérica dos efeitos de padrões de pensamento negativos ou destrutivos era considerada de primordial importância."[4] Essas antigas civilizações foram, presumivelmente, as prediletas da Nova Era – a Atlândida e a Lemúria – (de que falaremos adiante), porque os escritos existentes das mais antigas civilizações conhecidas não mencionam esses cuidados.

Afirma-se com freqüência que a atração dos seres humanos pelos cristais e pedras preciosas vem de existências etéreas. Diz um místico: "O reino mineral está sintonizado com as forças etéricas."[5] Outro diz que uma pessoa é atraída para um espécime mineral particular porque "o elemental residente, reconhecendo sua nota pessoal de som nos éteres superiores, atrai a sua atenção ao projetar seu próprio som especial nesses mesmos éteres".[6] O elemental residente no mineral é o *deva* ou fada, que vive na "dimensão etérea". Como prova da existência dessas criaturas, um autor cita *The Coming of the Fairies*, de Arthur Conon [*sic*] Doyle, "com suas interessantes fotos de espíritos da natureza".[7] Há muito se demonstrou que esses espíritos eram recortes de livros infantis de contos de fadas escondidos em arbustos e artificialmente fotografados.[8]

Uma vez que a noção de comunicação entre seres humanos e espíritos etéricos dos minerais foi postulada e aceita, não há limites para as variedades de interação que podem ser atribuídas a estes últimos. "A 'mente' dos cristais é semelhante à humana em termos de funcionamento holográfico e eletromagnético... e por isso a mente humana pode programar efetivamente a dinâmica interior da mente do cristal." Há até uma nova versão dos seres etéreos angélicos habitantes das estrelas dos gregos, atualizada em jargão pseudocientífico: "O que é por vezes conhecido como Nova Era é nada menos que uma gigantesca transformação dimensional da consciência para o corpo de Luz quadridimensional. Esse 'momento criador' culminante será realizado por tecnologias de Luz baseadas nos cristais."[9] A implicação parece ser que há muitas pessoas da Nova Era andando por aí com mentes de luz, em vez de tecido cerebral comum, e que os cristais estão implicados na mudança.

Tal como os antigos não-científicos, os místicos mais novos às vezes sugerem que as pedras preciosas foram colocadas em rochas terrestres por entidades celestiais (do espaço exterior) como "sementes" do espírito inteligente. "A semente estelar consiste nessas redes de Inteligência do Corpo de Luz, cujos domínios evolutivos fundamentais são as espécies intergalácticas cósmicas avançadas de maior desenvolvimento espiritual. A semente celestial vem de um lugar além dos espectros de Luz da matéria energética intergaláctica – os reinos celestiais de emissões de pura energia –, incluindo os domínios das ordens angélicas superiores e de um espectro de níveis de domínio."[10]

O uso constante de termos como *superior* e *inferior* indica que o mundo da Nova Era tende a ser intensamente hierárquico e, portanto, oposto a um fundamento básico do feminismo, embora a espiritualidade feminista seja com freqüência classificada como um movimento da Nova Era. Um autor menciona uma "hierarquia de luz" semelhante às hierarquias angélicas descritas por escritores como o Pseudo-Donísio, o Areopagita, "uma rede ramificada de Luz complexamente diferenciada que flui do mais elevado nível de dimensões causais abstratas para os mais densificados [*sic*] planos de oitava inferior". Parece que o desenvolvimento evolucionário da Terra depende de "certos indivíduos altamente treinados, espiritualmente autorizados" (como o autor, é claro) a "utilizar sua consciência para obter acesso a padrões de código energético de outras dimensões". O que acontece então é que os "cristais sangüíneos" das pessoas (sejam lá o que forem) são infundidos pelo "corpo crístico de Luz", daí resultando a libertação das "forças limitadoras do plano terrestre".[11]

Isso se parece com algumas idéias patriarcal-hierárquicas do cristianismo primitivo, em que o princípio masculino era considerado brilhante, elevado, ígneo e totalmente superior ao princípio feminino – denso, sombrio, passivo e terreno – e é uma versão delas. Nem a linguagem mudou muito. A mesma fonte alega que um cristal de quartzo (possivelmente por causa de sua forma fálica) é um "centro de transmissão de pura Luz Branca, a manifestação do Princípio Universal do Pai". A afirmação a seguir dá à coisa um caráter eminentemente cristão: "A Luz Branca é a Divina Radiância do Pai do Cosmos – o Logos. É a Luz da Consciência de Cristo, do Poder, da Pureza, da Perfeição Suprema."[12] Nenhuma realidade impura, imperfeita e carnal feminina é desejada aqui.

Outro escritor adota o velho costume hindu de dividir as pedras em variedades masculinas e femininas, com as versões masculinas caracterizadas como, de alguma forma, superiores. "Os cristais que atraem a maior atenção são os da variedade 'positiva' ou 'masculina', que possuem maior clareza. Com efeito, esses cristais muitas vezes emitem as mais intensas energias... As variedades femininas de quartzo costumam ser bem feias, esmaecidas ou opacas."[13]

As energias supostamente emitidas pelos cristais vão transformar as doenças humanas em saúde, segundo a maioria dos pensadores da Nova Era. As explicações modernizadas desse fenômeno improvável têm uma grande variedade e são, muitas vezes, engenhosas. Por exemplo:

> Na cura, a interconexão de um padrão de energia desequilibrado com relação à sua matriz de perfeição do plano superior, mais causal, induziria os padrões desequilibrados a se alinharem com códigos equilibrados e, assim, ocorreria a cura... A doença ocorre quando a inteligência de base do sistema bioenergético ... é prejudicada por padrões de energia desequilibrados, criando assim um estado de dissonância e de subseqüente desordem... O papel do facilitador da cura é neutralizar as interferências discordantes na homeostase e acentuar a matriz preexistente de perfeição.[14]
>
> As pedras preciosas também atraem o corpo físico para níveis espirituais superiores ao trabalhar com a própria evolução natural do corpo na direção de uma dinâmica cristalina [*sic*]. A compreensão disso surgiu através de cuidadosos estudos lemurianos sobre a integração das pedras preciosas com os próprios sais celulares do corpo e com as partes do corpo físico que contêm propriedades cristalinas e semelhantes ao quartzo. [Não nos é dito que partes são essas.] Os remédios vibracionais expulsam a toxicidade do corpo físico parar os corpos sutis e para a aura. Ali, entram nos éteres, onde são purificados.[15]
>
> O cristal transforma a dor em bem-estar ao transferir e transformar energias negativas e ao reparar o campo L da aura.[16]

Teorias improváveis a respeito da cura através das pedras preciosas de modo algum são estritamente modernas. Elas sempre existiram. O médico William Fernie escreveu copiosamente sobre o assunto em 1907, dando a sua opinião de que o calor de fogos vulcânicos ou da luz solar de eras passadas poderia ser armazenado debaixo da terra sob a forma de pedras preciosas para exercer uma influência benéfica em épocas ulteriores. "O Diamante, pela sua luminosidade adamantina, que representa o brilho solar sublimado de muitos éons tropicais, pode renovar a força e o vigor ... a Turquesa, pelos seus fosfatos, pode conferir novos poderes cerebrais ... as Granadas, de igual feição ..., pelos seus óxidos de ferro, e o Magnésio podem mostrar-se de admirável ajuda para os anêmicos que os usarem."[17]

Três séculos antes, o Honorável Robert Boyle supusera que "Corpúsculos invisíveis podem passar de Amuletos ou de outros remédios externos para o Sangue, e para os Humores, e ali produzir grandes mudanças". E, no século anterior, o professor Karl von Reichenbach elucidou a idéia central da cura da Nova Era: "Todo Cristal exerce uma ação específica sobre os nervos animais" na forma de uma espécie de luminosidade emitida pela suas terminações – mesmo que seja o cristal do açúcar – que afeta "pessoas sensíveis". O termo do professor para essa emanação foi "força ódica",* que ainda hoje é usado a torto e a direito.[18]

Uma das mais antigas idéias por trás da cura com gemas é a da magia simpática: o princípio de que "o semelhante afeta o semelhante" – provavelmente vigente na Idade da Pedra. Essa idéia se aplica de modo especial às interpretações antigas e modernas das cores das pedras. Afirma-se – e sempre se afirmou – que as pedras vermelhas afetam o sangue, podendo por isso curar males vinculados com este, como a leucemia, as dificuldades menstruais, a AIDS, a carência de ferro, as hemorragias, etc.[19] As pedras laranja são "aquecedoras", como o fogo, e por isso são boas para tremores, febres, artrite e enregelamento. As pedras brancas ajudam a secreção do leite e do sêmen, fortalecem os dentes, reduzem inflamações. As verdes diminuem o *stress*, a pressão alta, as dores de cabeça ou os problemas oculares, de acordo com a velha superstição de que contemplar o verde faz bem aos olhos. As pretas, por sua vez, afetam os intestinos e distúrbios emocionais "negros", como pesadelos, depressão e insônia, enquanto as amarelas influenciam a icterícia, a exaustão e os problemas da vesícula e dos rins.

É claro que isso é apenas uma breve relação. Há inúmeras outras, velhas e novas. Seu entrelaçamento é tão amplo que qualquer doença pode ser curada por qualquer pedra, em algum lugar, por alguma "autoridade". Algumas das antigas receitas de pedras combinavam várias cores, num esforço para criar uma panacéia de amplo espectro. Os famosos "Cinco Fragmentos Preciosos" consistiam numa mistura do pó do rubi, do topázio, da esmeralda, do ouro e da prata com várias ervas. Uma mistura semelhante era muito usada no Languedoc, disse um autor do século XVIII, "onde se encontram poucas pessoas que dela não tenham um recipiente".[20] Combinações foram usadas recentemente por um "notável cientista espiritual" da Índia, um certo Benoytosh Bhattacharya, que curava pessoas mantendo suas fotografias diante de um disco de prata equipado com várias gemas que giravam graças a um motor elétrico. Não era exigida a presença do paciente. As "vibrações" afetavam apenas a fotografia e, depois, o paciente, pelo meio imemorial da magia simpática.[21]

Um dos mais destacados exemplos modernos de magia simpática em ação em vários lugares é a fraude do elixir de pedras preciosas, que há séculos é popular em quase todo o mundo. Desde os tempos antigos, médicos têm administrado pó de gemas como remédio a pacientes abastados o suficiente para pagar por ele; para favorecer os mais pobres, costumava-se descobrir que a água em que uma gema tinha ficado por algum tempo curava quase tanto quanto a própria pedra. No século passado, dizia-se que o Rajá de Matara, no Bornéu, possuía um diamante de cura de tal poder que a água em que era imergido curava todas as doenças.[22] Hoje, o privilégio de curar foi estendido a toda pedra preciosa e a muitas pedras comuns, razão por que garrafas de água são vendidas com o nome de "elixires de gemas" em lojas da Nova Era e prescritas vigorosamente pelos livros correspondentes. Há até quem diga que a água contendo uma pedra pode ser "magnetizada".[23] (A água não é magnetizável.)

A verborréia apresentada em apoio à validade desses elixires é verdadeiramente notável. Ela os denomina "tinturas de consciência líquida", "força evolutiva", "um sistema de essências vibracionais organizadas". Eles podem curar apenas pela proximidade. Por exemplo, os tratamentos com acupuntura são "aperfeiçoados" pela presença de uma garrafa de elixir no local do seu emprego; a garrafa nem precisa estar aberta.[24]

Diz-se que esses elixires são de alguma maneira "ressoantes" com vértebras individuais, tendo "empatia com a construção de cada vértebra", razão por que afetam o sistema nervoso simpático.[25] Ao que parece, isso deve referir-se aos gânglios espinais, e não a vértebras, visto estas não serem parte do sistema nervoso simpático. Afirma-se também que a eficácia deles será validada por estudos científicos em algum futuro indefinido, talvez para convencer os céticos que buscam dados confiáveis agora. Mas pode-se imaginar o clamor público contra qualquer droga ou remédio comercial comum que entre no mercado *antes* de a sua eficácia ser provada! Um agente de cura da Nova Era parece não conhecer os mais simples princípios da ciência, chegando a descrever o halita (sal comum) como apenas um pouco solúvel em água, aconselhando a coar o elixir de halita (água salgada).[26] Seria interessante ver esse instrutor tentar alterar a salinidade da água salgada coando-a.

Quando esses elixires fazem os pacientes se sentirem melhor, é bem provável que isso resulte do perene efeito placebo, que o médico sírio Qusta ibn-Luqa compreendeu bem já no século X: "O estado mental afeta o estadó corporal. Por vezes, a crença no valor de cura de uma profilaxia é o bastante."[27] Sequer sabemos ainda criar o efeito placebo deliberadamente, sem recorrer a uma crendice enganosa. Talvez esse conhecimento venha no futuro.

Outra técnica de cura pelos cristais hoje popular é o golpe com pedras, para cuja aplicação os minerais recebem comercialmente a forma de "bastões de golpear", com uma extremidade pontuda e uma arredondada. Também isso tem antigos precedentes. Bastões semelhantes de metal foram patenteados em 1796 pelo doutor Elisha Perkins, que os denominava Hélices Metálicas, afirmando curar todas as enfermidades golpeando o paciente com eles.[28]

A teoria vibracional da cura da Nova Era também tem precedentes. Um dos seus primeiros divulgadores foi o doutor Albert Abrams, que o *Journal of the American Medical Association* chamou de "o decano dos charlatães do século XX".[29] Em seu livro *New Concepts of Diagnosis and Treatment,* Abrams afirmou que toda doença tem sua própria taxa de vibração, criando uma "desarmonia de oscilações elétricas". Ele inventou uma máquina chamada Oscilloclast, que diagnosticava pelo correio a doença de qualquer paciente a partir de uma gota de sangue num pedaço de papelão. Esse papelão era colocado na máquina, que projetava na direção do paciente (a qualquer distância) as vibrações curativas apropriadas. "Embora o diagnóstico não durasse senão um momento, a cura poderia exigir um número variável de tratamentos e causar despesas." Upton Sinclair tornou-se um eloqüente seguidor de Abrams, cujo número de conversos atingiu tal notoriedade que a AMA (Associação Médica Americana) passou a investigar. Quando recebeu amostras de sangue de carneiro e de outros animais, Abrams fez diagnósticos de toda espécie de enfermidade humana:

tuberculose genito-urinária, sífilis hereditária, câncer. Desacreditado, morreu em 1924.[30]

Mas a sua idéia permaneceu no Micro-Dynameter de F. C. Ellis, que descreveu a sua máquina em 1930 como um instrumento simples capaz de diagnosticar e tratar todas as doenças. A seguidora de Ellis nos anos 40 foi a "doutora" Ruth B. Drown, com seu Instrumento Radioterapêutico, uma caixa com dois fios e dois eletrodos. Os pacientes podiam enviar à sra. Drown uma gota de sangue num mata-borrão para um diagnóstico e um tratamento completos através de "ondas de rádio".[31] Cada tratamento custava cinqüenta dólares.

Tal como Abrams antes dela, a sra. Drown declarava que tudo no universo tinha sua própria taxa vibratória: cada órgão, cada glândula, cada doença. Sua máquina sintonizava a "força eletromagnética" do corpo. Supunha-se que dirigisse "a energia total do corpo de um paciente, através da máquina, para a parte doente, na mesma taxa vibratória descoberta durante o diagnóstico ... Isso aumenta as vibrações da área em questão. Através do processo de constante circular do metabolismo no interior do corpo, as novas células formadas vêm numa taxa normal ou mais alta e as células adoentadas caem automaticamente".[32]

Em 1952, um dos pacientes da sra. Drown provocou um escândalo: morreu quando era tratado por ela de um câncer que a terapia convencional teria erradicado com facilidade. Ela foi investigada, mas continuou a praticar por mais dez anos, até ser indiciada por estelionato. Ela morreu antes de o caso chegar a julgamento.

O espírito de Ruth Drown sobrevive no conceito de radiônica, "um método de cura usado desde o começo do século, (em que) uma máquina é usada para diagnosticar e prescrever para o indivíduo. As vibrações das pedras corretas ... são transferidas eletromagneticamente para o veículo de cura, que pode ser a água ou pílulas de lactose. O remédio pode ser tomado oralmente ou pela absorção através da pele. Também pode ser enviado eletromagneticamente, através do éter, ao paciente",[33] proposto pela Nova Era. Isso, num livro publicado em 1988, começa a soar estranhamente familiar.

O diagnóstico e a prescrição pelo correio no atacado eram, de fato, o costume do "profeta adormecido" Edgar Cayce, cujos estranhos escritos ainda alcançam grandes vendas em círculos da Nova Era. Cayce não era o tipo inteligente de charlatão. Em 1889, com doze anos, ele ainda estava no terceiro ano primário. Seu pai afirmou certa feita: "Ele era tapado, não há dúvida." O jovem Edgar estava acostumado a tirar sonecas em cima de livros "para absorver seu conteúdo".[34] Mas era inteligente o bastante para não assumir a responsabilidade pelas suas prescrições, declarando ser apenas um canal de entidades espirituais cujas recomendações vinham através dele no sono. Muitas de suas "curas" envolviam minerais e pedras preciosas, embora ele em geral confundisse seus nomes, propriedades e composição química. Disse ele: "As forças vibratórias advindas de certas pedras e metais colaboram com forças semelhantes originadas no interior das pessoas para permitir-lhes a sintonia com as Forças Criadoras do universo."[35]

Num endosso típico de Cayce, um Ken Carley é citado como entusiasta defensor dos pronunciamentos de Cayce sobre pedras. Ken Carley considera-se um comerciante de gemas e minerais e lapidador bastante experiente. É surpreendente que ele pareça desconhecer as gemas mencionadas, "algumas delas com nomes realmente estranhos", em suas palavras. Mencionando uma pedra verde com "manchas brilhantes de cobre em toda a sua superfície", ele a chama tanto de Epídoto como de Cobre. O nome da Shattuckita é grafado erroneamente ("shattakita") e pobremente descrita como "uma forma opaca maciça silicificada da azurita e da malaquita". O nome Bornita também é grafado erroneamente ("burnita") e é considerada esgotada, por ter vindo de uma única mina de Montana, ora fechada.[36] Na verdade, a bornita é muito comum e um dos principais minérios do cobre. O próprio Edgar Cayce quase nada sabia sobre os metais e pedras que recomendava aos seus seguidores. Negando a afirmação infundada de alguns místicos dos cristais de que o espigão perdido da Grande Pirâmide do Egito era feito de quartzo, Cayce declarou que era, na verdade, "uma liga de cobre, latão e ouro", ao que parece acreditando que o latão é um metal puro.[37]

Não somente as pirâmides egípcias, as curas místicas e as Forças Criadoras do universo, como também o folclore e as lendas do espaço exterior têm proeminência entre os fiéis da Nova Era – a maioria dos quais, afinal, cresceu na era espacial com uma dieta de programas de ficção científica. Tipicamente incapazes de distinguir o fato da fantasia recordada, muitos desses fiéis concebem seres espaciais comunicando-se com as pessoas, enviando cristais para a terra, interferindo em assuntos terrestres e representando de outras formas o papel tradicional do *deus ex machina*. Segundo uma fonte, toda a família dos berilos (silicatos de alumínio berílio) – que inclui a esmeralda, a água-marinha, a morganita, a goshenita, o heliodoro ou berilo dourado – veio do espaço exterior e não se formou de substâncias da terra.[38] Outra fonte diz que todos os cristais de matiz negro são "apports" de algum lugar, não tendo nenhum deles surgido na terra.[39] Uma terceira fonte tem a pretensão de conhecer um planeta não descoberto, e até sabe o seu nome ("Noele"), embora nenhuma pessoa da Terra vá percebê-lo antes "do final do século XX".[40]

O conhecimento secreto misterioso sempre foi o recurso do ocultista. Para evitar pesquisas, afirma-se invariavelmente que catástrofes indefinidas, mas terríveis, ocorriam se esse conhecimento fosse revelado abertamente. Por exemplo, um conferencista da Nova Era referiu-se a uma poderosa "pirâmide de energia" existente no Estado do Arizona. Solicitado a dar a localização exata, ele declarou que a "humanidade" não está pronta para essa revelação e que fazê-lo causaria "caos e perturbações". Ele também afirmou que espaçonaves se chocaram com a terra e estão "guardadas em segredo" pelos atuais governos. Essas naves eram pilotadas por grandes cristais inteligentes.[41]

Os autores da Nova Era não esperam ser convocados para provar suas afirmações, achando que uma mera afirmação não comprovada basta; todo leitor que acha isso inadequado é chamado a "deixar de lado a atitude crítica" diante de tudo o que não for considerado verdadeiro.[42] Em outras palavras, o ônus da prova é do público, e o falso não deve ser "julgado" falso – uma curiosa ética para proveito próprio. Mas um dos precursores do movimento da Nova Era, o mago da palavra cinicamente deliberado G. I. Gurdjieff, disse certa vez, num parágrafo atipicamente revelador: "O fato é que, na literatura ocultista, muito do que tem sido dito é supérfluo e mentiroso ... Isso não traz conhecimento ... Julgue tudo da perspectiva do seu bom senso. Torne-se o possuidor de suas próprias idéias sólidas e não aceite nada em confiança."[43]

Uma significativa contribuição do pensamento da Nova Era que os seguidores de Edgar Cayce aceitaram pessoalmente em confiança foi o mito da Atlântida, que hoje floresce e que foi tratado por muitos autores da Nova Era como história real, em vez de hipótese há muito tempo considerada comprovadamente absurda. Tendo lido vários dos primeiros livros sobre Atlântida, populares em sua época, Cayce se convenceu de que o seu eu dorminhoco podia se comunicar com o povo daquele pretenso mundo submisso, da mesma maneira como muitos adeptos da Nova Era que entram em transe poderiam se comunicar com entidades preternaturalmente inteligentes de outros planetas. Muitas propostas de Cayce lidavam com o aparecimento, com os costumes e com a tecnologia de Atlântida. Esse material ainda é avidamente lido e tomado como verdade por muitos que nunca aprenderam a história real. Mesmo hoje, as verdadeiras origens desse mito são desconhecidas de muitos. Para remediar um pouco isso, apresento a seguir um apanhado sobre o surgimento e o desenvolvimento de toda uma subdivisão da literatura ocultista.

---

1. Harold, 22, 117. 2. Gurudas, 2. 3. Stein, 4-6. 4. Harold, 109. 5. Parkinson, 17. 6. Harold, 32. 7. Gurudas, 9-10. 8. Randi, cap. 2. 9. Baer & Baer, *W. L.*, 67, 108. 10. Baer & Baer, *C. C.*, 42. 11. *Ibid.*, 140, 147, 352. 12. Baer & Baer, *W. L.*, 25. 13. Harold, 33-34. 14. Baer & Baer, *C. C.*, 101-102, 331. 15. Gurudas, 5, 8. 16. Stein, 143. 17. Fernie, 18-19. [*Odic*: palavra formada a partir de "od" ou "odyl", ou ainda "odyle", força supostamente existente na natureza que se manifestaria no hipnotismo, no magnetismo, na luz, etc. (N. dos T.)] 18. *Ibid.*, 52, 219. 19. Stein, 177. 20. Fernie, 3, 25. 21. Baer & Baer, *W. L.*, 118. 22. Fernie, 71. 23. Stein, 174. 24. Gurudas, 18-19, 43. 25. *Ibid.* 26. *Ibid.*, 25, 36. 27. Anderson, 111. 28. Holbrook, 35. 29. Flammonde, 51. 30. Holbrook, 130-133. 31. Flammonde, 53. 32. Young, 239-257. 33. Parkinson, 15. 34. Flammonde, 62, 64. 35. *Scientific Properties*, 4. 36. *Ibid.*, 48, 72. 37. Robinson, 91. 38. Lorusso & Glick, 37. 39. Alper 1, 3/9-2. 40. Richardson et al., 110. 41. Alper 2, 5, 72. 42. Raphaell, *C. E.*. prefácio. 43. Webb, 500.

A verdadeira história da Atlântida

Há somente uma fonte primária de toda a complexa mitologia da Atlântida, que se torna, portanto, uma pirâmide de cabeça para baixo, construída a partir de um único ponto de referência. Esse ponto é Platão. Perto de 335 a.C., o *Timeu* e o *Crítias* de Platão mencionaram o legendário continente além das Colunas de Hércules (Gibraltar).

O relato platônico foi um ouvir dizer de ouvir dizer. Ele afirmou que Sócrates ouvira a história de Crítias, que a ouvira em terceira mão do seu bisavô Drópida, que a ouvira de seu parente, o semilendário legislador ateniense Sólon, que a ouvira de uma sacerdotisa de Ísis no Egito, cento e cinqüenta anos antes de Sócrates. A sacerdotisa afirmara ter havido um grande império ateniense há nove mil anos, isto é, perto de 9600 a. C., quando, na realidade, nem existiam atenienses. Segundo ela, essa potência ateniense entrara em conflito com o império de Atlântida, que fora fundado pelo deus do mar, Posídon, num continente do oceano ocidental.

É verdade que nem Platão nem toda essa cadeia de informantes mencionaram invenções modernas como cristais geradores, máquinas de voar, prodígios de comunicação telepática e viagem astral, nem outros conceitos atlantes hoje populares. Esses embelezamentos vieram de imaginações criadoras do século XIX e XX.

Talvez o nome de Atlântida tenha sido sugerido a Platão pela sua leitura de Tucídides, que menciona um dilúvio provocado por um terremoto que destruiu um forte ateniense na pequena ilha de Atalanda (cujo nome vem da caçadora heróica da mitologia grega) e "danificou um dos dois navios que estavam atracados no porto". Estrabo disse que a ilha de Atalanta fora partida em duas, criando com isso um canal navegável no golfo. Na época de Filo, o judeu (século I d.C.), "a ilha de Atalantes" chegara a dimensões "superiores à da África e da Ásia" e fora inteiramente coberta pelo mar num dia e numa noite por um tremor de terra e um maremoto extraordinários.[1]

Contudo, poucos escritores antigos levaram essa história a sério. As autoridades cristãs tenderam a interpretar o conflito entre Atenas e Atlântida como uma alegoria do encontro entre o bem e o mal. No sexto século, porém, o monge geógrafo Kosmas Indicopleustes apresentou a história como uma versão grega distorcida da história bíblica de Noé. A crença numa Atlântida um dia existente foi esquecida por mil anos e começou a voltar somente depois da descoberta do Novo Mundo.

Em 1553, o historiador espanhol Francisco López de Gómara sugeriu que a Atlântida de Platão era a América. Essa idéia foi largamente adotada por Sir Francis Bacon em sua obra *The New Atlantis* (1624), por Buffon no século XVIII e por Alexander von Humboldt no século XIX. Mas a América de modo algum era a única candidata. Em 1675, um livro de vários volumes do erudito sueco Olof Rudbeck esforçou-se por demonstrar que a Atlântida era a Suécia, que, por conseguinte, servira de fonte de toda a civilização. Desde então, outros "provaram" que a Atlântida fora a Espanha, a Grã-Bretanha, a Palestina, a África, a Arábia, o México, o Ceilão e muitos outros lugares, inclusive as regiões árticas.

O progresso da Atlântida até a sua atual posição no ocultismo foi promovido também por Diego de Landa, bispo espanhol de Iucatan no século XVI. De Landa confiscou e queimou todos os livros maias que conseguiu pegar, considerando-os obras do demônio, mas depois criou uma maneira de traduzir os poucos sobreviventes com um "alfabeto maia" que criou, obrigando os nativos a inventarem equivalentes hieroglíficos para letras latinas. Ele começou suas pesquisas com a consistente noção de que os índios americanos eram as dez tribos perdidas de Israel, idéia adotada por William Penn e por puritanos tardios da Nova Inglaterra, tendo figurado com proeminência na mitologia mórmon de Joseph Smith.

Um abade francês excêntrico, Charles Étienne Brasseur (1814-1874), usou o alfabeto mais sintético de de Landa para traduzir errado um dos poucos códices maias remanescentes. Pela sua teoria, duas letras, M e U, representavam o nome do continente atlântico afundado. Seu compatriota Augustus Le Plongeon (1826-1908) vivera em Iucatan, tendo cavado nas ruínas maias e publicado *Queen Moo and the Egyptian Sphinx*, uma fantasia romântica sobre a rainha de Atlântida (ou Mu), que escapara ao dilúvio, fora para o Egito, construíra a Esfinge e se tornara a deusa Ísis. Le Plongeon foi influenciado não só por Brasseur como também pela *Doutrina Secreta*, de Madame Blavatsky, e pelo culto pseudocientífico da piramidologia fundado pelo estranho escocês Piazzi Smyth.

O primeiro e talvez maior divulgador americano da Atlântida "histórica" foi Ignatius T. T. Donnelly, um congressista de Minnesota que escreveu *Atlantis: The Antediluvian World* (1882). Donnelly foi o primeiro a alegar que uma Atlântida do Oceano Atlântico fora a fonte de todas as civilizações. Ele também tentou provar em outros livros que as peças de Shakespeare tinham sido escritas por Francis Bacon, e que o Pleistoceno fora causado pela colisão da Terra com um cometa. A maioria das "provas" aduzidas por Donnelly estava simplesmente errada. Ele afirmava – erroneamente – que a civilização egípcia aparecera de repente do nada, sem precedentes neolíticos; que Aníbal usou a pólvora, que os assírios dedicavam-se à cultura do abacaxi, que algodoeiros de espécie idêntica cresciam em ambos os hemisférios, bem como muitos outros absurdos que seus leitores entusiasmados mal se davam ao trabalho de verificar.

Na década de 1880, Helena Blavatsky baseou *A Doutrina Secreta*, em larga medida, na obra de Donnelly, tendo plagiado, sem dar crédito, a tradução de Wilson do Purana de Vishnu e do Hino da Criação do Rig Veda. Madame Blavatsky afirmou que seus escritos tinham como base um certo *Livro de Dzyan*, escrito na língua morta da Atlântida, o "Senzar", que seus mestres lhe haviam mostrado durante seus transes, permitindo-lhe traduzir. Teósofos ulteriores acrescentaram muitos detalhes também derivados de revelações advindas da "clarividência astral", recentemente rebatizada de "canalização". W. Scott-Elliot aprendeu por esse meio sobre as várias Raças-Raízes, algumas em forma de ovo, outras feitas de éter invisível, algumas semelhantes a geléia, algumas outras com quatro metros e meio de altura, formadas por lemurianos hermafroditas que punham ovos e tinham sido instruídos pelos "Senhores da Chama" do planeta Vênus. Havia várias sub-raças: os Rmoahals, os Tlavatlis, os Toltecas, os Turanianos (protoastecas), os Semitas e os Acadianos, todas ocupantes da Atlântida. Elas cultivavam o trigo (trazido originalmente de outro planeta), inventaram a banana e escreviam em folhas de metal (mais ou menos como as placas de ouro apócrifas de Joseph Smith). O combustível de suas aeronaves era a força *vril*, mentalmente dirigida, inventada originalmente pelo romancista Bulwer-Lytton em seu livro, uma fantasia utópica, *The Coming Race* (1871).

Materiais adicionais para a fraude da Atlântida foram fornecidos em 1912 por farsa perpetrada por Paul Schliemann, neto do grande arqueólogo Heinrich Schliemann. Num artigo publicado com grande estardalhaço no *New York American*, Paul anunciou a abertura do legado do seu avô famoso, que consistia em papéis selados e num vaso antigo contendo artefatos "do Rei Crono da Atlântida". Citando livremente textos de Donnelly e de Le Plongeon, Paul afirmou que esse material confirmava a inundação de Mu-Atlântida e prometeu revelar tudo num livro subseqüente, que nunca apareceu – da mesma maneira como os alegados artefatos nunca foram vistos. Wilhelm Dorpfeld, colaborador do velho Schliemann, atestou que seu colega nunca mostrara interesse pelo mito da Atlântida e que o artigo era falso. Contudo, os entusiastas da Atlântida ainda citam Paul Schliemann, chegando a confundi-lo com o seu eminente avô.

Catorze anos depois, James Churchward, já velho, publicou *The Lost Continent of Mu*. Contestando afirmações de outros autores de que Mu era sinônimo de Atlântida, Churchward transformou-a num enorme continente do Oceano Pacífico, que continha uma população de 64 milhões de pessoas. Suas informações vinham de "tabuletas muvianas" que ele afirmava ter visto, e traduzido pelo poder da intuição, no México ou na Índia, ou, talvez, no Tibete. A Atlântida, segundo ele, era uma colônia muviana. Os muvianos também chegaram à Ásia e estabeleceram, vinte mil anos depois, o Império Uigur. (O real Império Uigur existiu entre os séculos X e XII d.C.) Churchward concebia o continente da Atlântida flutuando em algo parecido com pontões, "grandes câmaras cheias de gás" sob a sua crosta terrestre. Quando essas câmaras ruíram, o continente afundou. É claro que, em termos geológicos, nada disso é possível.

Mais detalhes foram acrescentados ao mito em crescimento por *Lemuria and Atlantis*, de Rudolf Steiner, que tratava dos dois continentes afundados ao mesmo tempo. Os atlantes, segundo ele, podiam curar feridas instantaneamente, domar animais, cultivar grãos e controlar a "força da vida" com palavras mágicas. Mais prodígios foram sendo acumulados por ocultistas como Manly P. Hall e Edgar Cayce. Essas pessoas não pesquisavam, mas simplesmente "conheciam" as minúcias mágicas da vida atlante ou lemuriana. Em outras palavras, elas as criaram.

Lewis Spence tentou a abordagem semi-razoável em vários livros, *The Problem of Atlantis, Atlantis in America, The History of Atlantis* e *The Problem of Lemuria, the Sunken Continent of the Pacific.* Spence afirmou que o homem de Cro-Magnon era sobrevivente do cataclisma atlante, tal como os maias, que viveram num outro continente afundado (na época, esses continentes estavam proliferando como coelhos), Antillia, uma Atlântida ocidental que afundou mais tarde – para preencher a lacuna de muitos milênios entre a ruína do continente-mãe e o estabelecimento da civilização da América Central. Mas os argumentos de Spence, em termos geológicos, antropológicos ou lingüísticos, eram bastante insustentáveis.

As provas "científicas" do mito da Atlântida sempre provaram ser demasiado não-científicas para serem levadas a sério. Uma prova típica foi a proposta do geólogo francês Pierre Termier de que o taquilito vitroso recuperado do leito do Atlântico a três quilômetros de profundidade deve ter vindo originalmente de vulcões acima da terra, porque somente no ar esse material de lava se resfriava bastante rápido para formar vidro não cristalino. Mais tarde, foi demonstrado que esse material se forma tanto no ar como sob a água, mas, mesmo assim, os adeptos da Atlântida ainda citam a teoria errônea de Termier para "provar" o mito.[2]

Mesmo que uma terra no meio do Atlântico pudesse ter sido afundada por um terremoto maior do que os da história registrada, ela teria de ser baixa, sem elevações e bem poucos metros acima do nível do mar. A Atlântida de Platão era "montanhosa". Além disso, toda terra extensa inundada permaneceria perto da superfície como um banco de areia. O próprio Platão supôs inteligentemente que o afundamento da Atlântida teria deixado uma barreira impenetrável de bancos de lama logo depois das Colunas de Hércules, impedindo a navegação na região. Não existem esses bancos de areia. As únicas terras altas submersas são a cadeia do meio do Altântico, onde vulcões submarinos se desenvolvem lentamente. Amplas explorações feitas por várias expedições científicas não revelaram indícios de cidades afundadas ali. Pelo contrário: a profundidade do sedimento do fundo do Atlântico mostra que não houve mudanças geológicas significativas há setenta milhões de anos, período mais de vinte vezes maior do que a existência de seres humanos na Terra, para não falar da civilização, que começou apenas há uns sete ou oito mil anos.

A única prova razoável de uma possível base factual para a fábula utópica de Platão vem de recentes pesquisas arqueológicas na ilha de Tera (Santorin), na parte leste do Mediterrâneo. Boa parte dessa ilha de fato afundou no mar no século V a.C., tendo se partido numa explosão vulcânica mais violenta que a famosa erupção de Cracatoa, em 1883. Quando Tera explodiu, grandes ondas submergiram as cidades costeiras de Creta, sendo o resto da massa de terra desta última coberto de cinza vulcânica. A erupção pode ter causado ondas gigantescas que geraram o mito do dilúvio em todos os portos da parte leste do Mediterrâneo. Acredita-se que a catástrofe marcou a morte da cultura minoana, que teria sido lembrada nos primeiros mitos gregos. Uma enorme cidade minoana foi descoberta na própria Ilha de Tera, enterrada sob toneladas de resíduos vulcânicos.

Nem um pouco detidos pela total falta de provas, os tolos partidários da Atlântida continuam a inventar e a reinventar com exuberância essa(s) cultura(s) desaparecida(s) com falsas descrições factuais que dão ao mito o caráter de história genuína. Edmund Harold explica que os atlantes iluminavam suas casas e cidades e abasteciam suas "aeronaves, seus submarinos e seus veículos de lazer" com energia emanada de gigantescos cristais de quartzo. Eles chegavam a usar esses cristais para ajustar a atitude mental de criminosos, convertendo-os em cidadãos úteis, já que "a energia eletromagnética pulsante liberada pela seqüência de cristais produzia espantosas transformações no organismo das pessoas a ela sujeitas".[3] O fato de os cristais de quartzo não emitirem energia eletromagnética sequer reduz o ímpeto crescente da construção do mito.

Um autor declara que os cristais eram usados na Atlântida para a "codificação genética" e, na Lemúria, para desenvolver a percepção extrasensorial. O tempo médio de vida na Lemúria era de vários milhares de anos. A glândula pineal dos lemurianos era três vezes maior do que as do ser humano atual. Afirma-se que, sendo os sacerdotes egípcios descendentes diretos dos atlantes, o exame dos seus restos mumificados mostrará glândulas pineais de tamanho extraordinário. Na verdade, esse exame não pode confirmar nada disso, visto que as múmias não têm glândulas pineais, pois todos os tecidos moles foram removidos das suas cavidades cranianas. Os lemurianos, além de se tornarem atlantes e, mais tarde, sacerdotes egípcios, também se tornaram fadas e elfos, ou espíritos da natureza, para os quais um termo recém-popularizado é *devas* (palavra sânscrita para "deuses"). Esses ex-lemurianos vivem "numa dimensão etérea mais rápida que a velocidade da luz", o que parece implicar que devem estar indo para algum lugar.[4]

Muitos "mestres" modernos fazem referências à Atlântida como se ela fosse tão parte da história quanto a Grécia e a Babilônia. Um deles diz:

"A numerologia existia na Atlântida e, provavelmente, antes, na Lemúria."[5] Outros multiplicaram as civilizações pré-históricas míticas de uma maneira que em muito supera a pobre e modesta Atlântida afundada. As "culturas bem conhecidas" não se restringiram à Atlântida e à Lemúria, havendo também as dos Ciclopeanos, dos Posidônios, dos Antiatlantes, dos Uramoranos e dos Oraxianos, que "existiram na área da Sibéria há uns 150 mil anos... Toda a cultura abrigava-se sob um domo magnético de energia criado por um campo de força baseado num cristal. Em torno do perímetro havia vários milhares de cristais servindo de pontos de aterrissagem para o domo magnético. A força desses cristais era gerada a partir de um núcleo central de cristais e conduzida aos cristais do perímetro através de um sistema de hastes de cobre".[6]

Nem é preciso dizer que não existem provas consistentes desses detalhes em nenhum ponto da Terra, mais isso não desanima os visionários da Atlântida, que recebem suas informações de outras fontes. Elas são "canalizadas" de sacerdotes egípcios há muito falecidos, de "mestres superiores" ou entidades de outro plano de existência – ou seja, eufemismos para a pura imaginação cotidiana. Na qualidade de cenário mais popular para décadas de fantasia e de histórias de ficção científica, a Atlântida é sobretudo o reino da imaginação, onde qualquer coisa que alguém se dê ao trabalho de dizer sobre ela torna-se imediatamente verdadeiro.[7]

Um estranho paradoxo pode ser percebido entre os receptores de "informações" proveniente dessas fontes mitológicas. De um lado, os praticantes exibem um surpreendente grau de pretensão ao suporem que toda idéia que entra em sua cabeça tem de ser – ou tem de ter sido – verdadeiro, por mais improvável que seja; de outro, apresentam uma desconfiança igualmente espantosa de seus próprios poderes de criação: parecem incapazes de acreditar na sua própria capacidade mental de conceber fantasias ou inventar ficção, razão pela qual essas quimeras têm de ser atribuídas a inteligências alienígenas ou a espíritos-guia. Talvez o principal problema dos entusiastas de Atlântida/Lemúria/Mu/Orax seja o fato de não compreenderem os jogos mentais – nem mesmo os seus.

Supõe-se muitas vezes que aqueles que colaboram para o mito da Atlântida devem ter sido atlantes numa vida anterior (sempre de classe alta, respeitados e espiritualmente "avançados"), pois, do contrário, não poderiam saber tanto sobre ela. Edgar Cayce afirmou tê-lo sido, o mesmo acontecendo com todo líder proeminente "em todo país ou clima".[8] A idéia mostrou-se popular, já que as pessoas comuns normalmente não estão inclinadas a crer que outras pessoas comuns possam superá-las em inteligência.

Segundo a pseudomemória de Cayce, os primeiros atlantes fabricavam balões de couro de elefante (!) "para o transporte de materiais de construção". Mais tarde, desenvolveram lasers, aeronaves, submarinos, telefones, elevadores, telescópios, explosivos, a fotografia, o rádio, a televisão, a eletricidade e gigantescos cristais de quartzo "geradores" para prover força para tudo. Apesar da demonstração da nossa própria civilização de que esses desenvolvimentos se disseminaram pelo mundo em menos de um século, a tecnologia atlante existiu por milhares de anos sem ultrapassar as fronteiras do continente. Além disso, embora tenha havido freqüentes ondas de migração da Atlântida para outros continentes – América, Índia, Egito, Península Ibérica, a região do Cáucaso –, os iluminados nunca levaram essa tecnologia consigo. Em pouco tempo, os colonizadores atlantes voltaram ao nível dos carros de bois e das jangadas.[9]

A história, a geografia, a cronologia, as artes e a cultura da Atlântida (e de suas hoje numerosas utopias irmãs) variam consideravelmente de um informante para outro. Ao que parece, os espíritos-guia não costumam colaborar uns com os outros, nem ler os livros uns dos outros. Para escolher uma das mais recentes publicações desse material: a mitologia típica de Atlântida ocorre nas obras de Frank Alper, que exibe os títulos de Reverendo e Doutor, bem como o "nome espiritual" de Christos. Sua Atlântida é por vezes uma cidade, às vezes um continente e até um planeta "dentro desta galaxa [*sic*]", destruída há muitos milhões de anos. "O planeta servia como uma forma de laboratório experimentário [*sic*]. Eles [*sic*] também davam assistência a problemas que surgiam em outras áreas da galaxa [*sic*]."[10]

Numa série de palestras feitas em 1981, Alper começou sua história com o continente da Lemúria, situado no Pacífico, que existiu por cem mil anos e era ligado por túneis, "nas profundezas da crosta terrestre", à Atlântida, por ele situada na costa leste dos Estados Unidos. Ainda existe "um amplo sistema de túneis", segundo Alper, que liga todos os continentes. Alguns desses túneis foram redescobertos recentemente – ele não diz por quem. A seis quilômetros a partir do Pólo "Horte" [*sic*], desce um túnel para as profundezas da Terra, onde moram atlantes uramoranos de milhões de anos de idade. Eles são "cristalhinos" [*sic*] em forma e "não injerem [*sic*] comida, como vocês". Há também uma antiatlântida hoje situada a mil e cem quilômetros abaixo da superfície da Terra "nas prosimidades [*sic*] do Pólo Sul". Quando um ouvinte perguntou como poderiam existir túneis no magma derretido sob a crosta terrestre, o espírito-guia de Alper logo cortou a comunicação.[11]

Os lemurianos e atlantes estiveram em guerra uns com os outros por cinqüenta mil anos. Os continentes afundaram no oceano em 85000 a.C. Sobreviventes do cataclisma continuaram com sua vida normal, vivendo em "enormes cavernas sob o mar livres da água". Os anciãos conseguiam viajar freqüentemente até a superfície. Em 77777 a.C., chegaram espaçonaves de "universos bem além deste universo" trazendo equipamentos científicos "altamente desenvolvidos" e "muitos tipos de vegitais [*sic*] e alimentos" para ajudar a reconstruir a Atlântida no fundo do mar. Cedo ou tarde, ela vai se elevar sobre as ondas e vai ser um Jardim do Éden natural, "com elfos tocando suas flautas" e com coisas ultramodernas como "cidades de gigantescas estruturas de cristal e vidro, de equipamentos computadorizados altamente sofistificados [*sic*]".[12] Edgar Cayce (morto em 1945) também previu que Atlântida surgiria do oceano na costa leste dos Estados Unidos em 1968 ou 1969.[13]

Alper declara que a queda da Atlântida foi provocada pela excessiva curiosidade científica – especificamente por experiências de mistura entre homens e animais para produzir as criaturas semi-humanas da mitologia clássica, como os sátiros, os centauros, as esfinges, os deuses providos de chifres, homens-serpente, monstros marinhos, as divindades egípcias mascaradas de animal e os touros e leões de cabeça humana da Babilônia. Alper esqueceu que, em outra "canalização", declarara que não havia animais na Atlântida. Numa flagrante ignorância da impossibilidade biológica de cruzamento interespécies, ele afirma que todas essas criaturas mitológicas existiram. Os cientistas atlantes que as criaram pecaram contra a ordem natural das coisas ao conceberem "suas próprias experiências para usarem seu poder e sua capacidade na investigação de áreas desconhecidas e proibidas e no desafio ao desconhecido" – em outras palavras, ao fazerem exatamente o que se espera que os cientistas façam. Mas não há defeitos em outras interferências atlantes na natureza, tais como os métodos mediante os quais "certas espécie [*sic*] de plantas infeciosas [*sic*] que eram contagiosas foram devolvidas à forma de energia pura para eliminar a ameaça de infecção". Na Atlântida futura, uma dissolução semelhante será imposta às pessoas desobedientes. "O uso inadequado as dissloverá [*sic*]", diz ele, num lapso revelador embora involuntário.[14]

A idéia de que os pecados humanos produzem terremotos, afundamentos de terra e outros desastres naturais também fazia parte da visão de mundo de Edgar Cayce. Ele disse que "o pecado do homem" é responsável até pelas manchas solares![15]

A Atlântida, definitivamente, não era democrática; pelo contrário, era rigidamente hierarquizada. Os cidadãos declaravam sua condição social pelo número de nós no cinto. Mas Alper se contradiz nisso: uma vez diz que havia "de um a nove" nós; outra vez, "de zero a sete" nós; e, numa terceira vez, diz que havia doze nós.[16] Seja como for, era uma sociedade fundada no trabalho escravo realizado pela casta mais baixa, formada por brutamontes estúpidos que só serviam para trabalhar.

Também era uma sociedade sexista. Seu duplo padrão de conduta impunha a fidelidade sexual à esposa, mas dava plena liberdade ao marido. "Quando desejava unir-se com uma mulher que não era a sua, o homem podia fazê-lo de acordo com o seguinte sistema de desobrigação. Sentia que era um filho de Deus e que, se, como filho de Deus, amava outro filho de Deus, então por que não lhe era permitido conseguir uma mescla das vibrações para aprimorar o seu amor?" Mas a mulher que conseguisse ilicitamente essa mescla de suas vibrações era sentenciada ao trabalho pesado entre os escravos no campo. Talvez sob a pressão de devotas iradas, o espírito-guia de Alper reconsiderou as coisas e declarou que na Atlântida não existia monogamia, poligamia, escravidão, servidão, nem duplos padrões de conduta. Contudo, "A maioria dos que serviam numa capacidade de 'trabalho' no Templo tinha expressão feminina" – que é o estranho modo encontrado por Alper para dizer que quem trabalhava eram as mulheres, sistemas por certo não desconhecidos entre nós.[17]

Segundo esses entusiastas, quase sempre homens, todas as coisas da Atlântida eram orientadas para o Pai. Mesmo testemunhar o nascimento de uma criança é descrito por Alper como "ver com assombro o milagre do Pai"! Não há Deusa, só Deus. A meta da humanidade é "o empenho *do homem* para tornar-se uno com o *Pai*" (grifos meus). "À medida que a alma evolui, sua [*sic*] freqüências de energia vão aumentando, permitindo-lhe sintonizar-se em níveis de verdade cada vez mais próximos do Pai ... Essa forma de evolução e crescimento ... deve ser objeto dos mais fervorosos esforços." Alper atribui uma pesada responsabilidade aos seus ouvintes: "Vocês estão aqui para atender às necessidades de Deus."[18]

Há muita conversa sobre o amor como a base da cultura atlante, mas o fundamento humano do amor é cortado na prática quando se retiram os bebês das mães, criando-os em instalações coletivas especialmente dedicadas às crianças. Segundo Alper, estas não recebiam brinquedos, mas apenas instruções espirituais. As meninas eram proibidas pela lei de engravidar antes de casar, aos dezesseis anos. Com bastante ingenuidade, Alper parece pensar que essas leis nunca eram violadas. "Não havia eventos como 'mães solteiras'. "[19] Será possível classificar uma mãe solteira como um evento?

As grávidas eram encerradas em cubículos de paredes de cristal durante vinte e quatro horas para que os fetos fossem programados pela força do cristal para o seu papel na vida depois do nascimento. Os cubículos cercavam a grade do Templo de Cura, feita de "uma liga metálica, desconhecida neste planeta", que consistia numa mistura de prata, cobre e quartzo básico (nenhum deles estranho a este planeta), sustentada por um "pedastel" [*sic*]. Os mesmos cubículos eram usados para a cura "quando uma pessoa ficava seriamente inflita [*sic*] com uma doença". A morte, ao que parece, era rara, ocorrendo principalmente por projeção astral excessiva, que seccionava "o cordão de prata [*sic*]". Contudo, os povos descritos como descendentes diretos dos atlantes, isto é, os "Souix [*sic*] e s Mohawk", não parecem viver mais tempo do que os outros. Alper discorda de outras "autoridades" que afirmam a origem atlante dos maias; para ele, os maias "não eram da Atlântida, tendo migrado diretamente para cá de outros mundos".[20]

Não podemos deixar de nos perguntar por que essa massa delirante de ficção científica, milenarismo, utopia, fraude e linguagem semiletrada mal digeridos exerce uma atração tão ampla e é aceita por milhares como história genuína. Uma resposta, na verdade, é que a história genuína, a pré-história em especial, poucas vezes é ensinada adequadamente nas escolas modernas. Mas uma resposta talvez mais reveladora é que, embora não seja mais histórica que o Jardim do Éden bíblico, a Atlântida exerce uma atração arquetípica bem parecida com a deste. Ela postula um paraíso primordial – uma idéia possivelmente advinda de lembranças universais perdidas da vida intra-uterina – do qual a humanidade foi precipitada num mundo menos perfeito e menos agradável por uma Queda. Os mitos do dilúvio em geral são associados ao trauma do nascimento. Os de ancestrais grandes e sábios (como os gigantes bíblicos) se associam a lembranças infantis ocultas de adultos avantajados e aparentemente onipotentes.

A Atlântida difere do Éden num aspecto importante. Como produto da nossa cultura intensamente tecnológica, advinda do horizonte mental da Revolução Industrial, a Atlântida é um Éden exaustivamente *tecnológico*. Sua decantada sabedoria não é ficção escritural, mas ficção científica. Embora exprêsse uma desilusão com a tecnologia em si, a Nova Era ainda se reveste das marcas de uma ciência popularizada, mal interpretada e mal compreendida a necessidade arquetípica de acreditar numa perfeição primal. Assim, os atlantes, lemurianos, oraxianos, etc. foram cientistas e magos destruídos pela própria pretensão – um destino que muitos temem, com muita razão, venha a atingir a nossa civilização. Os atlantes são, na realidade, nós mesmos, vistos pelos olhos distorcidos de uma casa de espelhos por pessoas que temem a realidade e são incapazes de reconhecer a fantasia.

O arquétipo da Atlântida contém todos os elementos comuns a mitos de todas as épocas e culturas: preceitos morais e advertências, o drama da catástrofe, a aura mas não a disciplina do conhecimento árduo, a Queda sempre presente e sempre repetida do paraíso, outra versão do Dilúvio e o velho e excelente consolo do homem comum: a história da grandeza intelectual passada que subiu demais, atingindo reinos reservados aos deuses, e foi destruída.

Também há a atração superlativa de que essa grandeza intelectual possa ser recuperada, por meio da comunicação com espíritos ancestrais amistosos, pelo nosso *eu* – e, é claro, desta vez os excessos fatais serão evitados. Podemos adquirir sabedoria infinita sem nenhum esforço; a longa e árdua disciplina do aprendizado pode ser descartada; podemos ter o nosso bolo e comê-lo sem o trabalho de colocá-lo no forno. Como aconselha tranqüilizadoramente um místico: "Não use a mente para explicar ou racionalizar."[21] As visões não precisam ser submetidas ao ônus da prova. Qualquer coisa repetida com freqüência suficiente, por mais ridícula que possa ser, pode vir a ser verdade.

Uma crença relacionada com a Atlântida que parece enormemente atraente num mundo sempre assolado por problemas físicos e emocionais é a de que a pseudociência atlante podia e pode dar às pessoas uma nova saúde e uma nova estabilidade emocional. A palavra-chave mais usada no misticismo da Nova Era é *cura*. Essa idéia, mais do que qualquer outra, torna todos os místicos caros aos seus seguidores. Trata-se da promessa universal que serviu para os mágicos da Idade da Pedra, para os xamãs tribais, para as sacerdotisas clássicas de Asclépio, para Higéia e Panacéia, para os cristãos e gnósticos primitivos com suas curas milagrosas, para feiticeiras e curandeiras com seus encantamentos folclóricos e para todo charlatão de fala mansa que, em todas as épocas, aparece com mais um método de vender esperança aos doentes. É freqüente a afirmação de que a "cura" da Nova Era tem origem na Atlântida, terra dos maravilhosos cristais capazes de fazer tudo, inclusive de agir como geradores elétricos –

algo que nenhum cristal conhecido pela ciência moderna já foi visto fazendo. A origem dessas noções e suas implicações merecem uma pesquisa um tanto detalhada.

---

1. de Camp, 236, 313. 2. de Camp, 170-171. 3. Harold, 2-3. 4. Gurudas, 5-9. 5. Parkinson, 34. 6. Baer & Baer, *W. L.*, 6-10. 7. de Camp, cap. 11. 8. Robinson, 64. 9. Robinson, 53, 58, 85. 10. Alper 2, 13. 11. Alper 1, 1/19-2, 2/2-2, 8/3-5; 2, 79-80. 12. Alper 1, 1/19-2, 1/26-2, 5; 2, 64. 13. Robinson, 63. 14. Alper 1, 8/31-2; 2, 49, 56, 66, 74. 15. Robinson, 172. 16. Alper 1, 1/19-2, 4/24-5; 2, 76. 17. Alper 1, 8/3-1, 2; 8/31-2, 1/19-5. 18. Alper 1, 2/2-5, 8/24-2; 2, 59. 19. Alper 1, 8/31-2, 3; 2, 36. 20. Alper 1, 1/19-4, 3/9-5, 6; 4/24-6. 21. Chocron, 29.

A cura

A se dar crédito à moderna literatura mística, quase toda doença conhecida pode ser curada pela simples aplicação de cristais à parte exterior do corpo – ou, até, pelo mero fato de dormir num quarto na companhia de alguns cristais. Uma relação razoavelmente típica das enfermidades curáveis por esse meio inclui: esclerose múltipla, diabetes, leucemia, câncer da mama, hepatite, enfizema, depressão mental, "toxificação", úlceras, colite, distúrbios espinhais, problemas neuromusculares, doença de Parkinson, bronquite, doenças do coração, narcolepsia, artrite, torceduras, deficiência da pituitária, problemas da gengiva, distúrbios dos sínus, pressão alta, problemas de audição, hipoglicemia, obesidade, fraturas, queimaduras, inflamação do ciático, danos da medula espinhal, herpes, doenças venéreas, dependência química, lúpus, tumores ósseos, alergias, epilepsia, hiperatividade, enxaquecas, desordens linfáticas, retardamento mental, paralisia cerebral, distrofia muscular, tumores da pele, amigdalite, bem como doenças da tireóide, das ad-renais, do baço, do fígado, da próstata, dos órgãos genitais, da mandíbula e dos olhos – além de "formas de câncer".[1]

O desespero das pessoas doentes sempre exalou um cheiro de sangue que chega ao nariz dos tubarões humanos que, ao longa da história, conseguiram trocar a esperança efêmera pelo dinheiro vivo dos pacientes. Alguns desses tubarões são cínicos artistas da vigarice; eles tendem a ser os mais bem-sucedidos. Outros são meio sinceros, convencendo a si mesmos de que ao menos alguns dos seus clientes recebem algum benefício na forma de uma melhoria do moral. E há também os que enganaram a si mesmos por inteiro e acreditam nas próprias baboseiras – estes são os mais perigosos. Eles costumam opor-se aos recursos da medicina tradicional até ser tarde demais; em geral, superam o desânimo provocado por uma "cura" fracassada acusando cruelmente a vítima: eles afirmam que o paciente resistiu subconscientemente à cura devido a alguma necessidade perversa de permanecer doente.

Um desses agentes de cura chega a dizer que a morte do paciente no decorrer do tratamento deve ser aceita alegremente como "um evento abençoado. A alma completou a sua tarefa, havendo um grande e jubiloso comitê de recepção a esperá-la na realidade primária".[2] A cura que falha não é um fracasso; o paciente o é, por não ter fé suficiente. "Essas energias têm de ser aceitas pela pessoa. Ela tem de acreditar que pode ser curada e deve deixar de ter necessidade da doença."[3] Essa maneira criativa de evitar processos de imperícia ao que parece ainda não ocorreu aos médicos!

Entretanto, diante dos raciocínios peculiares apresentados pelos praticantes da cura com cristais, qualquer pessoa que conheça um mínimo de fisiologia dificilmente poderia ter fé neles, não podendo sequer acreditar no que dizem. Afirma-se, por exemplo, que todas as pedras emitem sons com grande potencial de cura.[4] Quando alguém ouviu alguma pedra emitir sons ou algum som curar doenças? Alega-se que os cristais curam a bursite "queblando [*sic*] os depósitos de cálcio que ocorrem em várias juntas", embora a bursite nada tenha que ver com calcificação.[5] Diz-se que os cristais de quartzo com dupla terminação colocados sob os olhos podem reverter o envelhecimento.[6] Alega-se que os cristais afetam um segundo coração, o "causal", localizado do lado direito do peito.[7] Essa descoberta sensacional de que cada um de nós tem dois corações foi um tanto esquecida em séculos de estudos anatômicos. Afirma-se também que é possível eliminar doenças colocando-se o doente no interior de um círculo de cristais de quartzo que (embora completamente não-magnéticos) criam "um tipo particular de campo magnético" capaz de "repolarizar os órgãos no interior do corpo físico, eliminar enfermidades e corrigir as aberações [*sic*] do campo magnético que cerca cada órgão do corpo".[8] A teoria médica do magnetismo morreu com Franz Mesmer em 1815, fato que os místicos dos cristais ainda não conseguiram assimilar.

No mundo dos místicos, as bactérias, os vírus, as toxinas ambientais, os parasitos, os defeitos genéticos, a inevitável deterioração da velhice e outras causas de doenças não recebem, no entanto, um reconhecimento muito amplo. A teoria geral é a de que todas as enfermidades decorrem de atos e atitudes errôneos, de ansiedades, medos e conflitos irresolvidos. O "desequilíbrio e desarmonia" físicos resultam do conflito entre a personalidade e a alma; mas, compreendendo isso, podemos curar nossas próprias moléstias.[9] Esse pode bem ser o caso dos distúrbios emocionais, mas a maioria das doenças físicas não pode ser tratada de maneira tão simplista. Para os praticantes da cura com cristais, as pedras podem fazer tudo. "Quando a essência curativa dos cristais de quartzo vibram [*sic*] a alma da humanidade, vastos hoizontes [*sic*] de esperança e alegria aparecem."[10] As extraordinárias (mas não comprovadas) vibrações das pedras podem energizar, curar, elevar e "sintonizar" o espírito humano.[11] As pedras curam todos os problemas, de modo geral indefinidos, que o místico dos cristais adora: desequilíbrios, bloqueios, dívidas cármicas, *stress*, confusão mental, negatividade, impureza, toxicidade, desarmonia, descentramento ou alheamento, e assim por diante. Dizer isso não tem muito problema, já que ninguém sabe mesmo o que significa; mas também se afirma que as pedras curam muitas outras coisas, como dor de cabeça, tumores, hemorróidas, cistite, câncer, AIDS, infecções na vesícula, disfunção sexual, asma, cólicas, depressão, menstruação irregular, osteoporose, pólio, convulsão, gota, tuberculose, deficiências de cálcio, e até o envelhecimento e a morte![12]

Se deixarmos de lado o palavreado usual, as teorias místicas sobre as causas da doença não significam nada. Uma delas insiste que as pessoas têm a capacidade de "metabolizar o suprimento de orgone da atmosfera circundante" e que, se essa capacidade estiver prejudicada, a pessoa necessita de "energia pré-digerida de outras".[13] Outro adepto afirma que "raios de luz branca" penetram no centro de toda célula, de todo nervo e de todo tecido do corpo, e que a cura com pedras de várias cores se baseia em "certas reações moleculares que ocorrem nos órgãos por meio dos raios".[14] Energias magnéticas, declara outro, são usadas "na área de alteração da estrutura celular do corpo. Isso permite que o homem se comunique melhor com seus irmãos do espaço e, eventualmente, que eles tenham suas energias transportadas de um lugar para o outro".[15] Eis alguns fatos: não existem orgones, a luz não entra no interior de um corpo vivo e o magnetismo não afeta a estrutura das células. Mas isso não interessa aos inventores dessas teorias.

Uma agente de cura mística lamenta a intransigência dos médicos, que se recusam a trabalhar com pessoas talentosas que diagnosticam instantaneamente qualquer doença olhando a aura do paciente, isto é, "pessoas capazes de ver os processos interiores do corpo apenas olhando para ele". A própria escritora tem visão de raio X, como uma antena de radar humano, e pode ver até os elementos *microscópicos* do corpo; não há germe ou outro microorganismo que escape ao seu olho todo-vidente. Mas isso não é tudo: ela nem precisa ver o corpo físico do paciente; suas façanhas de diagnóstico podem ser feitas por telefone! "Tenho um aparelho de raio X dentro da cabeça", diz ela, modestamente. Ela também pode "voltar o tempo" e descobrir a causa original da doença.[16] Como é possível que os médicos tenham resistido à ajuda desse prodígio?

Outro adepto acredita firmemente na prevenção, isto é, comprar todas as jóias que o dinheiro permita e usá-las constantemente para afastar as influências maléficas. Não se trata de uma extravagância, porque gastar dinheiro com jóias preventivas hoje é melhor do que pagar a conta do médico mais tarde.[17] Por outro lado, os que seguem escolas de pensamento se opõem ao uso de jóias: "A sobrecarga do coração é o resultado mais provável do uso contínuo de cristais como pingentes".[18] Um chega a definir o uso de cristais lapidados e polidos como "blasfêmia contra o reino mineral".[19]

O tratamento das pedras usadas como remédio é outro tópico controverso. Quase todos os especialistas as consideram perigosamente carregadas de "energia negativa" depois do contato com o paciente. Uma fonte afirma simplesmente que, depois de ser usado para curar, o cristal deve ser enterrado imediatamente e abandonado: "Uma vez que um cristal de cura tiver sido enterrado depois de ser usado no corpo, deixe-o lá. Nunca volte a tocá-lo."[20] Na verdade, isso é muito drástico e pode custar dinheiro, pois novos cristais terão de ser comprados constantemente para substituir os que estão nos túmulos. Outro conselheiro sai mais em conta, recomendando que o cristal só seja enterrado por algum tempo, num pote de flores ou debaixo de um canteiro, para indicar sua posição no solo. Alternativamente, pode ser colocado numa xícara de ervas secas, lavado em água corrente, ou simplesmente soprado – tudo muito descomplicado e barato.[21]

Muitos gostam de recomendar sal marinho, seco ou em solução, para a "purificação" (não para a limpeza) de cristais depois do uso; o sal comum de cozinha não serve. O sal marinho só pode ser usado uma vez e jogado fora, porque "é uma substância semitóxica depois de ter sido usado assim".[22] São dadas receitas exatas para soluções salinas de "purificação", como duas xícaras de água quente, duas colheres de sopa de sal marinho, duas colheres de sopa de vinagre de cidra. As imperfeições de um cristal de quartzo são removidas, dizem, "pela reação dos cristais de sal na sua estrutura".[23] Isso surpreenderia um mineralogista, que sabe perfeitamente bem que a estrutura do quartzo é inteiramente inacessível ao sal. A salmoura e o vinagre têm tanto efeito no quartzo quanto no vidro, que também é não-reativo.

É claro que, como as energias negativas supostamente removidas por todo esse cuidadoso tratamento são, de qualquer maneira, míticas, não importa muito como o dono dos cristais decida purificá-los. Afora um cristal que contenha germes de verdade na sua superfície depois de ser encostado em alguém com uma doença infecciosa, o perigo é mínimo. A contaminação psíquica tão temida não passa de imagem mental; a melhor maneira de lidar com ela é, antes de tudo, não formar a imagem mental. Mas um praticante, aterrorizado com "vibrações e com outras marcas que precisam ser estirpadas e retiradas", recomenda que se deixe a pedra sob água corrente durante seis a oito horas.[24] Nesse caso, é melhor saber com que mineral se está lidando; alguns são solúveis em água e podem ser purificados até desaparecerem com esse tratamento. Bem menos problemático é outro método de purificação de cristais, baseado em tocar sinos tibetanos sobre eles; afirma-se que a eficácia disso "varia de quarenta a oitenta por cento".[25] O que não é explicado é como essas medidas precisas foram feitas e a partir do quê.

Outras questões candentes referem-se à composição dos cristais de cura: eles devem ser pedras naturais não cortadas ou minerais lapidados e polidos como os "bastões de golpear" vendidos em lojas de artigos "espirituais"; ou devem ser minerais sintéticos ou vidro; neste último caso, deve ser um vidro natural como a obsidiana ou um produto feito pelo homem? Alguns puristas insistem que só substâncias cristalinas formadas naturalmente servem; outros aceitam qualquer coisa. Um autor diz que bolas de vidro comum servem para divisar (visualização com cristais), ou mesmo um prato de vidro contendo um pouco de água, mas o prato ainda é chamado de "cristal".[26] O problema das gemas sintéticas deixa estupefatos muitos místicos. Eles sabem que elas são física e quimicamente idênticas às versões naturais e até mais puras; mas não gostam da *idéia*. Uma fonte derruba a cerca ao afirmar: "As vibrações das pedras feitas pelo homem são úteis, mas *não* totalmente benéficas, da mesma maneira como uma vitamina artificial não é assimilada pelo corpo com a mesma facilidade de uma natural."[27] A comparação é infeliz, porque as vitaminas "artificiais" ou criadas em laboratório são idênticas às naturais, presentes nos alimentos, e o corpo não percebe a diferença entre elas.

Apesar de suas muitas inconsistências, evidentes absurdos e claras fraudes, a cura com cristais tornou-se popular por várias razões. Uma delas é que os pacientes com freqüência se sentem abandonados e negligenciados por médicos ocupados, com pouco tempo ou inclinação para relacionar-se com os pacientes como pessoas que são e dão a impressão de só se interessarem por receber logo honorários desagradavelmente altos. Os doentes podem recorrer à ajuda mística devido à aparência de atenção, cuidado e simpatia que seus praticantes podem oferecer. Essas satisfações emocionais podem de fato aliviar sintomas, em especial quando a queixa não tem base física.

Outra vantagem é que seus "tratamentos" jamais causam dor. Podem não servir para nada, mas não são traumáticos. A maioria das pessoas pode sentir-se confortada ao sentar-se ou deitar-se calmamente por algum tempo, talvez com uma suave música de fundo, enquanto alguém fala atenciosamente e põe pequenos pedaços de pedra no seu corpo ou ao redor dele. Parece uma maneira relaxante e inócua de passar uma ou duas horas, a não ser que o praticante seja ambicioso o bastante para pedir honorários equivalentes aos dos médicos. Os praticantes em geral cobram o que acham que é possível cobrar, mas não mais do que o paciente possa pagar. A maioria não ganha quantias exorbitantes. Por que, então, eles incomodam?

Um autor que se apresenta como autoridade revela com ingênua clareza a motivação psicológica dos praticantes: curar com cristais é "aprender a ser Deus".[28] Os médicos também podem sentir isso, mas só depois de árduos anos de treinamento. Os praticantes da cura com cristais podem atingir essa pseudodivindade depois de meia hora de treinamento ou depois de ler um pequeno livro pouco exigente. Se são psicologicamente propensos a manipular os outros, não precisam de outras habilidades e, naturalmente, a última coisa que parece exigir-se deles é o conhecimento preciso dos seus instrumentos, os minerais.

A maioria dos praticantes, ao que parece, ignora os princípios da mineralogia e pouco sabe sobre as estruturas cristalinas cujos prodígios trombeteiam. Um deles escreve, com um desdém superior pelo estudo: "Não é meu objetivo tratar das diferentes substâncias que compõem as pedras."[29] Evidentemente, poucos têm idéias da natureza da estrutura iônica dos minerais ou dos elementos que entram na sua composição. Alguns parecem ignorar até os próprios elementos; ainda acreditam nos cinco elementos míticos postulados pelos gregos antigos: terra, água, ar, fogo e éter.

Na realidade, pouco importam as substâncias específicas usadas por eles nem o modo como as usam. Das dezenas de livros sobre o tema, não há dois que concordem por inteiro em termos de técnica. A malaquita no chacra da garganta? A turmalina entre os pés? A citrina ou o olho-de-tigre acima dos rins? Peças de quartzo rosa ou de aventurina num triângulo? As pedras do chacra do coração devem ser verdes, rosa ou amarelas? Que pedra(s) deve(m) ser colocada(s) no terceiro olho? Não há acordo; cada "autoridade" tem respostas diferentes. Se os pacientes não se impressionassem tanto com todos os absurdos sobre as pedras, os mesmos efeitos poderiam ser obtidos com lascas de mármore, azulejos de banheiro, pedaços de vidro colorido, porcas e parafusos ou cascalho comum – que, afinal, é um produto natural cristalizado como qualquer gema.

Por vezes se pergunta: Se a cura com cristais não passa, afinal de contas, de um jogo, por que se deveria esperar algo mais dela? Se ela é basicamente inócua, benigna e, muitas vezes, capaz de proporcionar satisfação emocional, o que pode haver de errado com ela? Por que deveria alguém fazer-lhe objeções?

Uma das objeções vem do fato de esse tipo de cura mascarar o placebo como remédio genuíno. Embora os placebos costumem funcionar, isso não é razão suficiente para aceitá-los como remédios, visto haver muitas ocasiões em que eles não funcionam. Os verdadeiros remédios, como os antibióticos, não exigem fé do paciente; fazem o seu trabalho seja qual for a crença deste. Imagine-se uma empresa farmacêutica tentando vender um remédio que só ajuda os consumidores capazes de atingir o estado mental correto! Está claro que a crença do paciente não é prova de eficácia, podendo até haver um sério perigo quando a interferência de uma crença errônea impede a busca de medidas mais eficazes. São conhecidos tristes casos de pessoas nos primeiros estágios de doenças graves adiando perigosamente o verdadeiro tratamento por se apegarem à sua fé em falsos remédios.

Do mesmo modo, é sem dúvida antiético trocar falsas descobertas por dinheiro real. Quanto mais caros os tratamentos ou produtos desses praticantes, tanto mais desonestos eles parecem. Fazer jogos da imaginação com cristais na própria casa com amigos é uma discussão e não um negócio. Mas quando a venda e a compra estão envolvidas, o comprador tem o direito de esperar que o produto seja descrito com precisão.

Um dos mais flagrantes exemplos de descrição falsa é a recente "essência de pedras preciosas": os místicos dos cristais vendem garrafinhas de água supostamente carregada com as "energias" de pedras que estiveram imersas nela. Os consumidores por certo pouco sabem das bases da ciência para perceber que nada passa para a água a partir de um mineral insolúvel; assim, eles pagam um preço fantástico por um vidrinho de "água de safira" ou "água de berilo", que podem conseguir de graça na pia da cozinha. Não há safira nem berilo física ou quimicamente combinados com H_2O. A água permanece como tal, e só pode curar um problema humano: a sede.

A insolubilidade das pedras é óbvia para quem sabe que elas costumam ser encontradas em leitos de correntes subterrâneas, sendo formações duras advindas da rocha mais macia que um dia as envolveu, tendo sido levadas para baixo pelas chuvas e inundações de muitos milhares de anos. Se pudessem ser dissolvidos em água, esses minerais há muito teriam desaparecido.

Os praticantes da cura com cristais apresentam muitas teorias que pretendem provar que o corpo humano é afetado pela proximidade dos minerais, mas nenhuma delas merece de fato o nome de teoria, e muito menos de prova. Em sua maioria, não passam de jogos de palavras. Por exemplo, depois de afirmar que cada mineral tem a sua própria taxa imutável de vibração (algo que, no entanto, nunca foi medido nem provado), alguns místicos dizem que "usar minerais para tratar uma aflição humana em qualquer nível é aumentar o nível de freqüência ou taxa vibratória da gema usada nesse momento".[30] Não nos dizem como a taxa imutável do mineral sofre a mudança que a aumenta. Outra fonte alega que os "desequilíbrios" humanos são corrigidos pela exposição às energias vibracionais constantes e equilibradas contidas num cristal, mas diz ao mesmo tempo que a coisa funciona ao contrário: "Fortes pensamentos e emoções desequilibrados são particularmente propensos a perturbar o equilíbrio energético contido no cristal."[31]

Os praticantes da cura com cristais inspirariam mais confiança se não parecessem tão abissalmente ignorantes sobre anatomia e fisiologia básicas, para não falar de outras ciências, mesmo no nível primário. Uma estranha visão do sistema circulatório aparece na noção de um "especialista" do "coração onde o sangue entra, e não onde ele é expulso através dos pulmões".[32] Outro pensa que as glândulas ad-renais se localizam "perto da região do plexo solar", que a amônia é um ácido, que a artrite é causada por "pensamentos insalubres" e que a "estrutura molecular" do corpo pode ser reorganizada mediante a visualização de uma condição de saúde desejável. As baboseiras pseudocientíficas produzem inúmeras não-explicações, como "O equilíbrio químico entre as condições férricas e oxigênicas (isto é, magnéticas) do sangue é necessário". A cura pode ser promovida não apenas pelos minerais como também pela contemplação de suas fotografias: "Você pode receber, na verdade, a vibração captada pela máquina fotográfica."[33]

Viajando pelo espaço sem conhecer sequer um vocabulário elementar, o praticante não distingue um sistema solar de uma galáxia e acredita que os planetas exteriores – Urano, Netuno e Plutão – "entraram na nossa galáxia" nos anos de sua descoberta, 1781, 1847 e 1930, respectivamente, em vez de estarem aí desde sempre.[34] Em resumo, esses praticantes falam tanta bobagem sobre fatos científicos simples bem conhecidos que o leitor inteligente dificilmente se convenceria de que eles sabem o que estão falando.

Na maioria dos Estados americanos, é ilegal a prescrição de "curas" com ervas ou fazer afirmações específicas sobre quais doenças são curadas por esta ou aquela essência herbal pelos vendedores de ervas; fazê-lo equivale a praticar a medicina sem licença e pode gerar um processo. Mas essas leis não parecem refrear os que curam com cristais; eles podem fazer, e fazem, as mais extravagantes afirmações, de uma espécie que fecharia uma loja de ervas. Ao que parece, os legisladores ainda não perceberam que estão sendo cometidas fraudes semelhantes às do frenesi dos remédios não licenciados que inspirou leis de proteção ao consumidor perto da virada do século. Através da venda e uso de pedras aparentemente inocentes, muitas pessoas estão praticando medicina sem licença, alimentando falsas esperanças de pessoas com doenças crônicas e tomando dinheiro em nome da venda de serviços que não são mais que uma ilusão.

Por conseguinte, mesmo que não haja danos sérios, as pessoas estão sendo enganadas. Os que curam com cristais traçam uma tênue linha entre o papel de conselheiro ou consultor e o de prestidigitador. Muitos deles passam para o lado antiético da linha. Ter boas intenções não é desculpa suficiente; querer o bem não basta; oferecer placebo como se fosse remédio não é honesto. O que há de bom e compensador no misticismo dos cristais não deveria apoiar-se em embustes de nenhuma espécie.

Outro tipo de responsabilidade moral cabe aos mineralogistas e vendedores de minerais que trabalham com seriedade, muitos dos quais observam o fenômeno da cura com cristais com um mal disfarçado cinismo, nada fazendo para impedi-los por obterem lucros fenomenais. Numa recente exposição de minerais, entreouviu-se um vendedor dizendo: "Esses malucos da cura são a melhor coisa que aconteceu ao meu negócio. Eles compraram todo o meu quartzo por um preço trinta vezes superior ao que paguei por ele." Outro contou o que considerava uma história divertida sobre místicos que chegaram à sua mesa com pêndulos de cristal e compraram tudo o que fazia estes últimos balançarem. "Uma das louquinhas disse que meus cristais eram os mais ativos que ela já vira. A verdadeira magia era o fato de a minha mesa ser atingida por uma brisa que passava pela porta aberta."

Os vendedores aprenderam as estranhas palavras dos místicos. Eles falam com aparente autoridade, aos seus clientes "louquinhos", de vibrações, chacras, bioeletricidade, desequilíbrios, cristais arquivistas, cristais mestres, elestiais, pedras do terceiro olho, etc. A maioria deles despreza o mundo de fantasia dos malucos da cura, mas sabe que ele é bom para os negócios. Um deles observou, satisfeito, que os místicos tinham feito "disparar" os preços de todas as espécies minerais junto com os das suas espécies favoritas: "Hoje, consigo preços de gema por um lixo que eu jogava fora antes de esses malucos aparecerem." Esses vendedores têm uma filosofia de botequim segundo a qual desinformar ou enganar o público é certo desde que gere lucro.

E há também um problema ainda maior do que o do dinheiro. Mesmo que a cura com o placebo às vezes funcione, será a sua venda moralmente justificável?

Durante séculos, as pessoas foram ao menos temporariamente curadas por farrapos, dentes ou ossos de porco anônimos mascarados de relíquias de santos, por objetivos milagrosos baratos produzidos em massa por religiões comerciais, ou por feiticeiros egomaníacos que alegavam ter poderes sagrados. Constitui por certo um insulto à Mãe Terra fazer figurar suas belas criações ao lado desses trastes.

Também insulta a mente humana enchê-la de tantas falácias que lhe reste pouco espaço para fatos. Quando a desinformação sobre o mundo da natureza se torna um hábito de pensamento, os erros acumulados podem soterrar até verdades fundamentais, abrindo-se o caminho para outra Era das Trevas da ignorância.

É provável que haja uma energia curativa no espírito humano, mas ainda não sabemos como recorrer a ela deliberadamente sem nos enganarmos. O estudo disso é um desafio para o futuro. Enquanto isso, não vamos confundi-la, seja ela o que quer que seja, com objetos externos. Ela não está neles, mas é parte do eu. As populações históricas sobre os cristais convertem com demasiada freqüência necessidades espirituais em instrumentos de exploração, em vez de desenvolverem o impulso para a iluminação.

Que o comprador se defenda daqueles que estão aprendendo a ser Deus.

---

1. Alper 2, 33. 2. Brennan, 279. 3. Alper 1, 3/2-1. 4. Chocron, 9. 5. Alper 1, 3/2-1. 6. Raphaell, *C. E.*, 58. 7. Rea, 195. 8. Alper 1, 1/26-3. 9. Chocron, 99. 10. Raphaell, *C. E.*, 51. 11. Chocron, 53. 12. Stein, 277-283. 13. Brennan, 104. 14. Chocron, 4. 15. Alper 1, 2/9-3. 16. Brennan, 152, 155, 161, 163, 167. 17. Chocron, 51-52. 18. Rea, 96. 19. Bryant, 16. 20. *Ibid.*, 40. 21. Stein, 151. 22. Rea, 12. 23. Harold, 45-46. 24. Chocron, 30. 25. Rea. 144. 26. Bryant, 60-61. 27. Richardson et al., 73. 28. Rea, 170. 29. Chocron, 29. 30. Lorusso & Glick, 12. 31. Baer & Baer, *C. C.*, 127. 32. Richardson & Huett, 43. 33. Bravo, 43, 100, 134, 158, 183, 189. 34. *Ibid.*, 33, 68, 174.

A meditação com cristais

A calma contemplação privada de um cristal pode ser uma verdadeira cerimônia, tão organizada e esteticamente satisfatória quanto uma cerimônia japonesa do chá. Um curto espaço de tempo passado em solidão com um dos belos filhos da terra pode nos trazer calma, equilíbrio e alívio. É uma oportunidade de encontrar a beleza natural, tanto no objeto externo como na capacidade imaginativa interior que ele estimula.

Escolha um momento em que nada de urgente deva ser feito no período de uma hora e em que não venham a ocorrer interrupções. Sente-se ou recline-se confortavelmente, com o cristal na mão. Se achar conveniente, acenda algum incenso fragrante. Ouça uma música calma. Relaxe. Segure o cristal com delicadeza entre ambas as mãos até que a sua superfície não pareça fria. Comece então a girá-lo, com bastante lentidão, fazendo uma pausa em cada posição para estudar o jogo de luz na sua superfície e em seus elementos internos. Às vezes, uma simples mudança milimétrica apresenta um conjunto de formas bem distinto.

Qualquer mineral serve para uma sessão de meditação; opacos ou transparentes, e até uma pedra comum. Contudo, o mais popular é o quartzo claro ou semiclaro. Um cristal de quartzo natural, um agregado cristalino ou uma peça polida de quartzo podem exibir faixas e pontos de cores do arco-íris quando a fonte de luz principal está por trás da pessoa, iluminando os lados próximos de suas rachaduras e planos de refração internos. Os "véus" internos (formações de tênues bolhas de gás) podem às vezes ser iluminados por centelhas multicoloridas, em especial quando expostos à luz do sol. Variedades coloridas de quartzo, como a ametista, o citrino, o quartzo esfumaçado e o quartzo rosa, também as exibem, o mesmo ocorrendo com os cristais transparentes de outros minerais comuns como a fluorita, a calcita e o berilo.

Quando a fonte de luz está à frente da pessoa (isto é, por trás do cristal), é possível ver brilhantes cores do arco-íris ao longo das faces laterais de um cristal de quartzo hexagonal natural. O ângulo de visão é tão crucial no tocante a esse efeito que, de modo geral, só podemos vê-lo com um olho de cada vez. Verifique isso segurando o cristal com firmeza quando tiver encontrado o ângulo correto; então, feche primeiro um olho e depois o outro. O resplendor das cores será visto por um dos olhos, mas, ao outro, a mesma área do cristal vai parecer obscurecida ou enegrecida.

Além dos vários efeitos irisados, os cristais podem mostrar ilusões de paisagens, nuvens, estrelas, cavernas, torres, estátuas, prédios, rostos e figuras. Envie os olhos da mente para eles. Imagine-se menor do que um grão de pó, passando pelas partes transparentes do cristal como se pelo ar. Observe as formas que o cercam como se fossem sólidas ou enormes – com quilômetros de extensão, talvez. É possível ficar tão imerso nessas incursões pelo interior do cristal a ponto de perder a noção do tempo.

Os efeitos visuais variam de acordo com a qualidade e a direção da luz e com a cor refletida das paredes, pisos ou outras superfícies ambientes visíveis no cristal. Por isso, o mesmo cristal pode mostrar cenas novas e inesperadas cada vez que é observado. O segredo da meditação com cristais é a abertura a tudo o que pareça surgir: nunca forçar uma imagem nem ter uma noção preconcebida do que deve estar ali. Mesmo um cristal conhecido depois de muitas sessões é capaz de surpreendê-lo.

Há quem goste de meditar numa sala penumbrosa ou escura com um único ponto de luz clara focalizado no cristal. Um raio de luz de alta intensidade da espessura de um lápis pode produzir notáveis resultados; as luzes a *laser* criam padrões particularmente interessantes. Os planos de refração internos de cristais transparentes – em especial dos que têm muitas rachaduras – podem distribuir a luz a *laser* de maneiras fascinantes.

Uma forma excelente de usar esse tipo de luz é projetar o raio através do cristal numa parede nua de uma sala escura. Alguns cristais podem transformar o raio em cortinas maravilhosas, ventiladores e rios de luz ígnea, reluzindo e mudando de forma com cada movimento infinitesimal do cristal, iluminando às vezes toda a parede. Não há dois cristais, nem duas posições do mesmo cristal, que produzam os mesmos padrões. Uma pedra facetada, como um diamante cortado brilhante, pode transformar o raio *laser* numa galáxia de estreladas centelhas de luz que parecem ocupar toda a sala.

A incidência direta da luz do sol é uma excelente iluminação para cristais, que agem como todos os prismas, decompondo a luz branca nas cores do espectro. Essas cores são os famosos "véus irisados de Maya", que os místicos hindus consideravam a essência do mundo vivo e perceptível da natureza. Essa doutrina dos véus veio de observações que quase todos nós fizemos na infância: muitas superfícies vistas sob a clara luz solar parecem feitas de uma infinidade de tênues centelhas irisadas. Essa iridescência é vista facilmente em folhas, em insetos, na pele e nos cabelos humanos, bem como em substâncias inorgânicas como rochas ou areia.

Os místicos orientais concluíram a partir dessas observações que a deusa Maya, criadora do universo material, usava a luz do arco-íris como o principal material de construção para a criação de todas as coisas visíveis aos olhos. Seu nome significa "presenças mágicas" ou "ilusão", porque os sábios ensinavam que o verdadeiro universo estava por trás dos véus irisados de Maya, que serviam para revestir e disfarçar a verdadeira essência das coisas. A idéia de que a revelação final se encontra de alguma maneira além ou por trás do véu de uma deusa suprema também prevalece na mitologia antiga do Egito, da Grécia e da Mesopotâmia. Maya era um dos muitos nomes da forma de Virgem da Deusa Tríplice Kali – a mesma Virgem que deu à luz em muitos ciclos de encarnação o Salvador, intitulado Buda ou "Iluminado": alguém capaz de ver além do véu. No Ocidente, um "Iluminado" semelhante foi Hermes, cuja Mãe Virgem se chamava Maia.

Uma das fantasias favoritas de quem medita com cristais é que o cristal oferece de fato um vislumbre do que está além do véu, simbolizando assim uma espécie de porta ou de limiar que leva a aspectos da natureza costumeiramente ocultos. Isso pode muito bem ser entendido como outra rota interessante para domínios recônditos do inconsciente, que podem tornar-se acessíveis através do transe, dos sonhos, da inspiração criadora ou das intuições súbitas. Na realidade, a meditação com cristais exibe um pouco de tudo isso. Por vezes, as visões assim surgidas representam indícios para a solução de problemas da vida cotidiana quando a mente estabelece um vínculo entre os dois planos. Trata-se da base do tipo de iluminação esotérica que algumas pessoas afirmam resultar da "visualização com cristais".

Para aprimorar sua apreciação dos seus espécimes minerais, tente observá-los ampliados. Uma boa lupa de leitura ou outro instrumento de aumento podem revelar detalhes invisíveis a olho nu. Uma lupa de joalheiro, que aumenta umas dez vezes, pode colocá-lo numa paisagem completamente nova de penhascos, cavernas e cores cristalinas; pode levá-lo a uma relação muito mais íntima com a sua pedra, podendo mostrar inclusões insuspeitadas e outras características interessantes. Com efeito, os donos de jóias costumam supreender-se com as muitas falhas e imperfeições que a lupa pode mostrar em suas gemas facetadas aparentemente perfeitas, límpidas como a íris. O fato é que quase não há gemas sem falhas de um tamanho razoável.

Lembre-se de que a ampliação exige uma luz mais clara. Pedras vistas por uma lupa parecem enegrecidas caso não sejam expostas a uma luz direta, forte. A luz brilhante do sol sempre pode ser usada. Para dias sombrios ou noites, use uma lâmpada de alta intensidade.

Os mineralogistas conhecem bem a grande beleza presente no reino do muito pequeno, além da capacidade de visão a olho nu. Por isso, alguns deles, bem como alguns gemologistas, gostam de se especializar em microengastes, que são cristais diminutos especialmente preparados para serem vistos com o microscópio, que em geral revelam formas cristalinas mais perfeitas do que as pedras grandes. Se você for a um lugar de venda ou de demonstração de minerais onde há microscópios para a visão de microengastes, não deixe de aproveitar a oportunidade. Passar algum tempo no microscópio é envolver-se num tipo de meditação com cristais que oferece uma recompensa especial.

Outro aspecto da meditação com cristais pode colocá-lo em contato com os ciclos da terra, com a idéia do tempo e com o conhecimento do mundo natural através da aprendizagem. Para quem busca de fato, não basta segurar e contemplar um pequeno rebento da Mãe Terra, devendo-se aprimorar a contemplação com a leitura, de modo que, depois de olhar, seja possível saber o máximo sobre o mineral específico que se tem e fazer uma relação mental de suas características. Qual a sua fórmula química? Classe cristalina? Dureza? Gravidade específica? Idade provável? Como e onde ele se formou? É típico dos minérios em geral? É estranho? Em caso afirmativo, de que maneira? Tem ele inclusões de outros minerais? Em caso afirmativo, quais?

Proporciona tanto humildade como inspiração imaginar a tremenda extensão de tempo necessária à lenta formação dos cristais da terra. Consideremos o aquecimento e a pressão enormes nas profundezas do solo, onde intrusões de magma derretida ("sangue da Mãe") se insinuaram em rochas da crosta e começaram a resfriar, bem devagar, enquanto vários minerais da sopa superaquecida começaram a formar seus cristais característicos. Que ponto – inicial, terminal ou intermediário – do processo de resfriamento marcou o nascimento do seu cristal? De quanto tempo teria ele precisado para chegar ao seu tamanho atual?

Essas perguntas têm de ser respondidas por conjeturas, mas conjeturas fundamentadas. Procure um livro que lhe dê algumas respostas reais. Então, ao meditar com a sua pedra, imagine sua formação nas profundezas da terra, seu vagaroso crescimento na escuridão, sua metamorfose, quando for o caso, ou, se se tratar de uma rocha sedimentar, as eras de acumulação que a criaram. Ela se desenvolveu numa pegmatita (formação rochosa de textura áspera), numa geode, numa caverna de pedra calcária, num túnel de lava? Ela se desprendeu de sua rocha-mãe e foi parar em outro lugar? Terá ela surgido de repente de um ventre vulcânico? Pense nisso: se essa pedra pudesse falar com você, o que diria sobre a sua própria história?

Tente imaginar essa história. Transporte-se para uma época em que não havia seres humanos na terra, ou além disso, um tempo em que não havia animais terrestres, ou, mais longe ainda, para um momento em que não havia vida e a crosta terrestre ainda estava meio derretida. Tente ver as vastas extensões do tempo geológico. Situe-se na perspectiva temporal extra-humana de uma rocha, considere a origem das coisas, expanda a sua mente, para voltar revigorado ao pequeno mundo do dia-a-dia.

Esse tipo de meditação pode fazê-lo sair de si mesmo e vincular-se com os éons. Nesse contexto maior, os problemas pessoais parecem menos importantes. A vida em geral parece mais preciosa devido à sua brevidade e complexa relação com o todo. Meditar concentrado num objeto natural – uma folha, uma flor, um regato – é calmante e capaz de enlevar pelo simbolismo que sugere. Meditar com uma pedra é particularmente tranqüilizador devido às óbvias sugestões de vastos intervalos temporais, de desenvolvimento paciente e de calma e impassível resistência a forças e pressões monumentais. Tente imaginar o organizado arranjo dos íons na estrutura cristalina da pedra, bem como os desvios e deslocamentos dessa ordem, responsáveis pelo caráter ímpar de um determinado espécime. A natureza nunca fez dois seres humanos, duas plantas ou dois cristais exatamente iguais. Considere a magnitude dessa diversidade.

Quando um cristal é pequeno o bastante para caber no bolso ou na carteira, você pode levá-lo consigo por algum tempo. Toque-o de quando em vez. Pense nele como um companheiro que vai com você, silencioso e discreto, esperando um momento de lazer em que você possa dar-lhe mais atenção. Com o tempo, ele pode adquirir personalidade, como um mascote – na sua mente, é claro, que é o que importa. Seu cristal pode parecer *a você* um amigo íntimo, capaz de comunicar verdades ocultas.

Essa é a essência antiquíssima da visualização, da adivinhação e da comunhão com os "espíritos" das pedras. As pedras de fato comunicam verdades ocultas, porque a mente inconsciente é sempre oculta, e a meditação com uma pedra é uma maneira de chegar às suas profundezas escondidas. A fenomenal imobilidade de um cristal pode ajudar a aquietar a parte consciente da sua mente, permitindo o irromper dos materiais inconscientes. Ao mesmo tempo, a vivacidade interior de um cristal tem condições de evocar o rico e criativo mundo da fantasia que está no inconsciente esperando que o encontremos.

Num certo sentido, o seu cristal é você. Eis por que algumas pessoas desenvolvem com as pedras sentimentos pessoais tão intensos. Tal como um livro, um quadro ou uma música favoritos, um cristal pode levá-lo ao seu mundo interior de fantasia, onde você vai se sentir naturalmente em casa. As imagens que ele evoca são as suas imagens, projetadas nele como o poderiam estar nas formas casuais de nuvens, árvores, chamas ou águas correntes.

Isso também explica por que muitos fantasistas dos cristais gostam mais de pedras naturais não cortadas do que de gemas facetadas ou artefatos moldados. A pedra cortada pode ser brilhante, mas perdeu a espontaneidade e, por isso mesmo, as reações espontâneas de quem a vê. Seus padrões superficiais são organizados de modo artificial e com rigidez geométrica. É como o modelo matemático do cosmologista, imposto a um universo natural que provavelmente não corresponde a ele. As pedras cortadas têm imposta a si uma simetria nova e artificial. Sua beleza é a arte do ourives, e não a da natureza; seu padrão é reprodutível. Um cristal natural não cortado, no entanto, é uma entidade ímpar que nunca admitirá a existência de uma cópia exata.

Isso ajuda a explicar as respostas intensamente antropomórficas de muitos colecionadores às suas coleções. Eles muitas vezes acham que cada exemplar tem sua personalidade especial. A recente moda das "pedras-mascote" é outra expressão da tendência humana de antropomorfizar o inanimado, tendência que equivale a todas as crenças primitivas sobre a comunicação com os espíritos das pedras.

Há quem fale com seus cristais como falaria com um animal de estimação; não se trata de uma conversa, mas da organização dos próprios pensamentos. Alguns gostam de pegar, segurar, acariciar e afagar seus cristais, o que pode ter o mesmo efeito calmante de quem segura as contas de um terço ou outro instrumento parecido; a constante manipulação de um objeto sólido parece uma ocupação natural da incansável mão humana.

Como qualquer posse investida de sentido pessoal pelo possuidor, uma pedra pode ser objeto de um amor deveras genuíno. Há quem goste de antigüidades, de obras de arte, de música, de roupas, de carros, de ferramentas ou de relíquias de família. E há quem goste de pedras. Os místicos dos cristais referem-se com freqüência a esse amor, insistindo que as pedras precisam ser "acariciadas", tratadas com afeição e mantidas próximas do nosso corpo. Na verdade, as pedras não têm esse tipo de necessidade humana, mas é provável que o seu dono precise tratá-la assim.

Desse modo, podemos fazer jogos de personalização com cristais tal como uma criança faz com suas bonecas. Mesmo sabendo sem sombra de dúvida que elas não têm vida, podemos atribuir-lhes gênero, temperamento, humor e memória. Pode-se exercitar a imaginação falando com elas como se elas pudessem ouvir: "Ah Cerusita, como você está pesada hoje! Você está engordando? Pirita, você não precisa ficar tão convencida. Você sabe que não é ouro verdadeiro. Jaspe, querido, você precisa levantar mais disposto. Veja a Calcita, que está tão majestosa hoje. Você precisa de um afago do rebolo nos pés? O que é isso, Citrina, outra lasca? Ainda não foi o bastante? Venha, Zircônia, você pode sair comigo hoje, porque o dia está para você, sombrio e cheio de nuvens. Moldavita, eu prometo levá-la amanhã. Não resmungue, Gipsita, você teve a sua chance a semana passada. E, como sabe, você é delicada e não deve passar muito tempo fora da prateleira."

Para quem personaliza, consciente ou inconscientemente, as pedras, sua aquisição vai além disso. Esse tipo de colecionador pode comprar um cristal porque "ele piscou para mim", ou porque "assim que o peguei, vi que tinha de levá-lo comigo". Os sentimentos de afinidade podem ser muito fortes. Alguma coisa nas formas, nas cores ou em outras qualidades de certas pedras pode tocar lembranças ou desejos há muito enterrados.

A profunda contemplação de qualquer aspecto da natureza equivale a uma santa comunhão. Foi o que Buda quis dizer ao oferecer em silêncio aos seus seguidores, como último sermão, uma flor. Contudo, flores, ocasos, águas correntes, dias de verão e outras belezas naturais são efêmeros. Dentre todos os produtos da natureza, as pedras se aproximam mais do ideal de beleza de John Keats segundo o qual a coisa bela é uma alegria eterna. Comparada com a breve "flor" de uma vida humana, a pedra existe, para todos os propósitos práticos, perenemente. Ela pode ser transformada mas não obliterada.

Uma inscrição do sábio chinês Ni Yuanlu (1594-1644) diz: "Quando é pequena, a pedra é eminente e, quando grande, é cheia de grandeza ... Substância quiescente e estrutura sólida: forma fantástica e corpo ereto. Ela atinge o *Dao* e está em repouso; o alcance da sua longevidade não está registrado."[1]

---

1. Hay, 97.

As gemas bíblicas

Ao longo dos séculos, eruditos cristãos e judeus têm discutido interminavelmente a relação bíblica de doze gemas do peitoral do sumo sacerdote (Êxodo 28, 17-20; 39, 10-13). A relação foi interpretada de várias maneiras: como revelação secreta dos poderes ocultos das pedras, como alusão simbólica às doze tribos, como profecia dos doze apóstolos, como calendário de dias santos ou como representação do zodíaco. No Oriente Próximo antigo, certas pedras costumavam ser associadas com figuras zodiacais. Leitores desatentos da Bíblia com freqüência fizeram a suposição errônea de que a mesma série de dozes gemas reapareceu na visão apocalíptica da Cidade Celestial (Apocalipse 21, 19-20), sendo a primeira tomada como predição oracular da última. Na verdade, a relação do Apocalipse é bem diferente da do Êxodo.

Para complicar ainda mais as coisas, as próprias fontes antigas não chegaram a um acordo quanto ao arranjo ou aos materiais do famoso peitoral. Versões hebraicas, gregas e latinas da Bíblia diferiam entre si, o mesmo ocorrendo hoje com várias traduções inglesas. *Guerras judaicas*, de Josephus, escrito em hebraico, trazia uma relação distinta da fornecida em *Antigüidades judaicas*, do mesmo autor, escrito em grego.

O quadro seguinte compara algumas dessas relações, mostrando as suas diferenças mútuas e com relação às gemas da Cidade Celeste do Apocalipse. Na coluna da Bíblia do Rei James (*King James Bible*), o primeiro nome é o protótipo; os outros são citados como glosa ou ocorrem em outras traduções, como a Versão Revisada da Bíblia.

Um dos problemas é o fato de ninguém saber com precisão que minerais as palavras gregas originais representavam. Os antigos de modo geral eram descuidados no tocante a essa terminologia, usando uma mesma palavra para diferentes minerais que tivessem alguma semelhança superficial, ou inventando múltiplas palavras para cores ou tipos diferentes do mesmo mineral; além disso, as palavras nem sempre se aplicavam aos mesmos minerais que hoje descrevem. Algumas das dificuldades se tornam claras com a discussão detalhada da terminologia original.

Escrituras Hebraicas	Septuaginta Grega	Vulgata Latina	Josephus: Guerras Judaicas	Antigüidades Judaicas	Bíblia do Rei James	Cidade Celeste do Apocalipse
1. Odem	Sardion	Sárdio	Sárdio	Sardo-ônix	Sárdio, rubi ou cornalina	Jaspis (jaspe)
2. Pitdah	Topazion	Topázio	Topázio	Topázio	Topázio ou peridoto	Sapfeiros (safira) ou lápis-lazúli
3. Bareketh	Smaragdos	Esmeralda	Esmeralda	Esmeralda	Carbúnculo ou esmeralda	Chalkedon (calcedônia)
4. Nofek	Anthrax	Carbúnculo	Carbúnculo	Antraz ou carbúnculo	Esmeralda ou carbúnculo	Smaragdos (esmeralda)
5. Sappir	Sapfeiros	Safira	Jaspe	Jaspe	Safira ou lápis-lazúli	Sardonyx (sardo-ônix)
6. Yahalom	Jaspis	Jaspe	Safira	Safira	Diamante, ônix, jaspe ou sardo-ônix	Sardius (sárdio)

Escrituras Hebraicas	Septuaginta Grega	Vulgata Latina	Josephus: Guerras Judaicas	Antigüidades Judaicas	Bíblia do Rei James	Cidade Celeste do Apocalipse
7. Leshem	Ligyrion	Ligurita	Ágata	Ligurita	Ligurita, jacinto, safira ou âmbar	Chrysolithos (crisólita, peridoto)
8. Shebo	Achates	Ágata	Ametista	Ametista	Ágata	Beryllos (berilo)
9. Achlama	Amethystos	Ametista	Liguritas	Ágata	Ametista	Topazion (topázio)
10. Tarshish	Chrysolithos	Crisólita	Ônix	Crisólita	Crisólita, berilo, topázio ou calcedônia	Chrysoprasos (crisópraso)
11. Shoham	Beryllion	Ônix	Berilo	Ônix	Ônix ou berilo	Hyakinthos (jacinto) ou safira
12. Yashpeh	Onychion	Berilo	Crisólita	Berilo	Jaspe ou ônix	Amethystos (ametista)

1. *Odem*. Tal como a palavra egípcia *chenem*, significava apenas "pedra vermelha", sendo aplicada indiscriminadamente ao jaspe vermelho, ao feldspato e à cornalina. Josephus chamava essa pedra de sárdio-ônix, mas nas Guerras Judaicas concordou com Epiphanius em traduzir *sardius* por "cornalina", ou "a pedra cor-de-carne".

2. *Pitdah*. Trata-se do *topazius* dos antigos, que provavelmente não significava topázio, mas peridoto (crisólita); Plínio afirmou que *topazius* representava uma pedra esverdeada. Contudo, a pedra *pitdah* pode ter sido amarelada. Sir Flinders Petrie a identificou com a serpentina amarela usada no Egito.

3. *Bareketh* era o mesmo que *smaragdus*, que significava "esmeralda", mas também se referia a outras pedras verdes, como a amazonita (microlina) e a serpentina.

4. *Nofek* era traduzido como *anthrax* (antraz) ou *carbunculus* (carbúnculo), sendo este último outro termo geral para pedras avermelhadas, como a granada, o rubi ou a hematita cornalina, mas a Versão do Rei James ou Versão Autorizada traduz *nofek* por "esmeralda".

5. *Sappir*. Embora traduzida por "safira", essa pedra era quase certamente o lápis-lazúli. Tanto Plínio como Teofrasto afirmaram que *sapphirus* era uma pedra azul com pontos dourados, o que só pode descrever o lápis-lazúli, com seus costumeiros pontos de pirita dourada. O lápis-lazúli era usado no peito de um sumo sacerdote ou mestre de justiça no Egito, onde representava a deusa Maat, Mãe da Verdade.

6. *Yahalom* significava, por derivação, "golpear", o que dificilmente esclarece a natureza da pedra. Alguns eruditos supuseram que representava o jaspe verde (porque a Versão dos Setenta dizia *jaspis*); outros imaginavam ser jade ou safira. A tradução moderna, "diamante", não tem melhor fundamento do que a noção de que o diamante é mais duro do que outras pedras e pode por isso "golpeá-las" (riscá-las).

7. *Leshem*. Fontes mais antigas traduzem por *ligurion*, que costumava significar âmbar, sendo mais tarde aplicada a algumas variedades do jacinto. Perto de 400 d.C., Epifanis propôs chamá-la *hyacinthus*, palavra que se aplica tanto ao jacinto como à safira. Uma palavra egípcia parecida, *neshem*, representava uma ágata marrom.

8. *Shebo* parece ter significado uma ágata estriada, embora Josephus a chamasse de ametista.

9. *Achlama* significava, segundo a maioria das fontes, ametista, mas também era traduzida por "ligurina" ou "ágata".

10. *Tarshish* significa simplesmente uma pedra de Tartesso, na Espanha. Ela deve ter viajado muito, mas nenhuma fonte antiga parece ter sabido o que ela era. A Versão Autorizada a chama de "berilo". Outras versões usam ônix ou crisólita (peridoto). Também foram sugeridos topázio e jaspe amarelo.

11. *Shoham*. Embora a Versão dos Setenta diga que era berilo, outras versões da Bíblia a chamam de ônix. Pesquisadores ulteriores propuseram malaquita, que tinha o mesmo nome do berilo no Egito.

12. *Yashpeh* significava aparentemente o *jaspis* ou jaspe dos antigos, embora nenhuma das primeiras versões da Bíblia a traduzisse assim. *Yashpu* era a palavra assíria para jaspe. Por vezes, o jaspe verde era substituído pelo estimadíssimo jade verde (nefrita).

Diante do precedente, pode-se perceber que não é possível saber que gemas o sumo sacerdote judeu usava no peitoral – e sequer se o peitoral existiu, dada a conhecida propensão dos autores bíblicos a plagiar as escrituras de outros povos e a adaptar costumes religiosos pagãos ao culto do seu Deus. Peitorais cravejados de jóias eram vestes comuns dos sacerdotes-reis da Mesopotâmia e dos prelados do Egito. Um texto assírio dá outra descrição desse ornamento:

> As esplêndidas pedras! As esplêndidas pedras! As pedras da abundância e do júbilo, tornadas resplendentes para a carne dos deuses. A pedra *hulalini*, a pedra *sirgarru*, a pedra *hulalu*, a pedra *sandu*, a pedra *uknu*, a pedra *dushu*, a preciosa pedra *elmeshu*, perfeita em beleza celestial; a pedra com que o *pingu* brilha como ouro, colocado no peito luzente do rei como ornamento. Azagsud, sumo sacerdote de Bel, faze-as brilhar, faze-as cintilar![1]

Bel era o mesmo deus que causou o Dilúvio, segundo textos escritos antes da versão bíblica de Noé, textos dos quais esta foi copiada. Foram tantos os atributos desse deus incorporados a Iahweh que não causa surpresa ver os sacerdotes deste vestindo-se como os daquele.

Quanto à Cidade Celeste incrustada de gemas do Apocalipse, a idéia também era comum em todo o mundo antigo. Os Puranas descrevem a cidade santa de Krishna/Vishnu, Devaraka, como "ornamentada com gemas", tendo colunas de esmeralda, cúpulas de rubi e diamante, cruzamentos de safira e "estradas rebrilhando de gemas". Do mesmo modo, a cidade real, Kusavati, estava aninhada em sete plataformas feitas de ouro, prata, berilo, cristal, ágatas, corais e uma multicolorida coleção de jóias. Em suas próprias árvores nasciam frutos preciosos. No Ocidente, a *Vera Historia* de Luciano descreveu uma cidade-jóia nas Ilhas dos Bem-aventurados, com paredes de esmeralda e templos de berilo, em que os altares eram imensos cristais de ametista.[2] A maioria dos céus muçulmanos eram feitos de pedras preciosas.[3]

Perto do século VIII ou IX, autores cristãos começaram a relacionar as doze pedras da Cidade Celestial com os doze apóstolos, à maneira de alguns céus antigos, que eram divididos em setores regidos por anjos ou santos. Uma lista composta na parte final do século X, e atribuída fraudulentamente a um bispo de Cesaréia do século V, apresentava: Pedro = jaspe, Paulo = safira, André = calcedônia, João = esmeralda, Tiago = sárdio-ônix, Filipe = sárdio, Bartolomeu = crisólita, Tomé = berilo, Mateus = topázio, Tadeu = crisópraso, Simão Zelote = jacinto, e Matias = ametista. Mas a ordem de nomes dos apóstolos difere em diferentes livros do Novo Testamento, havendo por isso várias relações contraditórias. Outra lista muito difundida era: Pedro = jaspe, André = safira, Tiago = calcedônia, João =

esmeralda, Filipe = sárdio-ônix, Mateus = ametista, Tomé = berilo, Tadeu = crisópraso, Tiago o Menor = topázio, Simão = jacinto, Matias = crisólita, e Bartolomeu = cornalina.[4]

Se os cristãos mineralizavam os apóstolos, os judeus faziam o mesmo com os nomes de vários anjos ou arcanjos. Uma lista apresentava: Malchediel = rubi, Asmodel = topázio, Ambriel = carbúnculo (granada), Muriel = esmeralda, Herchel = safira, Humatiel = diamante, Zuriel = jacinto, Barbiel = ágata, Adnachiel = ametista, Humiel = berilo, Gabriel = ônix, e Barchiel = jaspe. Essas relações tinham como base o antigo costume pagão de atribuir gemas aos signos zodiacais e aos espíritos que se supunha governarem os doze meses astrológicos. Veio dessas mesmas tradições a prática de atribuir "pedras natais" aos meses ou aos signos do zodíaco. Também aqui as listas são variadas.

Os romanos tinham listas de gemas zodiacais no período clássico, idéia que foi preservada nos séculos cristãos devido ao entusiasmo dos cristãos pela astrologia, que persistiu apesar da condenação do estudo astrológico como arte diabólica pela Igreja primitiva. As pedras natais e signos natais mantiveram suas relações, embora com muitas substituições decorrentes de incompreensões, erros de cópias ou mudanças de gosto. Também os antigos espíritos pagãos das pedras zodiacais permaneceram, invocados secretamente por muitos em sua forma original, mesmo depois de terem sido convertidos em arcanjos ou apóstolos. As associações de joalheiros terminaram por fazer relações "oficiais" de pedras natais em benefício de seus clientes e do aumento dos lucros do seu negócio. Com tantas e tão variadas fontes e tradições, antigas e modernas, as relações de pedras natais e signos natais nunca foram padronizadas de fato. Apresento a seguir uma relação composta de pedras freqüentemente associadas a épocas específicas do ano – incluindo as repetições e sobreposições decorrentes de inúmeras revisões:

Janeiro: granada, quartzo rosa
Aquário (21 de janeiro a 18 de fevereiro): granada, turquesa, olho-de-falcão
Fevereiro: ametista, ônix
Peixes (19 de fevereiro a 20 de março): ametista
Março: água-marinha, jaspe vermelho, heliotrópio
Áries (21 de março a 20 de abril): jaspe vermelho, cornalina, heliotrópio
Abril: diamante, cristal de rocha, safira
Touro (21 de abril a 20 de maio): quartzo rosa, cornalina laranja, safira
Maio: esmeralda, crisópraso
Gêmeos (21 de maio a 20 de junho): citrina, ágata, olho-de-tigre
Junho: pérola, pedra da lua, ágata
Câncer (21 de junho a 20 de julho): esmeralda, crisópraso, aventurina verde
Julho: rubi, cornalina, ônix, turquesa
Leão (21 de julho a 22 de agosto): citrina, cristal de rocha, ônix
Agosto: peridoto, aventurina, sárdio-ônix
Virgem (23 de agosto a 22 de setembro): ágata amarela, citrina, cornalina

Setembro: safira, lápis-lazúli, crisólita (peridoto)
Libra (23 de setembro a 22 de outubro): quartzo esfumaçado, citrina laranja, crisólita
Outubro: opala, turmalina, berilo
Escorpião (23 de outubro a 22 de novembro): cornalina vermelha, sárdio, água-marinha
Novembro: topázio, olho-de-tigre
Sagitário (23 de novembro a 21 de dezembro): calcedônia, quartzo azul, topázio
Dezembro: turquesa, zircônia, rubi
Capricórnio (22 de dezembro a 20 de janeiro): ônix, olho-de-gato, rubi

Um poema encantador à antiga, popular no século XIX, relacionava as "Pedras Natais da Sorte" para mulheres da seguinte maneira:

Se em Janeiro você nascer
muitas Granadas precisará ter;
elas lhe darão muita constância,
amor e amigos em abundância.

Se Fevereiro você preferir,
será brilhante o seu possuir;
o autocontrole e a bonomia
virão da Ametista, sua alegria.

Quem neste mundo os olhos abrir
no mês de Março, sábio há de vir.
Terá firmeza e muita sorte
se usar o Heliotrópio até a morte.

A mulher que em Abril nascer
com um Diamante evitará verter
inúteis lágrimas de dor,
pois essa pedra é o seu penhor.

Quem primeiro vir a luz do dia
quando o doce Maio se anuncia,
e usar Esmeraldas ao longo da vida,
há de ser esposa feliz e querida.

A pessoa que a este mundo chegar
quando Junho o calendário marcar
usando a Ágata, de rara beleza,
terá vida longa, saúde e riqueza.

O brilho do Rubi deve adornar
quem em Julho no mundo aportar;
assim não irá sofrer a dor
da angústia e das dúvidas do amor.

Usar a Sardônica afasta o mal
da infelicidade conjugal;

a pessoa de Agosto, com essa pedrinha,
não vive mal-amada, nem sozinha.

A donzela nascida em Setembro
do mundo vai ser um feliz membro;
usando a Safira não ficará doente
e jamais terá afetada a mente.

A criança de Outubro pode sofrer
e as dores da vida conhecer;
mas se a bela Opala vier a usar
nenhuma aflição terá de enfrentar.

Quem a estas plagas aportar
depois que Novembro se iniciar
com um Topázio-âmbar há de ter
amores e amigos a mais não poder.

Se em Dezembro fores dada à luz,
serás abençoada pelo bom Jesus;
sua pedra preferida será a Turquesa
que lhe reservará amor e beleza.[5]

Está claro que não há acordo sobre listas de gemas de nenhuma espécie: pedras natais, o zodíaco, a Bíblia, nem quaisquer outras fontes. Mas é próprio do ser humano gostar de organizar as coisas em listas. O papa Gregório, o Grande, inspirando-se nos escritos forjados do Pseudo-Dionísio, o Areopagita, elaborou uma relação de gemas associadas a toda a hierarquia de seres celestiais. Segundo Gregório, os Serafins (normalmente descritos como tendo pele vermelha) de seis asas eram representados pela cornalina. O topázio representava os Querubins (mostrados como apenas uma cabeça entre duas asas). Os Tronos, representados por rodas ígneas com asas cheias de olhos, eram associados ao jaspe. A crisólita (peridoto?) representava os Domínios, criaturas aladas de forma semelhante à humana que envergavam alvas brancas com estolas verdes. A safira era associada às Virtudes e o berilo, às Potestades. Os Principados (soldados celestiais) eram associados ao ônix, os Arcanjos ao rubi e os Anjos à esmeralda.[6]

Quanto aos sentidos das várias gemas segundo sua posição nas várias relações, bem, invente os seus. Todos fazem isso.

---

1. Kunz, 230, 291-300. 2. *Ibid.*, 236-237. 3. Anderson, 130. 4. Wodiska, 234. 5. Fernie, 41-42. 6. Anderson, 141-142.

Parte Dois

Os Minerais

Introdução

Esta seção trata da matéria-prima das gemas e de outros minerais, designados pelos seus nomes comuns, listados alfabeticamente. Há minerais que aparecem com freqüência nesta lista, especialmente o dióxido de silício, que pode ser apresentado sob muitos nomes comuns: ágata, ametista, aventurina, heliotrópio, cornalina, calcedônia, crisópraso, citrina, ênidro, diamante de Herkimer, jaspe, ônix, opala, quartzo, quartzo rosa, sárdio-ônix, quartzo esfumaçado, olho-de-tigre. Esses nomes existem há muito tempo e foram usados para representar substâncias diferentes com diferentes propriedades. Por outro lado, os inúmeros nomes diferentes de pedras, como a turmalina ou a granada, não estão relacionados à parte, porque são bastante conhecidos do público em geral.

Como não se trata de um manual de mineralogia, a seleção é admitidamente arbitrária e incompleta. A escolha se baseia em significação histórica, tradição esotérica e disponibilidade de exemplares no mercado, incluindo a maioria dos minerais que o leigo provavelmente encontra em lojas de cristais ou nas exposições de minerais. Desse modo, o leitor pode adquirir suficiente familiaridade com essas substâncias para saber quando está diante de falsificações e ser encorajado a aprender mais com os muitos manuais excelentes hoje existentes. Um propósito secundário dessa seleção é indicar alguns minerais que não costumam ser citados por fontes da Nova Era, que podem ter tantas qualidades estéticas ou espirituais a recomendá-los quanto os nossos velhos conhecidos. O verdadeiro amante das pedras sempre está à procura de novas espécies de pedras para amar. Alguns itens – como o coral, o âmbar, o marfim e a pérola – não são minerais no sentido estrito, porque sua origem é orgânica. Mas eles são encontrados ao lado dos minerais em lojas e exposições, e seu antiquíssimo uso comum como gemas antecipa em muito a atual definição estrita de um mineral.

A Escala Mohs de Dureza

A Escala Mohs de Dureza Mineral foi estabelecida com base na capacidade de riscar. Cada mineral listado pode deixar um risco no que está imediatamente abaixo na escala e pode ser riscado pelo que está imediatamente acima. O diamante é o único ocupante da posição 10. Todos os outros minerais são classificados de 1 a 9,9 com base em sua dureza.

10: Diamante
9: Coríndon (safira, rubi)
8: Topázio
7: Quartzo
6: Feldspato microclina (ou ortoclásio)
5: Apatita
4: Fluorita
3: Calcita
2: Gipsita
1: Talco

ADAMITA (Arsenato de Zinco Hidratado)

Parece brincadeira iniciar uma relação de minerais da Mãe Terra com um material que recebeu um nome a partir de Adão, como se a criação mítica judeu-cristã estivesse sendo citada. Deus me perdoe! Eu preferia começar com a evita, a versão com manganês da adamita. Mas isso não passa de uma brincadeira; a adamita não tem nenhuma relação com o Adão bíblico. Ela deve seu nome ao mineralogista francês Gilbert-Joseph Adam (1795-1881).[1]

São encontrados cristais de adamitas em muitas cores, que em geral estão entre o amarelo e o verde. Os cristais formam cunhas brilhantes e afiadas. Trata-se de um mineral interessante, que justifica um exame através de uma lupa.

Os livros do misticismo com cristais costumam discorrer sobre as gemas preciosas ou semipreciosas mais comuns, como o quartzo, a ametista, a fluorita, a ágata, o berilo, a turquesa, etc. Mas a adamita não é uma gema. Não tem dureza suficiente e é considerada um mineral razoavelmente raro. Portanto, quem puder reconhecer e identificar um exemplar de adamita é mais mineralogista do que místico. Talvez a adamita possa ser um símbolo do conhecimento genuíno das ciências da terra e sirva, afinal, de bom começo.

1. Sinkankas, *M.A.*, 415.

ÁGATA (Dióxido de Silício)

A ágata é uma forma de calcedônia, ou quartzo criptocristalino, tendo muitas variedades, descritas por uma longa relação de nomes e apelidos. Entre eles, os seguintes, todos complementando a palavra *ágata*: Aleppo, estriada, de sangue, azul, Botswana, buquê, brechada, borboleta, cerada, círculo, nuvem, coral, ciclope, dendrítica, ponto, cabeça-seca, queimada, de fogo, olho-de-peixe, flamejante, flor, fortificação, fóssil, neve, vidro, uva, rabo-de-cavalo, Islândia, indiana, íris, Kalmuk, laço, paisagem, macaroni, mamilar, mexicana, leite, moca, Montana, mosaico, musgo, nipomo, ocidental, ochoco, onicolo, oolítica, orbicular, oriental, olho-de-coruja, olho-de-boi, pagode, petoskey, quadro, sangue-de-pombo, cachimbo, pluma, de bolinhas, pompom, arco-íris, de faixas, de fitas, anel, rosa, rio, ruína, sagenítica, sárdia, sênica, espuma, alga-marinha, concha, espectro, estrela, água-doce, tempskya, Texas, topográfica, árvore, tubo, turritella, casco-de-tartaruga, Uruguai, variegada, vista, verruga, água, cera, branca, madeira, yellowstone, zebra, zigzag.

O nome pedra moca, que significa ágata musgo, veio do porto árabe de Moca, também famoso pelo seu café.[1] As ágatas orbiculares ou ocelo eram usadas invariavelmente como proteção contra o mau-olhado, a partir do princípio comum de que "o semelhante afeta o semelhante". Disse Plínio que as ágatas sicilianas curavam picadas de escorpião.[2] As ágatas musgo ou árvore, levadas pelo agricultor penduradas no seu corpo ou amarradas ao chifre do boi do arado, costumavam garantir colheitas abundantes.[3] Supunha-se em geral que levar ágatas para a cama curava insônia e gerava sonhos agradáveis.[4] Os antigos bretões acreditavam que as ágatas protegiam contra doenças da pele. Os sírios pensavam que as ágatas triangulares evitavam problemas intestinais. Mulheres bebiam a água em que ágatas verdes eram lavadas, acreditando ser ela um filtro da fertilidade.[5]

O bispo Marbodus de Rennes disse no século XII, e Pierre de Boniface repetiu no século XIV, que as ágatas faziam seus possuidores eloqüentes, prudentes, amigáveis e agradáveis. Essas pedras miraculosas também aumentam a visão e a força física e aliviam a sede. Os muçulmanos afirmavam que a ágata em pó bebida com água curava a loucura.[6] *The Book of Saxon Leechdoms*, de 1864, afirma que a ágata protege de danos provocados por trovões, feitiçaria, possessão demoníaca, envenenamento, doenças, embriaguez e erupções de pele.[7]

As noções modernas sobre os poderes da ágata têm evidentes correlações com as antigas. Um místico da Nova Era diz que a ágata evita pesadelos, ajuda a visão, melhora a circulação, fortalece o coração, o estômago e os cabelos, protege crianças de quedas e evita envenenamento.[8] Outro declara que pedras renais e vesiculares podem ser "desintegradas e eliminadas" pela cômoda terapia da meditação diária com uma ágata.[9]

A principal diferença entre as noções antigas e modernas está no fato de estas últimas costumarem sustentar suas prescrições com estranhas explicações pseudocientíficas sem relação com realidades físicas. Por exemplo, diz-se que a ágata quadro assiste a assimilação da sílica pelo corpo, embora esta não seja assimilada por um mamífero; a ágata Botswana pode promover uma total "reoxigenação" do corpo, seja lá o que isso signifique.[10] Do mesmo modo, afirma-se que a ágata "reverte o fluxo de energia no interior do corpo ou o centro que está perturbado, mais ou menos como se revertem os pólos de um ímã". Todos iam querer ver uma demonstração verificável disso! Além disso, a ágata "tem a interessante capacidade de definir a verdade ou de ajudar a fazê-la surgir", algo que poderia, com proveito, acompanhar essa demonstração.[11]

Segundo Edgar Cayce, a ágata leva "um incenso para o eu mais sutil que equivale a um despertar, uma abertura do eu interior para a receptividade. E a sintonia é feita através dessas vibrações".[12] Os eus interiores dos místicos dos cristais, no entanto, raramente se abrem para a receptividade quando eles abordam os mistérios da sintaxe.

A diversidade é talvez a qualidade mais evidente da ágata, como o demonstram seus muitos qualificativos. Seus padrões e cores exibem infinita variedade. Algumas ágatas do tipo "paisagem" ou "ruína" podem lembrar quadros tão de perto que mal se acredita que não foram pintadas por um artista. Elas podem ser opacas, cor de cera, translúcidas ou quase transparentes em fatias tênues. Os lapidadores as preferem porque elas são de textura delicada e forte, resistentes à fratura, mas fáceis de cortar e polir. Aceitam bem os engastes. São excelentes pedras cabochão. Muitos encantamentos portáteis ou "pedras da sorte" de bolso são ágatas. Com toda a sua diversidade, a ágata pode constituir toda a coleção de um especialista e ainda parecer uma coleção de muitas pedras diferentes.

---

1. Wodiska, 177. 2. Thomson, 62, 195. 3. Anderson, 45. 4. Kunz, 52. 5. Cunningham, 67-68. 6. Wodiska, 235. 7. Fernie, 168. 8. Stein, 201. 9. Bravo, 111. 10. Gurudas, 73, 76. 11. Richardson et al., 38-39. 12. *Scientific Properties*, 11.

ÁGATA DE FOGO (Dióxido de Silício)

A ágata de fogo é uma variedade da calcedônia em que cristais da goethita (hidróxido de ferro) são intercalados entre camadas tênues de sílica de tal maneira que apresentam um iridescente jogo de cores quando a luz passa por essas camadas. Esse material só revela sua iridescência quando polido; a cor de fundo é um marrom bem enferrujado, em que podem ser vistos clarões opalescentes de verde, amarelo e vermelho através de uma superfície polida.

A ágata de fogo é um material popular na joalheria. Ela dá origem a belos pingentes e anéis cabochão. Inspirados por suas cores quentes e terrenas, bem como pelo seu nome, os místicos dos cristais gostam de chamá-la de pedra "aquecedora", a ser prescrita para arrepios, resfriados, enregelamentos ou temperamento excessivamente inibido. Do mesmo modo, como toda ágata, ela pode ser usada para resfriar a pele febril. Fontes bem conhecidas da ágata de fogo são o México e o sudoeste dos Estados Unidos. Ela é tipicamente um mineral de regiões áridas.

ÁGUA-MARINHA (Silicato de Alumínio Berílio)

A água-marinha é uma variedade verde-azulada do berilo cujo nome significa "água do mar". Em sua forma natural, ela tem cor bem pálida, um azul com toques de amarelo, verde ou marrom. A verde costumava ser preferida, mas hoje os tons azuis são mais populares. O azul profundo das modernas gemas de água-marinha é obtido artificialmente pelo tratamento a fogo de cristais mais pálidos e mais verdes. Temperaturas de uns 426 graus centígrados podem suprimir seu tom amarelado e intensificar o azul.[1]

Por causa do seu nome, a água-marinha há muito é considerada protetora dos marinheiros e dos navios. Também foi recomendada para problemas do pescoço e da cabeça e, ainda, é tida como remédio para dor de cabeça, dor de dentes, problemas da mandíbula e aumento de glândulas do pescoço. Diz-se que ela "limpa a garganta de pensamentos impuros ali congestionados" – supondo-se que haja pensamentos na garganta.[2]

A água-marinha ajuda os estudantes, aumenta a concentração e desenvolve poderes mediúnicos.[3] Também cura insônia, doenças vasculares, problemas estomacais, choque e dificuldades do fígado, do abdômen, dos rins e das vértebras, além de promover os usuais processos não específicos de "equilibração" e "tranqüilização".[4] Um autor insiste que ela foi usada na Atlântida para moldar porções do sistema imunológico.[5] Ele não diz quais.

A "purificação" é obtida pela ingestão de "uma delicada tintura de limpeza", isto é, água em que a água-marinha ficou por três horas ao luar.[6] A água-marinha também "transmite o raio azul-violeta do planeta Vênus" e "atua na glândula pineal localizada na testa", embora esta não seja a localização da glândula. Afirma-se que "quando a pineal não está operando corretamente, há uma tendência para a ingenuidade, a credulidade imatura e a abertura a uma constante desilusão".[7] Assim, parece que a água-marinha beneficiaria quase todos os místicos dos cristais.

Mas o dono de uma boa água-marinha provavelmente não vai se desiludir. Trata-se de uma bela gema, seja natural ou tratada, combinando bem com engastes de ouro e prata. Mesmo a água-marinha de imitação é bem aceitável, porque o material usado para imitá-la é a espinela sintética colorida de azul pelo cobalto. A espinela tem a mesma dureza do berilo e quase tanto brilho e clareza, e a água-marinha de imitação não é, por isso, notavelmente inferior à original. Deve-se ter cautela, no entanto, com imitações de outro material, como o vidro.

Os cristais de água-marinha natural podem ser objetos impressionantes. Um exemplo espetacular registrado foi um cristal de dois metros e vinte de comprimento, quarenta centímetros de diâmetro, com mais de cento e vinte quilos, transparente de extremidade a extremidade, com o centro azul e o exterior esverdeado. Foi comprado por um negociante de Idar-Oberstein por vinte e cinco mil dólares.[8]

---

1. Deautels, *M. K.*, 88. 2. Chocron, 73. 3. Thomson, 38-40. 4. Stein, 236; Parkinson, 72. 5. Gurudas, 79. 6. Cunningham, 75. 7. Bravo, 197. 8. Webster, 120.

ALEXANDRITA (Óxido de Alumínio Berílio)

A alexandrita é uma gema crisoberilo descoberta na Rússia em 1830, cujo nome homenageia o czar Alexandre II. A alexandrita russa tem uma propriedade ímpar de mudança de cor, sendo verde à luz natural e vermelha, ou vermelho-púrpura, à luz artificial.

Há uma alexandrita de imitação disponível, formada pelo coríndon sintético colorido pelo vanádio. Esse material tem um estranho matiz malva-púrpura, que é azulado à luz do dia e rosáceo à luz artificial. É aceito pela maioria dos consumidores como a verdadeira pedra porque eles não conhecem a aparência da verdadeira alexandrita. Em 1973, contudo, uma verdadeira alexandrita crisoberilo foi sintetizada por uma empresa da Califórnia. Bons cristais também são produzidos por uma companhia japonesa e vendidos com o nome Inamori Created Alexandrite [Alexandrita Artificial Inamori].[1]

Devido à sua descoberta recente, a alexandrita não tem tradição de uso mágico. Mas como é ímpar e cara, os místicos modernos se apressam a remediar essa carência com "informações recém-canalizadas" por um ser superior qualquer para explicar que a alexandrita pode curar a leucemia e outras doenças, e ajudar a pessoa a "sintonizar-se com as energias da terra".[2] Diz-se que ela causa um "impacto" no sistema nervoso, no baço, no pâncreas e nos testículos.[3] Estranhas funções futuras estão sendo inventadas para esta gema: "Depois que um largo período de tempo terrestre tiver passado, a Alexandrita [*sic*] ficará muito forte e funcionará como o diamante, mas continuará com sua ação regeneradora sem ser um agente de cura físico... Esta gema terá a capacidade peculiar de unir os fogos sagrados e de mantê-los estabilizados."[4] Mas, em primeiro lugar, não sabemos o que dispersa ou torna instáveis os fogos sagrados.

Por outro lado, os milagres não são necessários para a apreciação do verdadeiro prodígio dessa pedra: sua maravilhosa mudança cromática. Os melhores exemplares podem passar de um verde brilhante, à luz do dia, a um vermelho ígneo à luz rica em raios vermelhos, como a de um candeeiro ou a lâmpada elétrica amarela comum. Esses exemplares extraordinários estão entre as pedras mais caras do mundo. Quase tão caras são as alexandritas mais comuns, que vão do verde apagado a um vermelho amarronzado. O leste da África produziu algumas granadas que exibem uma mudança cromática semelhante, podendo haver dificuldade para distingui-las da alexandrita.[5]

---

1. O'Donoghue, *G. M. G.*, 150-152. 2. Parkinson, 125-126. 3. Gurudas, 76. 4. Lorusso & Glick, 30. 5. *Simon & Schuster's Guide to Gems and Precious Stones*, 116.

AMAZONITA (Silicato de Alumínio Potássio)

A amazonita é a variedade azul-esverdeada pálida do feldspato microclina. Seu nome vem da crença errônea de que a sua fonte primária, e talvez única, era o rio Amazonas. Na verdade, ela é bastante comum. De superfície aparentemente apagada, exibe, exposta à luz brilhante, um brilho prateado sedoso, refletindo raios a partir de milhares de tênues faces cristalinas. Algumas superfícies cintilam como a mica.

A amazonita aceita bem o polimento e é às vezes usada como jóia. Mas os místicos dos cristais têm lhe dado pouca atenção porque ela não é bem conhecida, não é cara, não costuma ser considerada uma gema nem é mencionada em mitos antigos ou modernos. Os colecionadores e as crianças parecem gostar dela exatamente pelo que ela é: uma bela pedra verde que mostra algumas características interessantes quando estudada com cuidado. Seu verde suave, semelhante à hortelã, sugere primavera, frescor, renovação. É uma pedra excelente para os festivais de maio (Beltane) e para outras ocasiões de nova vida ou de nova esperança.

A cor verde vem de uma certa quantidade de cobre, que costumava ser o metal consagrado à deusa doadora de vida. Por vezes, a amazonita esbranquiçada recebe um verde-azulado e é vendida falsamente como turquesa. Também é tratada de várias maneiras para imitar o jade.

ÂMBAR (Material Orgânico)

O âmbar é a resina fossilizada de pinheiros há muito extintos que floresceram há quarenta ou sessenta milhões de anos – embora um moderno místico dos cristais com um vago sentido do tempo se refira às árvores do âmbar como "quase extintas".[1] Um nome antigo do âmbar, *lyncurius* ou "pedra do lince", veio da crença de que ele era feito de urina de lince solidificada. Os romanos o conheciam melhor, costumando chamá-lo de *succinum,* "pedra de seiva". Plínio mencionou a teoria da urina do lince para refutá-la. É possível que ela tenha relação com a velha tradição chinesa de que o âmbar era feito das almas de tigres, que entravam na terra quando os animais morriam.[2]

Outro nome do âmbar era *electrum,* do qual vem "eletricidade", porque o material serviu às primeiras demonstrações de eletricidade estática. Como os plásticos modernos, o âmbar atrai pedacinhos de papel e outros objetos leves quando manuseado para produzir uma carga estática. Na Alemanha, tinha o nome de *Bernstein* ou "pedra de fogo", porque queima, produzindo um odor suave de pinho semelhante ao de suas árvores há muito mortas. Ele costumava ser queimado como incenso purificador.

Na tradição nórdica, afirmava-se que as lágrimas da deusa Freya se tornaram ouro quando caíram na terra e âmbar quando caíram no mar. Noutra versão, ele teve como origem as contas do colar mágico de Freya, o Brisingamen. Os gregos helênicos declararam que ele se formou a partir das lágrimas das Helíades (ninfas do sol) quando estas choraram o seu irmão morto, Faetonte, depois de sua tentativa malconcebida e fatal de dirigir a carruagem do sol. Sófocles, no entanto, afirmava que as lágrimas de âmbar vieram das encarnações como pássaros das irmãs do herói Meléagro, que voaram pelo mundo lamentando a morte do irmão. Esses mitos foram cristianizados pela afirmação ulterior de que o âmbar foi criado pelas lágrimas de tristeza vertidas por "certos pássaros" diante da crucifixão de Jesus. Um místico moderno, atrapalhado pela confusão cronológica, assevera que essa versão cristianizada começou com Sófocles – que viveu cinco séculos antes da época de Jesus e por certo não era cristão.[3]

Muitos mitos associavam o âmbar com o sol e com a imortalidade, a partir da extrapolação dos renascimentos perpétuos do sol. Alguns diziam que o âmbar veio das maçãs da imortalidade do Jardim das Hespérides, trazido pelo herói solar Héracles. Um herói celta semelhante chamava-se Ambres. A palavra básica *amber* era um cognato do elixir da imortalidade dos deuses gregos, a ambrosia (de *ambrotos,* imortal), que lhes fora dado pela Grande Deusa Hera, guardiã das maçãs mágicas da Árvore da Vida no jardim do paraíso.[4]

Os romanos consideravam os nódulos de âmbar tão protetores que os penduravam em redes que protegiam o pódio da invasão de bestas selvagens no anfiteatro. Os gladiadores romanos penduravam o âmbar em suas armas e armaduras. Plínio disse que uma pequena estatueta de âmbar era considerada mais valiosa do que um escravo saudável.[5] Ele também afirmou que o âmbar curava febres, cegueira, surdez e outras deficiências.[6]

Sendo associado à vida eterna, o âmbar era muitas vezes considerado uma profilaxia geral para inúmeras doenças. Era prescrito para dores estomacais, espasmos, escrófula e icterícia – as pedras amarelas costumavam ser consideradas remédio para a icterícia, a "doença amarela".[7] Em 1502, Camillus Leonardus escreveu que o âmbar curava males da garganta e do ventre e evitava envenenamento. O *Family Dictionary*, de Salmon (1696), afirmava que sentar nas cinzas do âmbar queimado curava "deficiências de fundamento" (hemorróidas?). Mesmo no século XX, acreditava-se que colares de âmbar evitavam dor de garganta e resolviam "inchações glandulares" do pescoço. O doutor Fernie atribuía esses efeitos ao "enxofre inato" do âmbar, mas conhecia muito pouco sobre a composição do âmbar, chegando a referir-se a ele como "terra fóssil".[8] Embora a causa do bócio seja hoje bem conhecida, e não tenha nenhum vínculo concebível com o enxofre nem com o âmbar, muitos europeus ainda acreditam que podem preveni-lo usando um colar de âmbar.[9]

Estranhamente, a promoção do âmbar como panacéia foi estimulada pelo declínio do rosário no século XVII. Tendo conquistado a Prússia pagã para o cristianismo no século XIII e assassinado a maioria dos seus habitantes não-cristãos, os cavaleiros teutônicos assumiram o controle do comércio de âmbar como parte do seu pagamento e se apossaram de todo o âmbar da área. Foram erigidos cadafalsos nas praias para o enforcamento sumário de toda pessoa que ficasse com um pedacinho de âmbar. O que fazia o comércio tão lucrativo na época era o fato de o âmbar ser o material preferido para contas de rosários cristãos e maometanos. Quando os rosários começaram a cair em desuso, quatro séculos mais tarde, a Igreja encorajou os médicos a popularizarem o âmbar como remédio.[10]

A crença nas propriedades medicinais do âmbar levou ao seu uso em bocais de cachimbo. Os servos costumavam acender o cachimbo dos amos e os bocais de âmbar poderiam, assim se supunha, evitar infecções vindas de bocas de classe baixa.[11] As atuais recomendações de uso do âmbar entre os místicos dos cristais costumam ser igualmente tolas, e é possível descobrir suas velhas fontes. Ele é indicado como tratamento para depressão, dor de dente, envenenamento, malária, bócio, febre do feno, asma e, entre outras coisas, infecções urinárias, porque "a eletricidade do âmbar ressoa com os padrões das ondas cerebrais e ajuda o sistema endócrino".[12] Outra fonte alega que ele fortalece a tireóide, a parte interior do ouvido e o "tecido neurológico", além de curar doenças cerebrais.[13]

Assegura-se que a "alta taxa de vibração" do âmbar pode purificar e limpar todo o corpo humano, emitindo um poderoso "fluxo magnético" que, segundo dizem, equilibra os sistemas endócrino e digestivo. Além disso, esse fluxo magnético pode estabilizar o coração, o baço e a base da espinha.[14] A taxa de vibração não é medida; o pretenso fluxo magnético nunca é detectável. Por outro lado, diz-se que todos os órgãos internos podem ser "revitalizados" com a simples colocação de um pedaço de âmbar sobre a pele que os recobre. A proximidade física com o âmbar é aconselhada para pessoas com tendências suicidas, presume-se que para evitar que se matem.[15]

Os místicos modernos parecem não se dar conta da existência de outras resinas fósseis semelhantes ao âmbar ou bastante próximas dele. Entre elas estão a gedanita, a beckerita, a stantienita, a glessita, a krantzita e a schraufita, nenhuma delas mencionada em livros da Nova Era. As próprias características físicas do âmbar parecem um mistério para os místicos. Uns dizem que ele é cristalino enquanto outros dizem que não. Na verdade, ele não tem estrutura cristalina, mas às vezes pode conter em sua massa alguns cristais de ácido sucínico.[16]

A real magia do âmbar está em sua beleza e em imaginar sua enorme antigüidade, que ajuda a colocar criaturas efêmeras como nós na perspectiva correta diante dos grandes ciclos da natureza. É fenomenal a idéia de que as árvores cujo sangue vital é o âmbar de hoje eram organismos vivos há mais de cinqüenta milhões de anos antes de os primeiros seres humanos caminharem na terra. O que a nossa visão limitada chama de "antigüidade" – isto é, porções iniciais da nossa história – parece bem moderno em comparação com a antigüidade do âmbar.

Um artesão polonês que trabalhava com âmbar escreveu certa feita, com sentimento, sobre a resposta estética que o âmbar pode provocar: "Para mim, o âmbar parece mais próximo da natureza humana do que qualquer pedra preciosa. É de cor quente e, tocado, mostra-se alegre, luminoso e cheio de surpresas... Dá-me prazer encontrar resquícios de vida antiga ao polir um pedaço de âmbar... O que pode ser mais belo do que um pedaço de brilho do sol que recebe o mínimo de polimento para não ter estragado o seu encanto natural?"[17]

---

1. Harold, 175. 2. Rice, 130, 191. 3. Rice, 112, 115-116; Parkinson, 222. 4. Rice, 119, 122. 5. Weinstein, 221. 6. Desautels, *G. K.*, 24, 31. 7. Wodiska, 235. 8. Fernie, 19, 324, 355. 9. Thomson, 25. 10. Rice, 53, 56. 11. Parkinson, 227. 12. Stein, 206. 13. Gurudas, 78. 14. Chocron, 62. 15. Raphaell, *C. E.*, 136. 16. Rice, 143, 215. 17. *Ibid.*, 98.

AMETISTA (Dióxido de Silício)

A ametista é um quartzo cristalino colorido de púrpura por um pequeno vestígio de ferro férrico. Um pé cúbico de quartzo pode ser transformado em ametista com a quantidade de ferro contida na cabeça de um alfinete.[1] Mineralogistas do início do século XIX acreditavam que a cor púrpura da ametista vinha do manganês, que costuma produzi-la. Isso mostrou ser um erro, que não impediu os modernos místicos dos cristais (alguns dos quais bem atrasados em informações científicas) de continuar a atribuir vários efeitos ao "conteúdo de manganês" da ametista.

Na antigüidade, a palavra *amethyst* era aplicada indiscriminadamente a quase toda pedra púrpura, incluindo a granada e o coríndon (safira). A palavra significa "não bêbado", porque se creditava às pedras púrpuras a capacidade de manter sóbrios os bebedores por mais vinho que consumissem. Um mito ulterior descreveu Ametista como uma ninfa que amava o deus do vinho; ao ser desprezada por ele, ela murchou e se tornou uma pedra que sempre se oporia aos efeitos do vinho. Mesmo no século XX, afirmou-se com seriedade que a ametista "vence a embriaguez, e proporciona o controle, mantendo também uma condição de piedosa calma".[2] Por isso, os místicos modernos recomendam a ametista para o tratamento do alcoolismo, bem como para doenças outras tradicionalmente associadas a excessos, como a gota, o diabetes ou os problemas urinários.[3]

A idéia da sobriedade da ametista nos tempos antigos tinha uma base simples: servia-se vinho em xícaras de ametista talhada. A pedra púrpura reforçava, naturalmente, a cor do vinho, permitindo que os servos o aguassem ou mesmo servissem água pura a amos bêbados demais para perceber a diferença. Os bispos medievais também as usavam por razões semelhantes: ou para serem mais parcimoniosos ao servir vinho aos convidados ou para permanecerem sóbrios enquanto davam a impressão de beber à vontade. Eis por que o nome "pedra do bispo" costumava ser aplicado à ametista. A pedra também era popular entre cruzados cristãos, que a prendiam aos seus rosários como proteção mágica.[4]

Por ser relativamente comum, desejável e atraente, a ametista é uma das favoritas dos místicos dos cristais, que a distinguem com algumas de suas afirmações mais extravagantes. Dizem que a ametista pode "mudar a estrutura molecular da matéria" e "trazer saúde e bem-estar para todo o planeta", embora até agora ela não tenha feito nada disso.[5]

Um místico atribui todo o misterioso "uso" da ametista "na alteração molecular e celular de substâncias orgânicas" ao "espectro ultravioleta" contido na pedra.[6] Alega-se que a ametista tem "a mais alta vibração de todas as gemas... pulsando à taxa de quarenta e dois trilhões de pulsações por segundo".[7] Só não se diz como esse número absurdo poderia ter sido calculado.

Um místico parece ignorar a própria identidade entre a ametista e o quartzo. Ele diz que um cristal de quartzo que tiver sido usado o dia inteiro deve ser colocado a noite inteira num agregado de cristais de ametista, porque "a alta taxa de vibração dessa espécie serve para purificar o cristal de quartzo de todas as suas impurezas".[8] Outro místico, ao que parece, acredita que a ametista não é quartzo, mas uma variedade do berilo (silicato de alumínio berílio), um mineral completamente diferente.[9]

Outro declara não apenas que a ametista modifica a estrutura molecular das coisas como também que pode absorver "forças negativas" como uma esponja e "devolvê-las aos éteres ou repeli-las". Contudo, na própria frase seguinte, ele se contradiz: "Isso não siguinifica [*sic*] que forças negativas sejam devolvidas aos éteres." Como se já não houvesse bastante confusão, é dito ao leitor estupefato que a ametista pode "distinguir o certo do errado, o puro do impuro", bem como "purificar e amplificar todos os raios de cura".[10] Contudo, raios de cura – impuros ou não – ainda não foram identificados.

A ametista é um remédio muito requisitado. Ela "trata" problemas oculares, hipoglicemia, dislexia e dores de cabeça.[11] Ela vai aposentar os dermatologistas, porque qualquer problema de pele pode ser curado por um agregado de ametista colocado no local atingido com as pontas voltadas para baixo.[12] A ametista dissolve coágulos sangüíneos nas veias.[13] Ela é "um grande estabilizador e sedativo", além de "promover toda cura".[14] A ametista até conforta as pessoas ao transmitir "subliminarmente" a informação de que a morte não existe![15]

Esses prodigiosos efeitos são atribuídos a várias causas. Um autor diz que eles ocorrem porque a ametista tem "um magnetismo muito elevado".[16] (Como todos os quartzos, a ametista é não magnética.) Outro diz que a ametista "transmite o raio violeta do planeta Mercúrio", apesar de esse raio nunca ter sido visto nem registrado.[17] Um místico infeliz admite que a ametista lhe causa dor de cabeça, que só é aliviada quando segura "um cristal de quartzo feminino ou leitoso" acima da cabeça.[18] Com efeito, ainda não estamos muito longe dos velhos dias em que os feitiços demoníacos eram combatidos com o uso de ametistas junto com penas e pêlo de babuíno.[19]

Alguns autores dão canhestras explicações pseudocientíficas que pensam ter base na composição química. Uyldert diz: "É através do seu conteúdo de titânio... que a ametista é a pedra do *poder absoluto*" (grifado no original), e através do seu "conteúdo de manganês" que é a pedra do pensamento criativo, bem como o remédio para "impurezas da pele". Como a ametista não contém titânio nem manganês, essas explicações não têm sentido. Essa autora parece ter até dificuldades para contar de um a seis. Ela declara que os cristais de ametista "têm no topo pirâmides de quatro lados", quando as ametistas são tão hexagonais quanto os outros cristais de quartzo e com terminações naturais de seis lados.[20]

A abundância desses absurdos não altera o fato de a ametista ser uma bela gema cuja rica cor pode nos lembrar que a palavra latina para *púrpura* já teve o significado de "santíssima". Há quem veja a ametista com tanto entusiasmo que não use outra pedra. A ilha de Sark, no Canal Inglês, apegou-se tanto às suas ametistas que os ilhéus as vendiam com o nome de "pedras Sark". Os depósitos locais estão esgotados, mas eles ainda vendem "pedras Sark" importadas do Brasil.[21]

1. Bonewitz, 109. 2. Fernie, 169, 354. 3. Stein, 262-263. 4. Dake et al., 17, 86. 5. Parkinson, 56. 6. Chocron, 80. 7. Thomson, 30. 8. Harold, 135. 9. *Gems, Stones, & Metals,* 5. 10. Richardson et al., 40-41. 11. Parkinson, 58. 12. Harold, 41. 13. Richardson et al., 42-44. 14. Stein, 262-263. 15. Raphaell, *C. E.,* 78-80. 16. Richardson et al., 42-44. 17. Bravo, 55. 18. Harold, 42. 19. Anderson, 55. 20. Uyldert, 17, 96. 21. Webster, 213.

APATITA (Flúor-Cloro Fosfato Oxidrilo de Cálcio, Estrôncio, Chumbo, Sódio e/ou Potássio)

Quimicamente complexa, a apatita é o principal constituinte dos dentes e ossos dos mamíferos. O marfim, substância dos dentes de elefantes, morsas, narvais e outros animais, consiste em uns 65 por cento de apatita – o resto é, principalmente, colágeno.[1] A apatita recebeu o nome da palavra grega por engano, porque sua aparência imita muitas outras espécies.[2] Seus cristais podem ser violeta, rosa, azuis, marrons, cinzas, incolores ou com o verde-amarelado que lhe valeu o apelido de "pedra aspargo". Uma variedade verde-azulada da Noruega é chamada moroxita.

Apesar das suas ocorrências bem conhecidas em dentes e ossos, os praticantes da cura com cristais raramente associam a apatita com essas partes do corpo, mas sim com os músculos! Oito gotas de água em que a apatita tiver sido mergulhada, misturadas com um quarto de água destilada e usadas no banho, "ativam notavelmente o chacra da garganta e equilibram o tecido muscular".[3] Permanece inexplicado o motivo pelo qual o tecido muscular deveria precisar de equilíbrio ou o motivo pelo qual um vestígio tão tênue de "água de apatita" deveria ativar alguma coisa. O corpo tem seu próprio suprimento amplo de apatita e dificilmente precisaria banhar-se no mero pensamento dela.

A apatita é útil na manufatura de fertilizantes à base de fosfato, e, como representa os fosfatos essenciais a toda vida, pode muito bem simbolizar a complexa interação entre o orgânico e o inorgânico em todo o nosso planeta-mãe. Algumas formas de apatita podem ser cortadas e facetadas como gemas talismânicas, mas o mineral é demasiado mole para ser considerado material de joalheria. Seus cristais transparentes, contudo, podem ser muito belos.

1. Nassau, *G. E.,* 137. 2. Sinkankas, *M. A.,* 416. 3. Gurudas, 79.

APOFILITA (Flúor-Silicato de Cálcio Potássio Hidratado)

Itens populares em exposições de minerais são os cristais vítreos, em forma de cubo, da apofilita: claros, com um rosa ou um verde desbotados, com freqüência ponteados por outros materiais silicatos como a estilbita, a eulandita e a prenhita. Os cristais de apofilita costumam ser prismas de belas formas com laterais estriadas e extremidades peroladas, com os cantos cortados naturalmente em quarenta e cinco graus para formar pequenas facetas triangulares. Sua simetria é tão satisfatória quanto a do quartzo, embora os cristais deste sejam mais comuns e tendam a crescer mais. Os da apofilita são pequenas jóias mais do que peças para pôr na mesa. Por vezes, eles se distribuem atraentemente sobre a superfície de outros minerais, com cores diferentes, criando algo semelhante a gotas de orvalho sobre pétalas de flores. Mas gotas de orvalho e flores como essas duram facilmente um milhão de estações do mundo botânico.

A apofilita é às vezes facetada como gema de colecionador, mas é demasiado mole e quebradiça para ser usada em joalheria. Tem uma clivagem perfeita, o que significa que a pedra pode quebrar-se facilmente sem aviso. Por isso, a apofilita é mais bem apreciada em suas formas cristalinas naturais, como espécie de prateleira, sem interferência do cortador.

ARAGONITA (Carbonato de Cálcio)

A aragonita tem a mesma composição química da calcita, mas é menos comum e forma minerais de formato diferente. Uma variedade da aragonita, conhecida como *flos ferri*, "flor de ferro", produz ramos brancos entrelaçados intricadamente curvados, encaracolados, semelhantes ao coral ou a uma rosca. Outras variedades costumam formar prismas hexagonais, na verdade pseudo-hexágonos criados pela geminação (fusão de dois cristais). A aragonita é o principal constituinte das pérolas e de outras conchas e estruturas esqueletais de criaturas marinhas. Seu nome decorre da sua descoberta em Aragão, Espanha.

Como pedra de meditação, a variedade pseudo-hexagonal da aragonita serve para nos recordar da importância da simetria de seis lados na natureza, bem como no simbolismo mítico; das células hexagonais da colméia e da simetria sextúplice de muitas plantas até a Flor de Afrodite, de seis pétalas, dos antigos, e até o hexagrama sagrado do Tantrismo, adotado há alguns séculos como emblema do Judaísmo e hoje enganosamente chamado de Estrela de Davi ou Selo de Salomão. Numerosos outros minerais formam cristais de seis lados – o quartzo é talvez o exemplo mais conhecido –, mas a aragonita tem associações mais íntimas com formas de vida reais. Ela também ocorre em interessantes agregados, nos quais os prismas se irradiam para fora, em todas as direções, a partir de um centro comum, sugerindo à mente todos os tipos de progressão do singular para o universal.

ASBESTOS

Três diferentes minerais podem gerar os longos e flexíveis cristais fibrosos – chamados asbestos – que são usados em materiais à prova de fogo. Um deles é a crisótila, uma variedade da serpentina filo-silicato; o segundo é a actinolita, membro da série actinolita-tremolita classificada como a dos inossilicatos anfibólios, série que também inclui o tipo de jade conhecido como nefrita. O terceiro é a crocidolita, uma variedade da riebeckita. Quando o quartzo inclui fibras desse mineral, o resultado é o material de aparência sedosa (olho-de-gato) chamado olho-de-tigre quando predominantemente amarelo ou olho-de-falcão quando marcadamente azul.

Os místicos dos cristais parecem não perceber que o asbestos pode ser identificado com algumas de suas pedras favoritas, como o olho-de-tigre e o jade. Eles não gostam do termo *asbestos*, porque as fibras de asbestos são prejudiciais à saúde humana. A asbestose, doença dos pulmões causada pela inalação de pó mineral, matou muitos trabalhadores antes da implantação de melhores métodos de manufatura. Apesar dos perigos da produção, não há melhor proteção contra o fogo do que o asbestos. O que interessa nos produtos do asbestos é o fato de não queimarem.

Como esse fato é certamente de conhecimento comum, parece quase perverso que um místico dos cristais escreva que o asbestos "pode ser continuamente queimado" por ter ele sido usado para fazer pavios para as fogueiras perpétuas em antigos templos gregos.[1] Talvez, em conseqüência de um mau carma, esse autor seja posto para trabalhar por toda a eternidade tentando acender um pavio de asbestos.

Às vezes, fibras de asbestos são encontradas em pedaços compactos semelhantes ao feltro; essa forma é chamada couro da montanha.[2] As longas fibras podem ser tecidas como algodão ou lã e receber a forma de tecido para fazer roupas à prova de fogo.

---

1. Cunningham, 75. 2. Sinkankas, *M.A.*, 479, 487.

ATACAMITA (Cloreto de Cobre Hidratado)

A atacamita é um mineral favorito para pequenos engastes. Seus cristais tendem a ser bem pequenos, mas sua rica cor verde profunda exibe uma grande beleza quando ampliada. A atacamita forma crostas verdes em rochas próximas a depósitos de cobre em condições áridas, ocorrendo também como produto de sublimação de gases vulcânicos. Isso significa que o mineral se volatilizou ao vapor quente e se recristalizou sem passar pelo estágio líquido.

A atacamita recebeu o nome a partir do deserto de Atacama, no norte do Chile, onde foi originalmente descoberta. Afirma-se, no entanto, que os melhores cristais vêm dos desertos do sul da Austrália. Antes do uso dos mata-borrões, a areia de atacamita era usada popularmente com o propósito de secar tinta.[1]

Embora não seja muito dura, ela poderia servir como gema de colecionador se os seus cristais fossem maiores. De modo geral, a sua beleza de forma só se revela a quem olha com uma lente. Tendo também beleza de cor, a atacamita simboliza os muitos prodígios que a Mãe Natureza esconde à vista de todos, esperando olhos capazes de discerni-los.

---

1. Pough, 155.

AVENTURINA (Dióxido de Silício)

O nome *aventurina* foi dado a dois minerais diferentes, provocando confusão. Um deles é um feldspato oligoclaso também conhecido como pedra do sol; o outro é uma rocha de quartzo opaca com inclusões de flocos reluzentes de mica, que pode ter uma cor verde média, se os flocos forem principalmente de fucsita, ou avermelhada, se os flocos forem uma mica hematita, goethita, ou de ferro. De modo geral, entende-se a aventurina como a variedade verde do quartzo. Às vezes, é representada erroneamente como jade; a aventurina de quartzo pode assemelhar-se à jadeíta, mas é muito mais quebradiça.

O nome foi derivado originalmente de uma espécie de vidro produzido na Itália, que, segundo se dizia, foi descoberto por engano (*a ventura*) quando alguns pedaços de cobre caíram num recipiente de vidro derretido, dando a este um efeito reluzente. Vidro dessa espécie ainda é manufaturado e vendido sob o nome bem enganoso de pedra de ouro (ou "vidro aventurina"). A aventurina natural produz o mesmo efeito luminoso quando a luz se reflete em suas inclusões de flocos de mica, num fenômeno conhecido como aventurescência.

Os místicos dos cristais não sabem bem nem a composição nem a grafia da aventurina, que normalmente é escrita *adventurina*. Contudo, eles a prescrevem com confiança para uma variedade de enfermidades, incluindo-se aí a depressão, a dor de cabeça, a pressão alta, a dor de garganta, os problemas vasculares e os efeitos debilitantes do luto.[1] Diz-se que a aventurina "ajuda os ductos de bile que efetam [*sic*] a vesícula", e a aventurina verde é a pedra digna de ser chamada panacéia universal.[2] Nos Estados Unidos, ao menos, a cor verde sugere dinheiro, razão por que se recomenda a aventurina como um talismã de "magia que atrai dinheiro" para os jogadores.[3]

A aventurina aceita bem o polimento e dá origem a atraentes jóias e acessórios, além de encantamentos da sorte. É agradável ao toque. Sua cor verde sugere a regeneração da primavera, árvores com grandes copas, lagos da floresta com reluzentes raios de sol.

---

1. Stein, 234. 2. Raphaell, *C. E.*, 163; *C. H.*, 190. 3. Cunningham, 76.

AZEVICHE (Material Orgânico)

O nome azeviche (em inglês, *jet*) vem de *gagates*, porque Plínio disse que o material foi encontrado pela primeira vez no rio Gages. Na Alemanha, seu nome é *Gaget*.[1] No século XVI, o azeviche era chamado âmbar negro e era muito usado para contas de rosário.[2] Na era vitoriana, as jóias de azeviche tornaram-se populares por causa do gosto da rainha Vitória em usá-las em sua viuvez como parte da sua roupa de luto perpétuo. Em conseqüência, o azeviche passou a ser considerado o único adorno próprio dos que iam a funerais ou de mulheres enlutadas.

Por ser uma forma de carvão, ele queima e produz uma fumaça evidente, fumaça usada antigamente para repelir demônios, afastar serpentes, trazer a menstruação e servir a outros propósitos mágicos. O azeviche em pó diluído em água também era dado a beber a garotas cuja virgindade estivesse em dúvida; se o material negro fosse retido, a virgindade era comprovada.[3] Contudo, a receita se esquecia de dizer por quanto tempo depois de ingerido ele deveria ser retido. Mulheres de pescadores britânicos costumavam queimar o azeviche como uma simpatia para preservar os barcos dos maridos no mar.[4]

Os místicos modernos ainda mantêm a velha crença de que a fumaça do azeviche repele febres, infecções, histeria, alucinações, epilepsia e problemas estomacais.[5] Azeviche em pó bebido em água ou vinho também é "bom para" resfriados, gota, cãibras, dor de dente, paralisia, tumores e síndrome pré-menstrual.[6]

Contudo, se você tiver alguma jóia de azeviche antiga e querida, não se deixe induzir a queimá-la ou despedaçá-la. É muito melhor deixá-la em paz como herança familiar, porque nenhum tratamento dela vai curar os seus males.

Como todos os materiais de gema populares, o azeviche tem sido imitado. Os falsos substitutos incluem a antracita, o carvão cannel escocês, a vulcanita (borracha dura), a obsidiana, a calcedônia tingida de preto, o plástico e o vidro preto conhecido como "azeviche Paris".[7]

---

1. Weinstein, 237. 2. Kunz, 264. 3. Anderson, 117. 4. Cunningham, 106. 5. Stein, 185. 6. Parkinson, 234. 7. Webster, 583.

AZURITA (Carbonato de Cobre Oxidrilo)

A azurita tem a mesma composição química da malaquita. Os dois minerais ocorrem muitas vezes juntos, azul brilhante com verde brilhante. Com o tempo, a azurita tende a alterar a malaquita. Alguns pintores medievais faziam seus pigmentos azuis com azurita amassada, agora alterada para malaquita, o que tornou verdes os céus originalmente azuis dos quadros.[1]

Os místicos raramente concordam sobre os poderes da azurita. Um deles concebe funções maldefinidas mas espantosas como "a capacidade de reestruturar moléculas" e um curioso poder de "trabalhar com os Senhores do Carma nos planos interiores na construção de novos corpos humanos enquanto estes ainda estão em seu estado embriônico. Isso vai ajudar as raças vindouras a utilizarem os instrumentos do sexto e do sétimo sentido de maneira mais ampliada".[2] Como sempre, as definições dos instrumentos, das raças vindouras e dos Senhores do Carma ficam para a imaginação do leitor.

Outro místico afirma que a azurita estimula o baço, a tireóide e a pele; trata a artrite (que o autor pensa ser uma doença óssea); e, combinada com a malaquita, controla toda forma de crescimento de célula maligna.[3] Mas coitado do infeliz paciente de câncer que confiar nessas afirmações irresponsáveis e não procurar tratamento. Entendido literalmente, esse tipo de prescrição pode com facilidade ameaçar a vida.

Uma terceira fonte nega a alegada estimulação do baço pela azurita, dizendo que ela o "conforta", mas "não tem uma vibração forte para ser capaz de penetrá-lo". Há uma rigorosa advertência em letras maiúsculas: "NÃO use a cornalina ou quaisquer pedras laranja com a azurita" quando lidar com crianças.[4] Por que deveria uma combinação de azul e laranja ser prejudicial às crianças? Nenhuma razão é dada. Fica-se a imaginar se os fabricantes de brinquedos foram aconselhados a abandonar sua estratégia favorita de mercado: combinar cores primárias brilhantes.

Na realidade, a azurita é um dos poucos verdadeiros minerais azuis, variando do azul-celeste ao azul-marinho; em cristais grandes, o azul pode ser tão escuro que quase parece negro. Em agregados de pequenos cristais, a azurita pode lembrar um ramo de flores azuis, talvez pontilhado por toques semelhantes a folhas de malaquita verde. Alguns espécimes são cortados e polidos como gemas, mas são frágeis e riscam com facilidade.

Um nome alternativo da azurita é chessilita, por causa de Chessy, na França, que serviu de principal fonte do mineral. Há nomes especiais para misturas da azurita, como azurmalaquita ou burnita, que é uma combinação entre a azurita e a cuprita (óxido de cobre). Algumas dessas misturas criam estruturas maravilhosas e, quando polidas, lembram arte abstrata.

---

1. Medenbach & Wilk, 126. 2. Lorusso & Glick, 32. 3. Gurudas, 82. 4. Richardson et al., 47-48.

BARITA (Sulfato de Bário)

O nome barita significa "pesado". A barita é o mais pesado mineral não metálico. Por causa do seu peso, o pó fino de barita há muito é usado por comerciantes desonestos como aditivo de alimentos vendidos por peso, como a farinha e o açúcar.[1] Sendo quimicamente inerte, a barita é insípida, inodora e não é prejudicial ao sistema digestivo humano. Por ser opaca aos raios X, *milk-shakes* de barita ou enemas são usados para o estudo radiológico do trato digestivo. A capacidade de absorver radiação também torna a barita útil em escudos anti-radiação.[2]

A barita apresenta cristais de formas e cores bem variadas: opacos, translúcidos, transparentes. São interessantes e alguns são cortados como pedras, apesar de não serem duros (3 na escala Mohs); mas os místicos dos cristais costumam ignorar a barita porque ela é comum e barata, e, por isso, não merece publicidade. Eles são, no entanto, apaixonados pela celestita, que está na outra extremidade de uma série contínua barita-celestita, com o estrôncio substituindo o bário.

Os cristais de barita, tipicamente tabulares (semelhantes a uma placa), criam um dos vários tipos de "rosa-do-deserto" quando são preenchidos com inclusões de areia e organizados em rosetas.

---

1. Court & Campbell, 70. 2. Medenbach & Wilk, 132.

BENITOÍTA (Silicato de Titânio Bário)

A benitoíta azul foi confundida originalmente com a safira ao ser descoberta em 1907 em San Benito, Califórnia. Até então, esse material não tinha sido encontrado em nenhum outro lugar. É considerado uma gema rara, embora seus ocasionais espécimes incolores não sejam úteis como tais. Também foi relatada a existência de um espécime rosa.[1]

A benitoíta é encontrada embutida na natrolita branca, que oferece um belo contraste com os cristais azuis profundos quando a combinação é exibida como espécime de prateleira. Durante muitos anos, mineiros destruíram os raros cristais de benitoíta ao tentarem retirá-los da matriz com golpes. Terminou-se por descobrir que a natrolita poderia ser dissolvida com ácido, deixando a benitoíta ilesa.

Como a benitoíta é peculiar e valiosa, os místicos dos cristais têm revelado considerável interesse por ela. Diz-se que ela emite "uma poderosa vibração lemuriana".[2] Verifica-se com freqüência que as vibrações lemurianas têm uma forte sintonia com etiquetas do século XX que apresentam altos preços.

Gemas cortadas da benitoíta são pequenas, porque os cristais naturais têm muitas falhas e poucas áreas claras, facetáveis. Embora costume ser mascarada pela cor azul profunda, a dispersão da benitoíta é igual à do diamante.[3] Devido a isso, jóias de benitoíta são muito valorizadas, recebendo preços correspondentes.

---

1. Webster, 307. 2. Gurudas, 83. 3. Arem, 50.

BERILO (Silicato de Alumínio Berílio)

As variedades coloridas do berilo incluem a esmeralda (verde), a água-marinha (verde-azulada), a morganita (rosa), a goshenita (incolor) e o berilo dourado (amarelo). Embora "berilo dourado" em grego seja *chrysoberyl*, o berilo dourado não deve ser confundido com o crisoberilo, que é um mineral inteiramente diferente: um óxido, e não um silicato.

O berilo era amplamente conhecido na antigüidade, sendo uma pedra favorita para a cura e a adivinhação, considerada capaz de potencializar encantamentos.[1] Os médicos gregos praticavam a fraude do elixir de pedras preciosas receitando aos pacientes, para a cura de pedras na vesícula e nos rins, água em que o berilo tinha sido mergulhado. No século XIV, Konrad von Megenberg recomendou o mesmo tratamento para a asma.[2]

Médicos medievais afirmaram que o berilo poderia curar icterícia e doenças hepáticas, bem como a preguiça. Ele podia também reconciliar casais, reacender amores apagados e trazer vitória nas batalhas ou nos litígios. *The Magic of Kiram* (publicado em 1685) chamou o berilo de Panzoön, "Toda a Vida".[3] O *Book of Wings* disse que um berilo entalhado com a figura de uma rã transformava inimigos em amigos. Entalhado com um certo pássaro, invocava os espíritos dos mortos e os das águas.[4]

Costumava-se pensar que a pedra mais adequada para a visualização com cristais não era o quartzo, mas o berilo, especialmente durante a lua crescente, quando, dizia-se, a pedra acumulava "magnetismo lunar" (embora o berilo seja não-magnético). O barão Reichenbach disse em 1845 que, quando se olha para dentro do berilo, "flui dos olhos humanos um efluxo de magnetismo projetado do seu reservatório no cérebro inferior".[5] Teorias tão disparatadas quanto essa ainda são apresentadas, embora as palavras da moda sejam eletromagnetismo ou força etérica.

Hoje, o berilo é recomendado como remédio para enjôo no mar, perturbações estomacais, úlceras, náusea, obesidade, constipação e diarréia.[6] Diz-se que cura problemas oculares, através de um procedimento que parece ser a causa certa desses problemas, isto é, derramar grãos de berilo amassado nos olhos. Depois desse tratamento, o paciente deve deitar, imóvel, com os olhos fechados, por um longo tempo.[7] Talvez isso permita que os olhos expulsem os grãos irritantes com lágrimas. Mas para que irritar os olhos em primeiro lugar? Eis mais um exemplo dos tipos verdadeiramente perigosos de "cura" que os místicos dos cristais por vezes recomendam; essas curas fazem tanto sentido quanto tratar uma dor de cabeça batendo nela com um martelo.

Ao menos uma fonte nega categoricamente as descobertas da ciência mineralógica relativas ao berilo, ao afirmar que toda a família dele não tomou forma na terra como outros minerais, tendo vindo do espaço exterior e sido "plantada no planeta Terra".[8] Nenhuma prova dessa estranha afirmação foi oferecida, como de hábito. Outra fonte não confunde o berilo com o crisoberilo, como também declara, irresponsavelmente, que o berilo dourado contém urânio![9]

A paixão dos antigos pelo berilo como pedra de meditação ainda vale hoje – embora se tenha de reconhecer que todos os berilos são produtos da terra, e não cristais alienígenas do espaço exterior. O berilo é belo mesmo quando não é transparente nem tem a qualidade de gema. O antigo nome do berilo dourado, *heliodoro*, significava "dádiva do sol" e, com efeito, a pedra parece trazer a luz do sol para o seu ambiente.

Há berilos raros como o olho-de-gato e as pedras-estrela (que podem ser confundidas com safiras-estrela), e o berilo vermelho framboesa de Utah, conhecido como bixbita, ainda não encontrado em cristais. As maiores pedras de bixbita descobertas até agora têm menos de dois quilates, e a maioria dos espécimes tem grandes falhas. Há também um berilo verde colorido pelo vanádio, diferente da esmeralda, que é um berilo verde colorido pelo crômio. Embora seus verdes sejam muito semelhantes e alguns espécimes não possam ser diferenciados sem análise química, as autoridades insistem que o berilo verde e a esmeralda devem ser classificados em separado.[10] Além dos muitos berilos naturais, há também berilos sintéticos bem-sucedidos com as mesmas propriedades dos produtos da natureza.

---

1. Wodiska, 235. 2. Medenbach & Wilk, 192. 3. Fernie, 117, 131. 4. Kunz, 59, 133. 5. Fernie, 205. 6. Stein, 211. 7. Thomson, 55. 8. Lorusso & Glick, 37. 9. Uyldert, 107. 10. Webster, 107, 123.

BRASILIANITA (Fosfato Oxidrilo de Alumínio Sódio)

A brasilianita é uma gema rara e incomum do século XX, descoberta em 1945 numa única localidade brasileira. Foi considerada peculiar dessa localidade até que foram encontrados pequenos depósitos dela em New Hampshire.

A cor da brasilianita varia do amarelo ao verde. Alguns espécimes têm sido confundidos com o crisoberilo ou o topázio, mas a sua dureza é menor; alcançando 5,5 na escala de dureza, ela é na verdade muito frágil para alcançar pleno sucesso como pedra preciosa. Contudo, sua raridade a torna cara e desejável. É uma gema de "prestígio" ou de exibição. Como jóia, fica melhor exibida num pingente ou brinco, pois não suporta o desgaste a que se submete um anel ou bracelete.

Os delicados e frios verdes amarelados apresentados por essa pedra sugerem o sol de primavera ou vinho branco novo. Como a maioria dos minerais raros, a brasilianita alcança preços que costumam estar além do poder de compra do colecionador médio, mas é possível ver espécimes em museus e outras exposições. Cristais completos são de fato raros. A maioria dos espécimes de brasilianita de coleções particulares são somente peças.[1] Portanto, os espécimes de museu podem ser os melhores que o amador interessado vai ver.

---

1. Sinkankas, *M. A.*, 414.

CALCANTITA (Sulfato de Cobre Hidratado)

É possível que o azul mais brilhante do mundo mineral seja exibido pela calcantita, encontrada nas proximidades de depósitos de cobre. Como é prontamente solúvel em água, esse belo mineral não pode ser usado como jóia e, provavelmente, não figura entre os itens de um colecionador comum.

Mas o sulfato de cobre comercial é um excelente material para o estudo do desenvolvimento dos cristais. As soluções saturadas são feitas com facilidade usando-se água quente, e a deposição de cristais é relativamente rápida. A atraente cor azul brilhante interessa às crianças e as encoraja a observarem os cristais se formando; por isso, a calcantita feita em casa pode ser um dos primeiros espécimes a aparecer na coleção de um jovem iniciante. Os cristais são pontiagudos, em forma de cunha, e, em geral, de bom tamanho para a fácil observação. Com algumas experiências, um iniciante pode aprender a criar exemplares bem grandes.

Nessa atividade, alguns cuidados são necessários. As crianças sempre devem estar acompanhadas por um adulto quando lidarem com a solução de sulfato de cobre, que é venenosa e um tanto corrosiva, não devendo ser colocada em recipientes metálicos. Os resíduos devem ser jogados, com cuidado, num local onde não possam causar danos.

CALCEDÔNIA (Dióxido de Silício)

A calcedônia recebeu o seu nome da antiga cidade grega de Calcedônia, situada na entrada do Bósforo, perto de Bizâncio. Seu nome é hoje um termo geral para muitas variedades de quartzo criptocristalino, incluindo a ágata, o jaspe, o sárdio, o ônix, a cornalina, o crisópraso, o heliotrópio, o sílex córneo e a pederneira. A calcedônia comum, sem outro nome, é uma pedra cinza-azulada, ligeiramente translúcida, encontrada com freqüência em fissuras rochosas, cavidades e geodes.

A calcedônia ocorre em toda parte e há milênios é popular em todo tipo de folclore mágico. Acreditava-se que aumentasse a força física.[1] Usada com pêlos de um jumento, preservava o portador de tempestades.[2] O bispo Marbodo escreveu, no século XII, que a calcedônia curava enfermidades da vesícula. Alberto Magno afirmou que ela curava a depressão. Konrad von Megenberg disse que ela trazia fertilidade e aparência atraente. Adamus Lonicerus a tinha como remédio para mordida de cobra.[3] Gonelli escreveu em 1702 que a calcedônia afastava pesadelos e fantasmas por causa da sua "qualidade alcalina", que dissipava "os humores malignos dos olhos" que viam essas aparições.[4]

O pessoal da Nova Era não sabe muito bem o que fazer com a calcedônia. Alguns afirmam que a calcedônia cinza comum não é igual a outras variedades, porque "não emite vibrações". Uma fonte observa sombriamente que, "se for elevado continuamente a um nível inferior ao da vibração mais elevada em que está, o padrão de energia se dissipa".[5] Outra diz que uma peça de calcedônia no banho "aumenta a oxigenação do tecido da pele".[6] Mas a porcelana da banheira é composta principalmente de sílica, sendo, portanto, parente próxima da pedra natural.

A calcedônia branca é associada com várias idéias de brancura nas prescrições da Nova Era. Ela estimula o leite materno, purifica, "promove a castidade" e age como anti-séptico.[7] Os místicos dos cristais não lidaram com eficácia com o problema da calcedônia tingida, embora desejem atribuir qualidades diferentes a cada uma de suas cores. A maioria das calcedônias aceita bem tinturas artificiais, podendo por isso haver alguma dúvida sobre que cor a natureza queria que qualquer peça tivesse. Uma das fraudes mais comuns é conhecida como lápis suíço — uma imitação do lápis-lazúli feita com o tingimento da calcedônia ou do jaspe com o ferrocianeto férrico, que lhe dá um azul brilhante.[8] A calcedônia também pode ser colorida de rosa, vermelho, amarelo, verde, marrom ou preto com tinturas feitas pelo homem. Muitas jóias cabochão baratas são feitas de calcedônia tingida para imitar o jade, a malaquita, a turquesa e outras pedras. Esses produtos podem ser anunciados como pedras "naturais", em oposição a imitações de plástico ou cerâmica, que são totalmente manufaturadas.

A calcedônia polida tem uma bela textura firme, causando uma boa sensação, e um interessante repertório de padrões respingados ou com faixas. Uma calcedônia em forma de ovo ou esfera é muito agradável de segurar e contemplar.

1. Fernie, 354. 2. Wodiska, 236. 3. Medenbach & Wilk, 88. 4. Kunz, 65. 5. Richardson et al., 56. 6. Gurudas, 90. 7. Stein, 257. 8. Stern, 60.

CALCITA (Carbonato de Cálcio)

A calcita é um mineral comum que assume centenas de formas diferentes. Ela pode aparecer como calcário, mármore, giz e como o material que forma estalactites e estalagmites em cavernas, conhecido por nomes como ônix da caverna ou ônix mexicano, embora nada tenha de ônix. Pode ser branca, amarela, vermelha, azul, cinza, verde, marrom, preta ou transparente. A calcita de Franklin, Nova Jersey, é famosa pela sua brilhante fluorescência vermelha. A calcita romboédrica, clara como água, encontrada pela primeira vez na Islândia, e por isso conhecida como espato islandês, é famosa pela sua birrefringência, o que significa que qualquer coisa vista através dela parece dupla. Outros nomes da calcita são: espato cabeça-de-prego, calcita mel, calcita âmbar, calcita sangüínea (com inclusões de hematita vermelha) e espato dente-de-cão (cristais estreitos, pontudos, semelhantes a mandíbulas).

Como é uma pedra comum, os espécimes de calcita não costumam ser caros. Todo colecionador novato logo adquire um ou dois, mas a calcita tem recebido pouca atenção dos místicos dos cristais. Um deles a recomenda como "parceira" de quiropatas e osteopatas, asseverando que a calcita verde em particular ajuda a curar traumas ósseos e dos ligamentos, contusões, artrite e tendinite.[1] O vínculo imaginativo talvez venha do que há entre o conteúdo de cálcio do mineral e o do osso. Entretanto, viver na presença de um tampo de mesa de mármore ou de um piso coberto de mármore por certo nos expõe a muito mais cálcio ambiental do que uns poucos cristais de calcita. A real necessidade de cálcio do corpo costuma ser satisfeita por qualquer dieta balanceada, em especial quando estão incluídos produtos lácteos.

As variedades mais transparentes de calcita são maravilhosas pedras de meditação porque costumam mostrar interessantes elementos internos e planos de iridescência. Afirma-se, e com razão, que a pessoa pode se especializar apenas em colecionar espécimes de calcita e nunca carecer de formas novas e diferentes desse versátil mineral.

1. Raphaell, *C. H.*, 192.

CAROÍTA (Silicato Hidratado Complexo de Potássio/Sódio, Cálcio/Bário/Estrôncio)

A caroíta é relativamente novata na cena mineral, tendo sido descoberta na Rússia em 1978 e exportada como material para gemas e artefatos cinzelados. É um belo material, com uma mistura de matizes de púrpura claro e escuro como as pétalas de uma íris, combinando também vários graus de dureza. Aceita um bom polimento em alguns pontos e se mantém um tanto sem brilho em outros. Nenhum outro mineral é capaz de oferecer o mesmo padrão estampado ou marmóreo, que vai do púrpura ao violeta.

Como ainda não é amplamente conhecida, a caroíta atraiu a atenção de alguns grupos e de comerciantes internacionais que esperam elevar o seu preço o máximo possível.

A caroíta tem uma aparência peculiar. Uma vez vista, dificilmente pode ser confundida com outro mineral. Assim, pode servir como símbolo da individualidade. Seu nome vem do rio Caro, local da sua descoberta.

CARVÃO (Material Orgânico)

Como todos sabem, o carvão é produto da decomposição de plantas que viveram na terra durante o período carbonífero, há mais de 300 milhões de anos. A celulose dessas plantas e árvores, queimada e compactada, transformou-se em lignita (carvão marrom), em carvão betuminoso e, depois, em carvão antracite; o final da série é o grafite, a forma mole do carvão elemental puro, sendo a forma dura o diamante. Isso não significa, contudo, que os diamantes sejam encontrados em leitos de carvão. Diferentes forças, nas profundezas da terra, produzem os cristais de carbono hoje extraídos como diamantes.

O carvão foi o principal recurso mineral que tornou possível a Revolução Industrial; assim, num certo sentido, a moderna era tecnológica teve como fundamento o carvão, o que tem dado a ele um significado estético ou metafórico para algumas pessoas da era industrial. Como base da riqueza e do lucro manufatureiros, em especial nas Ilhas Britânicas, o carvão foi visto algumas vezes como amuleto para atrair dinheiro. Até hoje, alguns especuladores da Bolsa de Londres carregam um pedaço de carvão no bolso para terem sorte e boa fortuna.[1]

O mesmo desejo de boa sorte pode ter sido a origem de um obscuro costume de Natal: o de colocar um pedaço de carvão na meia de Natal das crianças. Recentemente, a conotação de boa sorte foi esquecida e as crianças foram informadas de que, se se comportassem mal, poderiam receber somente carvão nas meias, em vez de brinquedos e guloseimas.

Algumas pessoas referem-se erroneamente ao carvão como madeira fossilizada. Em termos estritos, isso não é verdade. Os fósseis retêm a estrutura celular exata que o material orgânico tinha em vida, embora a matéria orgânica tenha sido substituída pela sílica. O carvão não mostra essa estrutura; a matéria original foi destruída pelo apodrecimento, compactada sob pressão e transformada numa substância inteiramente nova.

---

1. Cunningham, 84.

CELESTITA (Sulfato de Estrôncio)

Muitos espécimes de celestita têm uma suave coloração azul-celeste que originou seu nome, do latim *coelestis*. O mineral também pode ocorrer em matizes brancos e avermelhados. Ela forma uma série contínua com a barita, podendo por isso conter tanto bário como estrôncio. Por ser mole e frágil, não serve para ser usada como gema, mas exemplares de exibição estão presentes nas prateleiras de muitos colecionadores. Alguns místicos afirmam que ela alivia dores de cabeça e outros sintomas de *stress*. A celestita também é "pendurada ou carregada para criar eloqüência e promover a compaixão pela Terra e pelos nossos semelhantes".[1] Certamente a Terra e os nossos semelhantes precisam de toda a compaixão que pudermos oferecer e, se a celestita pode servir para nos lembrar disso, que todos comprem uma peça.

---

1. Cunningham, 82.

CERUSITA (Carbonato de Chumbo)

A cerusita é um dos folguedos da natureza. Tem uma ampla variedade de formas cristalinas, semelhantes a casas de vidro, flocos de neve, grupos de espantalhos derrubados, estrelas, agulhas, redes ou massas de terra. Muitas dessas formas parecem leves e tênues, como se flutuassem como penas, embora sejam extremamente pesadas. Afinal, a cerusita é um composto do chumbo.

A cerusita não se presta à ourivesaria, por ser frágil e pesada, mas alguns espécimes são muito belos em seu estado natural. Os transparentes podem mostrar iridescência; os que contêm inclusões fibrosas produzem um sedoso efeito de olho de gato. Os muitos disfarces desse mineral camaleônico tornam interessante a sua contemplação. Ele sempre parece mostrar-se como uma coisa nova.

Às vezes, a cerusita é cortada e facetada como gema de colecionador para ser exibida, e não usada. Pode ser mais adorável que um diamante, devido à sua maior dispersão. Mas esse mineral é tão quebradiço e sensível ao calor que cortá-lo exige uma habilidade e uma paciência extremas. Considera-se impossível cortar uma cerusita grande sem quebrá-la.[1]

A cerusita recebeu seu nome do termo latino para "chumbo branco".

1. Arem, 64.

CHABASITA (Silicato de Alumínio Cálcio Hidratado)

Chabasita vem da palavra grega *chabazios*, uma das pedras mencionadas no *Peri Lithon* órfico.[1] O original antigo provavelmente não era o mineral hoje denominado chabasita, que forma cristais romboédricos numa ampla gama de cores encarnadas: rosa esmaecido, pêssego desbotado, bronze avermelhado, marrom enferrujado e, por vezes, branco. Os cristais têm um brilho vítreo e uma aparência vívida. Embora demasiado frágil para ser uma gema, a chabasita produz espécimes interessantes, sendo um bom material para a meditação sobre o tema da Mãe Terra.

1. Sinkankas, *M. A.*, 470.

CHUMBO (Elemento)

O símbolo do chumbo é Pb, do latim *plumbum*, que gerou no inglês palavras como "plumber" (encanador), "plumb" (cair pesadamente) e "plumb line" (fio de prumo).

Os antigos romanos usavam o chumbo no encanamento e para muitos recipientes de mesa como taças. É bem conhecido o fato de romanos de classe alta morrerem freqüentemente de envenenamento cumulativo de chumbo, porque bebiam vinho e outros extratos ácidos em recipientes de chumbo; o metal se dissolvia aos poucos no líquido e penetrava-lhes o corpo. O chumbo metálico não é excretado, razão por que um acúmulo anual marginal pode mostrar-se fatal a longo prazo.

Com bastante propriedade, o chumbo foi consagrado a Saturno, o Senhor da Morte. Como Saturno era reverenciado como o deus do mundo inferior, conhecedor dos segredos últimos do futuro, seu metal era usado freqüentemente em procedimentos divinatórios – e ainda o é. A "detecção com pêndulo" começou com o uso de pesos de chumbo. Graças a uma tradição imemorial, durante a estação do Natal (a antiga Saturnália), os europeus atiravam uma colher de chumbo derretido na água fria para fazer profecias a partir das formas assumidas pelo metal em seu processo de solidificação.

Uma outra tradição antiga criou o hábito de fazer caixões de chumbo para obter o favor do Senhor das Trevas. Os cristãos seguiram o costume até começarem a guardar os cadáveres em criptas sob as igrejas, em vez de debaixo da terra. Tornou-se desagradavelmente óbvio que o metal macio não podia conter os gases gerados pela decomposição do corpo. Os caixões de chumbo eram "propensos a ceder por causa dos gases letais gerados no seu interior, podendo explodir e espalhar pela igreja esses gases letais".[1]

Apesar de sua natureza venenosa, os médicos continuaram a usar o chumbo metálico como remédio por muitos séculos. Ele era administrado para úlceras, inflamações e cegueira, bem como para "abrir o baço". Uma autoridade do século XVII chamou o chumbo de "um grande anódino, e alívio da dor".[2] Claro que, morto, ninguém sente dor.

O chumbo elemental não ocorre na natureza. Seu principal minério é a galena (sulfeto de chumbo), de que são extraídas enormes quantidades porque a nossa civilização dificilmente poderia passar sem os muitos usos industriais do chumbo. Ele foi sem dúvida um dos primeiros metais a serem derretidos, senão *o* primeiro, porque o seu baixo ponto de fusão facilita um pouco essa operação. Ele tem estado conosco desde os primórdios da pré-história. E ainda representa a morte na linguagem popular, porque "chumbo" é sinônimo de bala.

1. Fernie, 444. 2. *Ibid.*, 451.

CINABRE (Sulfeto de Mercúrio)

Devido à sua cor vermelha, o cinabre recebeu seu nome da palavra persa para "sangue de dragão".[1] É o principal minério do mercúrio, que pode ser visto em alguns espécimes do cinabre como diminutas gotas prateadas do metal líquido.

Um moderno livro místico diz do cinabre, em grandes letras maiúsculas: "QUANDO PINTADO SOBRE UMA SUPERFÍCIE, ELE TEM A CAPACIDADE DE REPELIR A RADIAÇÃO OU O BOMBARDEIO ATÔMICO."[2] O leitor é informado de que a proteção contra acidentes nucleares ou o holocausto pode ser garantida dentro de qualquer estrutura pintada com cinabre. Com efeito, depender dessa garantia é arriscar-se a uma surpresa muito desagradável.

Talvez essa estranha crença tenha alguma relação com as "pílulas da imortalidade" mágicas, feitas de cinabre na China há uns 3600 anos. Em nossa era de ansiedade nuclear, tudo o que pareça proporcionar a imunidade à morte súbita pode ser bem recebido.

1. Boegel, 89. 2. Richardson et al., 139.

CITRINA (Dióxido de Silício)

A citrina é o quartzo amarelo, por vezes representada enganosamente como o topázio amarelo, mais caro, sob nomes como topázio Madeira ou topázio Bahia. A citrina natural é relativamente rara. Boa parte das citrinas comerciais é artificialmente criada pelo aquecimento da ametista de categoria inferior a uns 480 graus centígrados, o que lhe dá uma cor dourada. Essa "ametista queimada" tende a mostrar matizes vermelhos, laranja ou bronze-escuro, enquanto a citrina natural é mais fria e mais pálida, por vezes quase de um amarelo-esverdeado. A ametista que se torna verde em vez de amarela, quando "queimada" é chamada preseolita.

Ao menos um místico dos cristais revela sua preferência pelo material queimado (que chama de citrina "madiera"), considerando-o "superior para o tratamento de certas doenças físicas" – sem, no entanto, especificá-las.[1]

Como as associações com a cor são tão significativas nas idéias da cura com cristais, a citrina é inevitavelmente recomendada para problemas urinários, icterícia e distúrbios do fígado e dos rins. Ela "ajuda" a vesícula, mesmo quando não se determinou que alguma ajuda seja necessária. Ela "purifica todo o trato digestivo e urinário", mesmo quando ele não está impuro. Além disso, ela "amplia a realidade".[2] Eis poderes verdadeiramente amplos.

Um místico insiste que a citrina cura gangrena e apendicite, mas quem precisa de uma apendicectomia correrá sérios riscos se acreditar nisso. A pedra também produz a regeneração dos corpúsculos vermelhos e brancos, exerce uma influência indefinida sobre o sistema linfático e também tem algum vago efeito sobre as células do "cérebro carnal".[3] Outro místico a prescreve para depressão, diabetes e constipação.[4]

Outros a descartam com pretensioso desprezo, dizendo que ela "não traz grandes benefícios" e não deve ser confundida com o topázio mais desejável.[5] Esses mesmos autores elevam o quartzo aos céus, ao que parece sem se dar conta de que a citrina e o quartzo são o mesmo material.

A transparência, cor agradável e dureza aceitável da citrina tornam-na adequada para ser cortada e facetada como jóia. Além disso, não sendo cara, pode ser oferecida em grandes peças. Compradores que não conhecem pedras, no entanto, devem se acautelar de citrinas mascaradas como materiais mais valiosos ou vendidas a preços bastante inflacionados.

Recentemente, foi produzida uma gema bicolorida artificial, a "ametrina", aproveitando-se a tendência da ametista aquecida de mudar de cor ao acaso, formando estrias ou manchas. Se o processo for interrompido antes que todo o material fique amarelo, ele pode fornecer gemas que exibem ambas as cores na mesma pedra cortada.

1. Rea, 330. 2. Stein, 207-208. 3. Gurudas, 145-146. 4. Chocron, 63. 5. Richardson et al., 129.

COBRE (Elemento)

No mundo antigo, o cobre era consagrado à Grande Deusa sob o seu nome clássico de Vênus ou Afrodite. Um dos seus principais templos estava em Pafos, na Ilha de Chipre, cujo nome significa "cobre", por ter tido ricas minas de cobre e colônias de artesãos que dedicavam sua arte à Deusa. Eram feitos de cobre os espelhos mágicos de adivinhação usados no dia da Deusa, sexta-feira (*Friday* – que recebeu o nome da sua contraparte do norte, Fréia). O símbolo alquímico do cobre representava, segundo se dizia, um desses espelhos. Ele ainda é o símbolo astronômico do planeta Vênus e o símbolo biológico/botânico da feminilidade.

O cobre foi essencial para a economia da Idade do Bronze, que também foi a era da Deusa. Não se pode fazer bronze sem cobre, que forma o bronze quando combinado numa liga com o estanho. (O latão é feito de uma liga de cobre com zinco.) Os únicos metais elementais coloridos são o ouro e o cobre.

Como era o metal de Vênus, o cobre costumava ser usado como encantamento amoroso; acreditava-se que as jóias de cobre aumentavam a sexualidade. Em 1669, um certo dr. Rowland ainda escrevia que o cobre "simpatiza com Vênus no Macrocosmo e com os órgãos da geração no Microcosmo". Repetiu-se em 1712 que o cobre "fortalece as funções reprodutoras de homens e mulheres".[1]

Edgar Cayce gostava de recomendar o uso do cobre para propósitos variados, mas parece ter se confundido quanto à sua natureza. Ele descrevia seu mineral favorito, o lápis-lazúli, como uma essência ou fusão do cobre, uma erosão do cobre ou a exsudação do cobre – tudo sem sentido, porque o lápis-lazúli é um silicato que não contém nada de cobre.[2] Como é óbvio, Cayce supunha ingenuamente que todos os minerais azuis devem a sua cor à presença do cobre.

A recente moda do uso de braceletes de cobre como defesa contra a artrite tem razões igualmente sem sentido entre os místicos da Nova Era. Um deles afirma que o uso de um bracelete de cobre "serve de antídoto aos afeitos [*sic*] da radiação de microondas".[3] Outro diz que o cobre elimina "resíduos metálicos" do corpo, pela "oxidação através dos poros".[4] Outro ainda declara que ele cura "por causa de... [sua] capacidade de equilibrar a polaridade do corpo".[5]

Essas afirmações nos fazem voltar à ignorante Idade Média, quando os diagnósticos médicos revelavam apenas a preocupação com o tom erudito das palavras, sem que se tivesse a mínima noção das realidades físicas e biológicas. Significativamente, os efeitos miraculosos são atribuídos a jóias de cobre, quando um cobre mais puro pode ser encontrado em qualquer fio elétrico ou cano de água antigos, para não mencionar os recipientes e frigideiras que possam ocupar a nossa cozinha. Por alguma razão, eles nunca são medicinais. Do mesmo modo, seria de esperar uma invencível boa saúde entre os residentes da Península Keweenaw, de Michigan, onde foram descobertos alguns dos mais ricos depósitos de cobre do mundo. Eles foram descobertos, na verdade, pelos índios, que usavam o cobre de Michigan para fazer utensílios e ornamentos. Os colonos europeus só viriam a descobrir a fonte do cobre índio em 1840.

---

1. Fernie, 421-422. 2. *Scientific Properties*, 16, 23, 25. 3. Gurudas, 94. 4. Richardson et al., 140. 5. Cunningham, 155.

COPROLITO (Dióxido de Silício)

Coprolito significa literalmente "pedra-excremento". É material fecal fossilizado, apelidado de "esterco de dinossauro". Para ter sido depositado por um dinossauro, um dado espécime do coprolito teria de estar próximo dos duzentos milhões de anos de idade. Todavia, a silicificação de uma substância orgânica como as fezes pode ocorrer com razoável rapidez nas condições corretas; portanto, alguns coprolitos podem não ter mais de dois ou três milhões de anos, podendo ser restos não de um dinossauro, mas de algum outro animal muito mais recente.

Espécimes de coprolito podem revelar forte semelhança com o falso cocô de cachorro perpetrado por fabricantes de novidades para a diversão dos gozadores. Contudo, o coprolito é uma pedra, e não plástico. Não foi fabricado, mas excretado. Mesmo que só possamos imaginar o animal que foi a sua fonte, sua aparência exterior deixa poucas dúvidas sobre a sua natureza original.

Os místicos dos cristais tendem a ignorar o coprolito, talvez por considerá-lo uma forma indelicada de sílica, que não deve ser mencionada ao lado das formas espirituais "superiores". Poder-se-ia pensar, entretanto, que o coprolito seria uma prescrição mais apropriada para problemas intestinais do que alguns dos silicatos que costumam ser prescritos. Afinal, um dos princípios fundamentais de toda magia é o de que "o semelhante afeta o semelhante". Se a Natureza pode petrificar madeira, osso, coral, dentes, conchas, pegadas, insetos, peixes, crinóides, plantas ou excrementos de animais terrestres, por que nós, meros seres humanos, deveríamos ignorar seletivamente algum dos seus trabalhos? Como símbolo, o coprolito pode ser um representante mais direto da terrenalidade do que qualquer pedra mais graciosa.

Alguns exemplares de coprolito são cortados e polidos como ágatas. Assim tratados, costumam revelar padrões e cores interiores de extraordinária beleza. Há por certo uma lição a ser aprendida com isso.

CORAL (Material Orgânico)

Ao lado da pérola e do âmbar, o coral é considerado uma das gemas orgânicas, embora sua composição mineral contenha principalmente carbonato de cálcio (calcita). Ele é feito de esqueletos calcificados dos diminutos pólipos de coral que, aos milhões, constroem enormes recifes submarinos e, às vezes, ilhas inteiras. Os corais podem ocorrer na água salgada e doce. As famosas pedras Petoskey do lago Michigan são na verdade coral fossilizado.[1]

O coral pode ser branco, rosa, azul ou preto, mas a cor mais valorizada sempre foi o vermelho, conhecido como coral "nobre". Os antigos gregos afirmavam que o coral vermelho devia a sua cor ao divino sangue da Medusa.[2] Moldados à semelhança de Medusa ou Hécate, amuletos de coral proporcionavam vitória na guerra. Acreditava-se que o coral, preso ao mastro dos navios, afastava os raios e a tempestade.[3] Ele era usado como encantamento contra o fogo, a feitiçaria e os desastres naturais.[4] A Árvore da Vida oceânica era de coral. Sua cor verde era associada ao sangue uterino doador de vida, supostamente concedido pela Deusa a todas as mulheres. Até hoje, os vínculos arcaicos entre o coral e os laços de sangue do clã maternal e a fertilidade feminina ainda levam algumas camponesas italianas a acreditar que suas jóias de coral mudam de cor numa rítmica harmonia com os seus ciclos menstruais.[5]

Segundo Plínio, coral em pó bebido com água curava febre e "dores lancinantes nas entranhas, afecções da vesícula e cálculos urinários".[6] O pó de coral também era usado em ungüentos para afecções da pele. Supunha-se que amuletos de coral ajudassem a dentição de crianças e evitassem as convulsões infantis.[7] O esmaecimento da cor de um amuleto de coral era considerado um presságio de morte, mas as pessoas acreditavam que a obtenção de outro amuleto de coral com uma cor mais profunda preservaria a vida.[8] Talvez isso ajude a explicar a preferência geral por corais de cores mais vívidas. Os amuletos de coral também afastavam espectros, aparições, ventos, tempestades, relâmpagos, sonhos e ilusões – mas não, é verdade, as idéias ilusórias sobre a eficácia mágica do coral.[9]

O dr. John Schroder escreveu em 1660 que o coral revigora o coração, o estômago e o fígado; purifica o sangue, interrompe fluxos do ventre e do útero, evita a epilepsia e cura supurações dos olhos e úlceras. A *Collection of Remedies* de Boyle acrescentava que o coral "suaviza" o sangue e cura acidez. No começo do século XX, o dr. Fernie recomendava o coral como antídoto para doenças infantis como coqueluche e crupe.[10] Como os amuletos de coral sempre tinham sido considerados protetores das crianças, graças às associações arquetípicas com a mãe de sangue e com o sangue materno, essas idéias não eram sem precedentes.

Os místicos modernos dão ao coral usos que não diferem muito dessas antigas idéias. Diz-se que o coral cura cólicas, pedras na vesícula, hemorróidas, hepatite, icterícia e verrugas.[11] Ele remove "impurezas" do sangue e da aura;[12] "aquece, vitaliza e estimula" a corrente sangüínea;[13] cura doenças dos órgãos sexuais;[14] alivia a dor da artrite e ativa a tireóide, aumentando as taxas metabólicas e liberando toxinas musculares. Como resultado, "pode se desenvolver o equilíbrio emocional",[15] mas não, ao que parece, o bom senso.

O coral é louvado também como cura da insanidade e encantamento para obtenção de sabedoria, desde que nunca seja quebrado ou cortado com um instrumento de metal.[16] Essa parece ser uma aposta fácil, porque o coral que não é quebrado nem cortado ainda é necessariamente parte do seu recife. Talvez a pessoa insana possa ser levada até lá para aproveitar a magia curativa do coral vivo.

Os nomes comuns para o coral vermelho preferido vão do sangue de touro (vermelho encarnado) a pele de anjo (rosa claro). O coral "African Star" é um produto comercial estabilizado, alvejado e tingido por vários processos artificiais antes de ser vendido. Numerosas imitações de coral são feitas de plástico, porcelana, osso tingido, mármore em pó prensado, marfim vegetal e vidro opaco.

1. Wodiska, 107. 2. Stern, 69. 3. Anderson, 45. 4. Thomson, 22. 5. Kunz, 69. 6. Smith, 492. 7. Fernie, 355, 8. Thomson, 23. 9. Spencer, 232. 10. Fernie, 290-293. 11. Parkinson, 230. 12. Stein, 200. 13. Chocron, 59. 14. Bravo, 121. 15. Gurudas, 95-96. 16. Rutland, 161.

CORNALINA (Dióxido de Silício)

A cornalina é a calcedônia com uma cor avermelhada advinda de óxido de ferro.[1] Também chamada cornélia, carnalina, pedra canário, pedra de Meca, ágata sangue-de-pombo, demion ou sardoína. Denominada a partir do latim *carne*, a cornalina costuma ser associada com o sangue, a carne, as paixões carnais, a sexualidade, a mundanidade e o mundo material. No antigo Egito, no entanto, simbolizava o sagrado coração-alma (*ab*) no corpo de uma múmia e a ressurreição a ser realizada através da pedra, descrita como o sangue, a virtude e o poder mágico da Grande Deusa Ísis.[2]

Os muçulmanos acreditavam que a cornalina podia realizar todos os desejos. Uma cornalina ou pedra de Meca gravada com os nomes dos Doze Imãs colocada na boca de um cadáver masculino poderia levá-lo ao paraíso – conceito não muito distante do egípcio antigo, em especial considerando-se que os imãs da Arábia pré-islâmica eram mulheres. O próprio Maomé usava um anel de cornalina como um talismã para um feliz pós-vida.[3]

Segundo o *Lapidario* do rei Afonso X da Espanha, o uso da cornalina fortaleceria uma voz fraca, capacitando a pessoa a falar com vigor e persuasivamente para realizar os próprios desejos.[4] Talvez seja por isso que um místico moderno afirma que a cornalina é benéfica para pessoas "distraídas, confusas e desconcentradas".[5]

Como outro tipo de "pedra de sangue", a cornalina era muito recomendada para desordens sangüíneas, problemas menstruais, feridas, sangramento nasal, febre, infecção ou "sangue quente" (raiva). Era um remédio tradicional para tumores e um preservador da harmonia entre amigos ou parentes.[6] É hoje considerada um "tônico para o sangue", bem como um estimulante para os intestinos. É erroneamente descrita como "uma importante forma de quartzo, embora não-cristalina"; ela é tão cristalina quanto qualquer outro tipo de calcedônia, apesar de os seus cristais poderem ter dimensões microscópicas.[7] Também se afirma que a cornalina aumenta a taxa de batimentos cardíacos, bem como "a secreção da tireóide e da supra-renal".[8] Alternativamente, diz-se que a cornalina "alimenta" objetos altamente misteriosos desconhecidos da ciência, as "moléculas de energia", diretamente no corpo, através da pele.[9] Do mesmo modo, enquanto se está deitado com uma cornalina na mão, pode-se passar o tempo massageando com ela a região do fígado, o que "faz o fígado expulsar algumas de suas impurezas".[10] Como sempre, os mecanismos de todos esses efeitos prodigiosos não são descritos.

Alguns místicos parecem não se dar conta da identidade física entre a cornalina e outros membros da família quartzo-calcedônia. Um deles diz que a cornalina não é uma "fonte de energia de alta potência", como as "pedras transparentes de vibração superior", como o quartzo claro – que é basicamente o mesmo mineral. Contudo, apesar de suas limitações, a cornalina "contém as histórias e registros do nosso planeta", e pode ser usada para "ver o passado",[11] depois de um certo treinamento avançado. Isso não quer dizer treinamento avançado nas ciências da terra, que é a maneira costumeira de aprender a ler os registros do passado da terra preservados em suas rochas; pelo contrário, significa treinar-se a sentar calmamente com um pedaço de cornalina na mão e deixar a mente vagar, aceitando toda imagem mental que possa aparecer como revelação de uma realidade passada. Não é o tipo de treinamento que puxe pelas nossas faculdades mentais.

Além de ver o passado, pode-se também estancar hemorragias e curar feridas com a cornalina, que "antídota [*sic*] a infecção e o envenenamento do sangue com seu poder purificador".[12] Notável pedra!

Deixando de lado as bobagens, sentar-se calmamente com uma cornalina na mão pode ser um reconfortante exercício de meditação. Podemos contemplar sua rica história lendária ou o cordial brilho avermelhado de luz projetado através da pedra, bem como o calor que ela adquire depois de ser segurada por algum tempo. A cornalina bruta tem com freqüência uma superfície acidentada e ondulada agradável ao toque. Polida, é deliciosamente suave e firme. É também razoavelmente resistente, uma pedra para a vida inteira. Como mineral talismânico, a cornalina tem muito a recomendá-la.

1. Sinkankas, *G. N. A.*, 379. 2. Kunz, 38, 226. 3. Stern, 42. 4. Kunz, 63-64. 5. Raphaell, *C. E.*, 140. 6. Wodiska, 236. 7. Stein, 197-198. 8. Bravo, 118. 9. Lorusso & Glick, 69. 10. Richardson et al., 53. 11. Raphaell, *C. E.*, 140. 12. Uyldert, 92.

CRISOBERILO (Óxido de Alumínio Berílio)

Embora o nome *crisoberilo* signifique "berilo dourado", o crisoberilo não é nem dourado nem berilo, mas um mineral diferente. O berilo é um silicato; o crisoberilo é um óxido.

A família do crisoberilo inclui algumas gemas muito valorizadas, como a alexandrita, o cimofânio e o olho-de-gato do crisoberilo (em oposição ao olho-de-gato do quartzo). O último, naturalmente, costumava ser recomendado como remédio para problemas oculares e como defesa contra o mau olhado. Agora, diz-se que a água colocada ao sol por três horas numa jarra de vidro verde contendo uma pedra olho-de-gato se transforma numa "tintura de beleza" e torna bela toda face lavada com ela diariamente.[1]

Afirma-se também que o crisoberilo "faz a pessoa ser mais caridosa com o próximo" e que "tem uma qualidade 'fermentativa' no seu padrão de energia, porque continua a se expandir... A energia do crisoberilo beneficia as glândulas supra-renais". Uma pedra de crisoberilo deve ser usada no umbigo.[2] Isso parece contrariar o propósito do uso de uma gema cara, que é exibi-la; porque, se fosse usada com uma roupa que mostre o umbigo, como um traje de banho, ela poderia perder-se com facilidade.

Recentemente, uma boa imitação das pedras olho-de-gato do crisoberilo foi criada por um produto vítreo anunciado como Cathaystone.[3]

1. Cunningham, 81. 2. Richardson et al., 58-59. 3. O'Donoghue, *G. M. G.*, 194.

CRISOCOLA (Silicato Oxidrilo de Cobre Hidratado)

A crisocola é outro dos minerais do cobre vividamente coloridos de azul/verde, encontrado com freqüência associado com a calcedônia e o quartzo. A crisocola desenvolvida em conjunto com a malaquita e a turquesa é conhecida como pedra Eilat.[1]

Um místico dos cristais que descreve a crisocola como "gema de sílica", grafando-a erroneamente como crisocala ou crisochola, diz que ela ajuda mulheres que sofrem de incômodo menstrual e afeta o equilíbrio dos hormônios ligados à menstruação – embora ninguém possa dizer como. Ela também cura febres e queimaduras, neutraliza a raiva e acalma nervos em frangalhos – tudo, ao que parece, por causa de sua cor fria.[2] Outro a descreve como delicada, calmante, amorosa e feminina, acrescentando que ela está "evoluindo para substituir a turquesa".[3] Até agora, no entanto, a turquesa não parece estar a caminho da extinção.

A inocente crisocola azul parece inspirar esses místicos a fazerem algumas de suas observações mais insustentáveis. Um a chama de "pedra rosácea", enquanto ela pode ser azul, verde-azulada, verde, marrom e até negra, mas nunca rosa.[4] Outro afirma que ela "amplia a medula oblonga", caso alguém precise de uma medula maior.[5] Outro, ainda acreditando nos arcaicos quatro elementos, escreve que a crisocola "contém a influência planetária de Urano e é compatível com todos os elementos exceto a Terra... ela se filtra para os estratos mentais do campo áurico, através do plexo solar, e ajuda a aliviar os medos e a culpa pessoais".[6] Um "especialista" particularmente confuso declara (falsamente) que a crisocola "contém o composto bórax" (o que não é verdade), para explicar seus "efeitos terapêuticos e benéficos".[7]

A crisocola pode ser confundida com a calcedônia tingida de azul, mas é mais macia. Embora às vezes seja cortada e polida como gema, em especial na forma de cabochão, a crisocola é demasiado mole para suportar o desgaste regular na joalheria; sua dureza varia entre 2 e 4 na escala Mohs. Seu uso prático é como um minério menor do cobre.

Ela pode ser encontrada misturada com várias formas de sílica. Sua variedade combinada com o jaspe recebeu o apelido de asa de papagaio. Misturado com o quartzo, é vendida sob o nome comercial de Stellarite.[8] Infelizmente, há um outro mineral chamado Stelarita, uma zeolita cujo nome é pronunciado da mesma forma; por isso, essa nomenclatura tem causado certo grau de confusão. As misturas tendem a melhorar as qualidades de desgaste do mineral, dando-lhe força e dureza para superar a fragilidade da crisocola pura, enquanto mantém as suas belas cores verde-azuladas.[9]

Como pedra simbólica de meditação, a crisocola evoca a beleza do calmo mar de verão e das flores brilhantes, sugerindo vividamente uma atmosfera de paz.

---

1. Schumann, 200. 2. Raphaell, *C. E.*, 101-104, 158, 164. 3. Stein, 238. 4. Cunningham, 83. 5. Gurudas, 90. 6. Lorusso & Glick, 33. 7. Hodges, 66. 8. Arem, 68. 9. Pough, 278.

CRISÓPRASO (Dióxido de Silício)

O crisópraso é uma variedade verde-maçã brilhante da calcedônia, que há muito tem atribuídos a si poderes prodigiosos. Os antigos acreditavam que, tal como a esmeralda, essa pedra perderia sua cor verde na presença do veneno. A tradição folclórica romena dizia que o portador de um crisópraso seria capaz de compreender a linguagem dos lagartos. Médicos medievais a prescreviam para aliviar a gota.[1] Na Idade Média, havia a crença de que uma peça de crisópraso mantida na boca tornava as pessoas invisíveis, razão pela qual ele era visto como pedra que ajudava criminosos a escaparem da punição.[2]

Um místico dos cristais afirma hoje, bem desnecessariamente, que a luz emitida pelo crisópraso é "absorvida no corpo, por meio do nervo ótico, e levada para as glândulas do cérebro".[3] Na verdade, o corpo não tem nada sensível à luz visível *além* do nervo ótico, que transmite impulsos para os centros visuais (e não para as "glândulas") do cérebro. Outro parece pensar que o coração reage ao "sereno fluxo de luz" emanado de um crisópraso. "Sua luz verde dourada também é eficaz na alimentação, recarga e tranqüilização do coração."[4] Isso parece implicar que o coração come luz, é recarregado como uma bateria e tem moderada automaticamente sua ação pela imagem visual de uma pedra, sem a intervenção da mente ou da emoção – uma série de implicações que dificilmente pode ser levada a sério. Contudo, a cor do crisópraso é um verde sereno que lembra a luz solar luzindo sobre folhas de verão, e muitas pessoas podem considerar tranqüilizante justamente esse matiz do verde. Isso por certo faz do crisópraso uma gema agradável, fácil de usar e de que se gosta com facilidade.

---

1. Wodiska, 138, 141, 236. 2. Dake et al., 141. 3. Bravo, 144-145. 4. Chocron, 72.

CROCOÍTA (Cromato de Chumbo)

Sempre que vê cristais prismáticos longos e delgados de uma intensa cor flamejante entre o laranja e o vermelho-cereja, você está na presença da crocoíta, um mineral raro altamente estimado por colecionadores. As cores da crocoíta estão entre as mais brilhantes do mundo mineral, mas o material só é trabalhado de raro em raro, dada sua extrema fragilidade. Ele deve ser manuseado com o maior cuidado.

Apesar das dificuldades, umas poucas gemas de crocoíta foram cortadas – não para a joalheria, porque a crocoíta não pode ser cinzelada, mas somente como desafio à habilidade do ourives. O material é caro e poucos ourives querem correr o risco das bem conhecidas possibilidades de quebra. A maioria dos exemplares de crocoíta são mantidos na prateleira e nunca são tocados, embora suas cores faiscantes possam deliciar os olhos que os contemplam.

A crocoíta recebeu o nome do termo grego *krokos*, "açafrão". A Natureza só produz uns poucos cromatos, e a crocoíta é o único deles encontrado geralmente em coleções de minerais. Por causa da sua raridade, da sua fragilidade e de suas delicadas cores vívidas, a crocoíta pode ser considerada uma glamurosa excêntrica – uma flor de estufa do mundo mineral.

DANBURITA (Boro-silicato de Cálcio)

A danburita recebeu o seu nome do primeiro lugar onde foi descoberta, Danbury, Connecticut. É tão dura quanto o quartzo e às vezes serve de gema, embora cristais grandes de aparência adequada sejam raros. As gemas de danburita perdem em brilho por causa da sua baixa dispersão, mas podem ser muito luzidias quando corretamente cortadas. É um bom material para o colecionador: atraente, incomum, rara (ao contrário do quartzo) entre os colecionadores, mas razoavelmente acessível. Seus cristais com freqüência apresentam uma semelhança superficial com os do topázio.

DATOLITA (Boro-silicato Oxidrilo de Cálcio)

A datolita é um mineral de um branco transparente-translúcido, esverdeado ou verde pálido classificado como uma gema menor, porque cristais escolhidos são às vezes cortados e facetados. Sua dureza, no entanto, é de apenas 5.5 na escala Mohs. Cristais brutos de datolita são interessantes em sua complexidade. Suas faces não parecem ser orientadas de nenhuma maneira particular; em vez disso, seus cristais são distribuídos ao acaso ao longo dos agregados, como se tivessem simplesmente sido jogados ali aos punhados, de qualquer modo. Isso torna a datolita um enigma para o cristalógrafo, o que não lhe tira a formosura. Alguns exemplares podem ser pontilhados de rosa ou vermelho por inclusões de cobre, mas o branco-esverdeado frio típico da datolita é atraente e repousante.

Além da forma cristalina, a datolita também ocorre em maciços nódulos brancos que lembram a porcelana, com freqüência belamente mosqueados com pintas de cobre ou de outros minerais associados. Quando ocorre em massas granulares ásperas, a datolita se despedaça com facilidade; disso veio o seu nome, tomado de uma palavra grega que significa "dividir".[1]

---

1. Sinkankas, *M. A.*, 546.

DIAMANTE (Carbono Elemental)

O diamante tem sido chamado a mais bela pedra do mundo, embora oitenta por cento dos diamantes extraídos tenham cor sombria e não sejam atraentes, só sendo úteis para o maquinário industrial de corte e de moagem. No entanto, o diamante é a pedra mais dura do mundo, a mais dura substância da terra. Ele é 140 vezes mais duro do que o segundo mineral mais duro, o coríndon, e 1000 vezes mais do que o quartzo.[1] As únicas outras substâncias que se aproximam do diamante em dureza são o metal tântalo e dois produtos artificiais: o carborundo (carbeto de silício) e o borazon (nitreto de boro cúbico).[2]

Mas o mesmo mineral do diamante, o carbono elemental puro, também toma a forma de uma das mais moles substâncias do mundo, o grafite: o que é usado numa lapiseira comum, que recebeu o seu nome da palavra grega para "escrita". Dos dois, o diamante é a forma mais instável. No curso de milhões de anos, o diamante se transforma gradualmente em grafite.[3] Apesar da popular frase da propaganda, os diamantes não são "para sempre", como se costuma dizer.

O grafite e o carvão de lenha – formas do carbono – são bons condutores de eletricidade, mas os diamantes são não-condutores.

Tendo sido confundido pelo termo *carbono,* ao menos um moderno místico dos cristais acredita que os diamantes são transformações do carvão.[4] Na verdade, essas duas substâncias são formadas em condições bem diferentes. Os diamantes são encontrados na rocha kimberlita, tendo se cristalizado nas profundezas da terra, a cento e sessenta quilômetros abaixo da superfície, sob pressões bastante inconcebíveis – cerca de 750.000 quilos por polegada quadrada (6.45 cm^2) –, e numa temperatura de, talvez, 2500 graus Celsius.[5] A dificuldade de alcançar essas condições tecnologicamente tem sido o principal impedimento para a síntese de diamantes.

Um "especialista" da Nova Era afirma que, desde os tempos antigos, diamantes, rubis e safiras vêm sendo "reduzidos a cinzas" para servirem como remédio.[6] Essa afirmação é absurda. Rubis e safiras não queimam. Sendo carbono, o diamante queima, mas somente no ar e numa temperatura de 900 graus Celsius.[7] Quando queimados assim, os diamantes são reduzidos ao gás dióxido de carbono e não deixa cinzas sólidas. Teofrasto, em 300 a.C., sabia mais do que o nosso moderno "especialista"; seu *Peri Lithon* chamava o diamante de pedra não queimável.[8] Plínio observou que os diamantes colocados numa fogueira sequer ficavam quentes.

Na Idade Média, as pessoas não conheciam outra maneira de testar um diamante para verem se era genuíno a não ser riscar vidro com ele. Esse teste não é confiável, porque o vidro também pode ser riscado pelo coríndon, pelo berilo, pelo topázio, pelo zircão, pela espinela, pelo quartzo e por outras pedras. Em conseqüência, costumavam ser descritas como diamantes pedras que não o eram.

Um poema órfico do século II recomendava como defesa segura contra o mau-olhado certas pedras então denominadas diamantes, mas que podem ter sido quartzo ou safira branca. Qualquer pedra chamada diamante era considerada mágica. O rabi Jehudah descreveu no Talmude uma ocasião em que foram colocados diamantes nas carcaças descarnadas, cozidas e salgadas de algumas galinhas, que voltaram à vida e voaram. O místico rabi Benoni, do século XIV, disse que um diamante produz êxtase espiritual e torna seu portador "invencível", mas o seu contemporâneo, o alquimista Pierre de Boniface, disse "invisível". O bispo Marbodo disse que os diamantes curam a loucura. O rabi Smeon ben Johanan declarou que Abraão tinha um diamante mágico que curava toda pessoa que o olhasse. Depois que Abraão morreu (presumivelmente apesar de olhar para o seu diamante), Deus guardou a gema curativa "no planeta do sol".[9]

Segundo o *Speculum Lapidum* de Camilo Leonardo (Veneza, 1502), o diamante "dispersa vãos Temores; permite acalmar todas as Disputas e Contendas; é uma Ajuda para Lunáticos, bem como para os possuídos pelo Demônio; sendo preso no braço esquerdo, concede a Vitória sobre os Inimigos; doma Bestas selvagens; ajuda os que são perturbados por Fantasmas e pelos Pesadelos; e torna quem o usa seguro e atrevido em suas Transações". Ele também combate toda feitiçaria e todos os venenos.[10] Maria, rainha dos escoceses, possuía um diamante talismânico que, segundo se su-

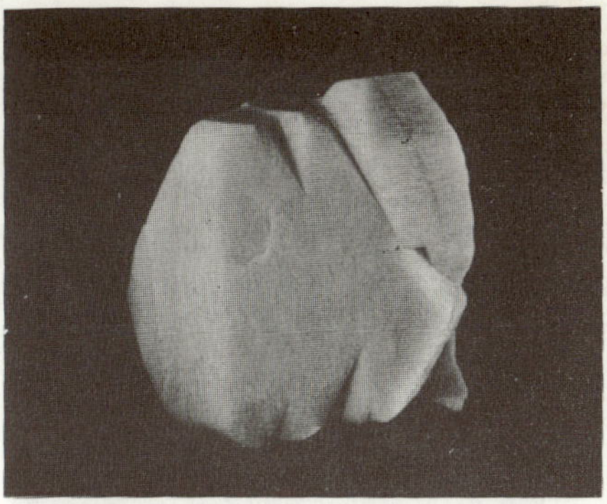

Amazonita

Apatita

Apofilita: Cristais na Estilbita

Adamita

Aragonita

Berilo

Asbestos (Crisótila) *Cortesia de Joseph Cilen*

Barita

Cerusita

Celestita *Cortesia de Lisa Miller*

Calcita

Chabasita *Cortesia de Joseph Cilen*

Quiastólita
Cortesia de Joseph Cilen

Coprolito

Crisoberilo *Cortesia do Morris Museum of Arts and Sciences*

Calcedônia

Diopsídio (Cabochão Estrela)

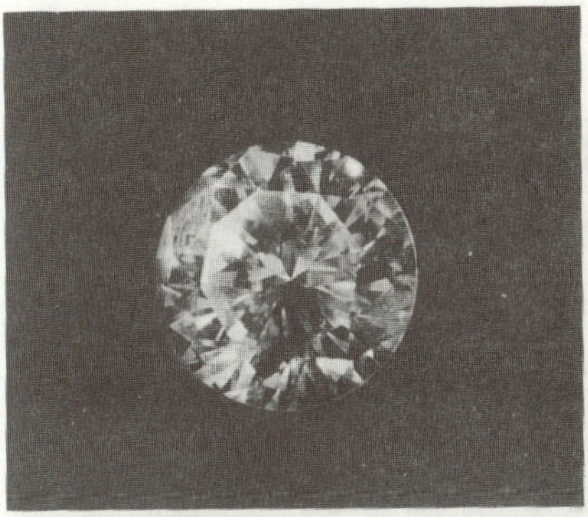

Zircônia Cúbica

Danburita

Datolita

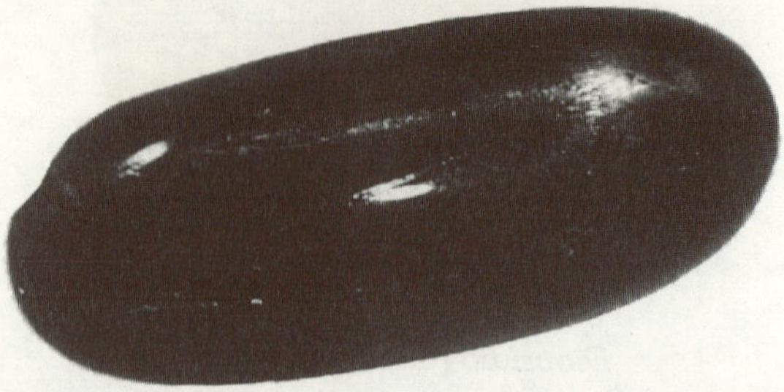

Enstatita

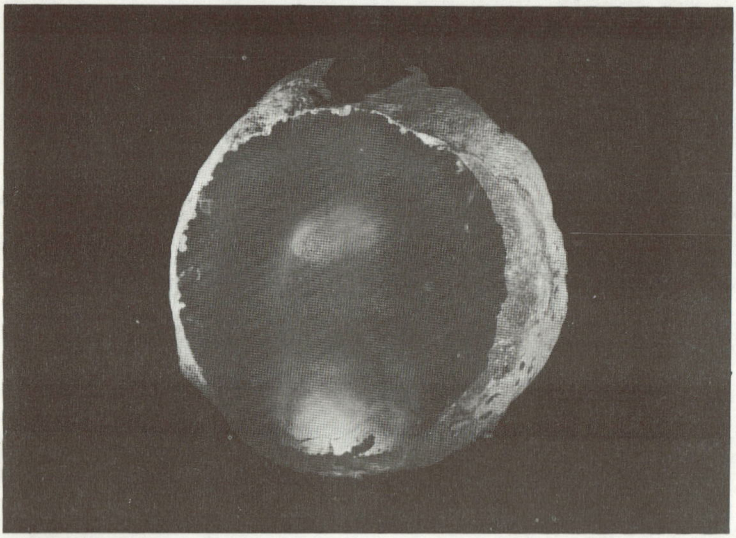

Ênidro

Galena

Epídoto

Hexagonita

Cortesia de Nick Rochester

Diamante de Herkimer

Hemimorfita

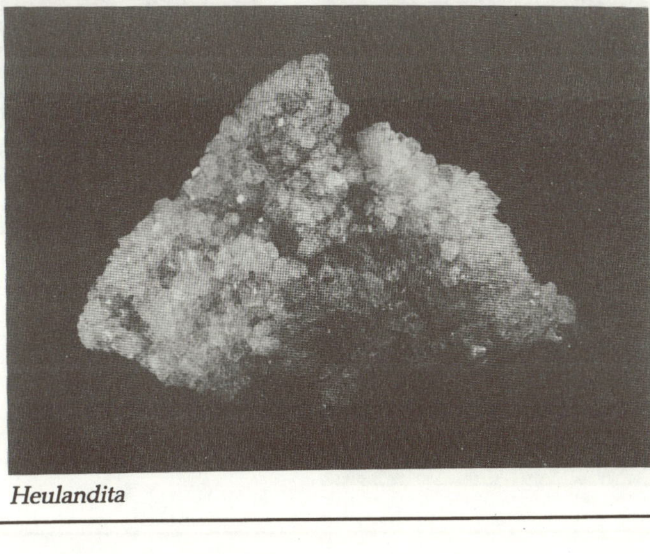

Heulandita

Espato Islandês

Kutnorita

Azeviche
Cortesia de Schiffer Lapidary

Kunzita

Meteorita

Magnetita Cortesia de Nick Rochester

Mármore

Mica (Biotita)

Ônix

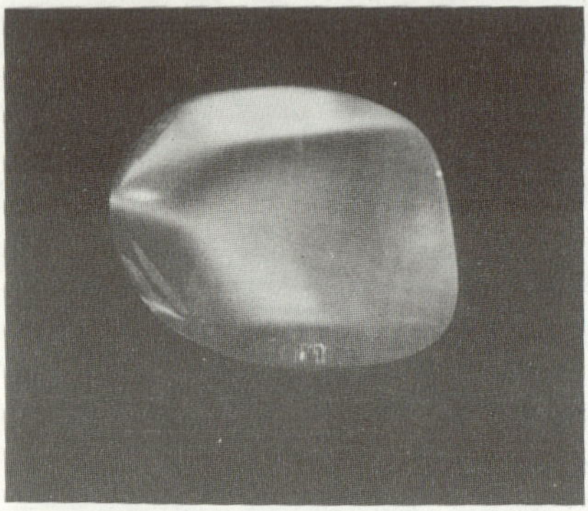

Pedra da Lua (Adulária)

Moldavita

Obsidiana (Variedade "Floco de Neve")

Púmice

Pérola — *Cortesia de Schiffer Lapidary*

Pirita

Madeira Petrificada

Safira (Cristal Natural)

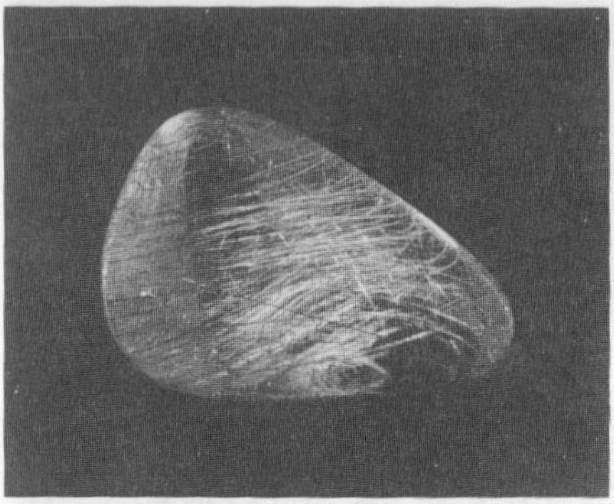

Agulhas de Rutílio em Quartzo

Escapolita

Quartzo

Selenita

Quartzo Esfumaçado

Siderita

Esfalerita

Estaurolita. Esquerda: Imitação. Direita: Natural. *Cortesia do Morris Museum of Arts and Sciences*

Estilbita

Espinela: Cristais na Calcita

Cortesia do Morris Museum of Arts and Sciences

Estibinita

Vanadinita

Topázio

Tectita

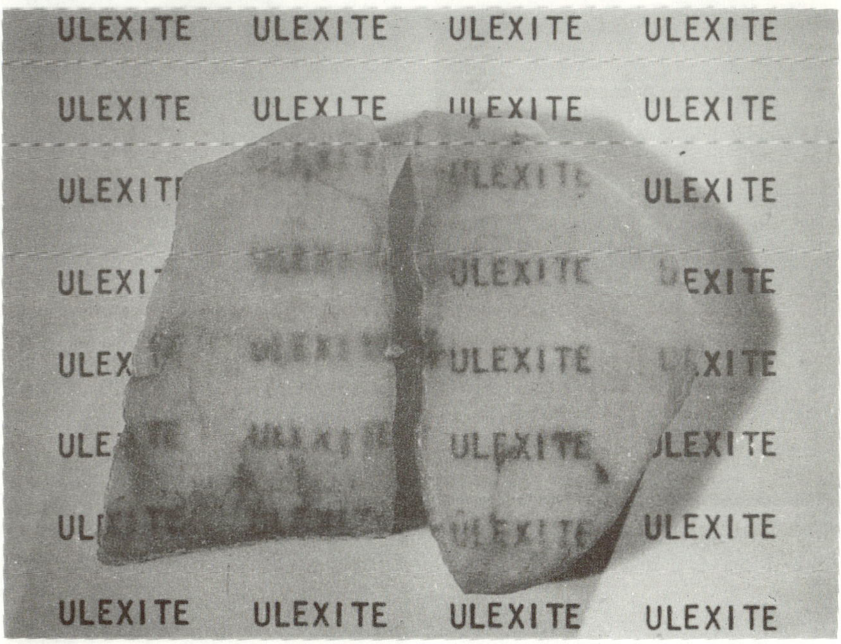

Ulexita

Witherita

Zircão

Bolsa de Cristal Tecida

Wavellita *Cortesia de Allan W. Eckert*

punha, a preservava de venenos e de todos os outros perigos.[11] Talvez o seu diamante não estivesse programado para evitar sua decapitação.

Os médicos tentaram curar o papa Clemente VII de sua doença terminal em 1534 dando-lhe doses de gemas em pó, incluindo um grande diamante; apesar do imenso gasto, o tratamento fracassou.[12] Talvez o papa tenha morrido com mais coragem, porque se dizia com freqüência que a ingestão de diamantes aumentava essa qualidade.[13] Por outro lado, alguns pensavam que os diamantes ingeridos eram bastante venenosos. Benvenuto Cellini afirmou que seus inimigos tentaram matá-lo misturando pó de diamante na sua comida. Por felicidade, o assassino não podia comprar pó de um diamante de verdade e usou o berilo, razão por que "o pó não teve efeitos".[14]

Essa superstição ainda existe. Um autor declara que o pó de diamante era usado como veneno porque separa o estômago dos intestinos.[15] O pó de diamante pode ser indigesto, mas dificilmente mata.

Muitas histórias sobre os diamantes pretendiam explicar como alimentá-los e fazê-los crescer, ou como conseguir mais deles. Mesmo no nosso século, alguns acreditavam que os diamantes encontrados na areia e nos cascalhos tinham uma fonte meteórica e "tinham caído do céu..., sendo literalmente uma dádiva do céu".[16] Embora diamantes bem pequenos sejam às vezes encontrados em materiais meteóricos, essa não é a fonte da gema. Algumas pessoas acreditavam que dois diamantes colocados juntos nas circunstâncias corretas podiam acasalar e gerar rebentos. No século XVI, *De gemmis*, de Francisco Ruei, deu a seguinte explicação cristal-mística: "A energia celestial das pedras-fonte, qualificada por alguns como '*vis adamantifica*', primeiro transforma o ar circundante em água ou em alguma substância semelhante, condensando-a e endurecendo-a para formar o diamante." Sir John Mandeville disse que dois diamantes acasalados produziriam filhos e que, quando aguados com o orvalho de maio, ficariam maiores.[17]

Por outro lado, acreditava-se também que os diamantes poderiam adoecer e morrer, perdendo o brilho com o tempo. Jean de la Taille de Bonderay escreveu em 1754 que os diamantes "até se ofendem se injuriados, tornando-se ásperos e pálidos".[18] É mais provável que eles simplesmente ficassem sujos.

Ainda se atribuem efeitos miraculosos aos diamantes. Apesar dos numerosos usuários de diamantes divorciados ou desiludidos com o amor, diz-se que os diamantes trazem "constância para os amantes e serenidade na vida". Um diamante também contra-ataca os venenos, os pesadelos, a loucura, as desavenças, a pestilência, a epilepsia, a dislexia, a tuberculose e o autismo. Ele "altera e corrige a estrutura muscular das mandíbulas e dos ombros. Interrompe o desenvolvimento da maioria das doenças" e traz a vitória. "Por causa de sua vibração-mestre", seja lá o que isso signifique, o diamante "tem a capacidade de salvar ou derrotar países; de ajudá-los a ganhar ou a perder guerras".[19] Teoricamente, então, a África do Sul deveria ser a potência líder do mundo.

Outro místico diz que o diamante pode não apenas destruir a maioria das doenças como também ajustar as "placas" do crânio, curando a inflamação na cabeça.[20] Outro, que diz que o diamante não é um mineral, o define como o mais forte "assimilador e transmissor de energia" do mundo das gemas porque "amplia e transmite energia de cura".[21] Outro alega que o diamante "magnifica" todas as outras pedras (aumentando seu tamanho?) e pode "amplificar e penetrar", embora não diga o que ele amplifica ou em que penetra.[22] Naturalmente, ele penetra na rocha sólida quando colocado na ponta de uma broca.

O diamante é, provavelmente, a pedra mais imitada do mundo. O quartzo incolor, o berilo, o vidro, a espinela, o zircão, o coríndon e quase qualquer outro mineral que possa passar até remotamente por um diamante já o fez. Produtos sintéticos recentes, como o rutílio, a espinela e a safira já substituíram os diamantes, o mesmo ocorrendo com o mineral artificial niobato de lítio ("Linobate"), a zircônia cúbica, o YAG, o GGG e o óxido de ítrio ("Yttralox").[23] Por algum tempo, uma de suas imitações populares foi o titanato de estrôncio sintético, anunciado com nomes como Bal de feu, Brilliante, Continental, Diagem, Diamontina, Dynagem, Fabulite, Jewelite, Lustigem, Marvelite, Pauline Trigere, Rossini, Sorella, Starilan, Wellington e Zenithite.[24] Esse material tem lustro e dispersão excepcionais, gerando uma jóia muito bela quando recém-cortada, mas os lados facetados logo se desgastam, porque o material não tem dureza suficiente para suportar um bom polimento.

O desejo de sintetizar o verdadeiro diamante tem motivado consideráveis pesquisas. Uma pessoa cujo nome está vinculado com esse esforço é o químico escocês do século XIX J. B. Hannay, que afirmou ter inventado o diamante sintético. Ele ofereceu cristais de um quarto de milímetro ao Museu Britânico, e os mineralogistas os aceitaram como verdadeiros diamantes. Cerca de setenta anos depois, seus cristais foram testados outra vez com técnicas modernas e descobriu-se que eram de fato diamantes verdadeiros: naturais. Os primeiros cristais de diamante sintético verificáveis foram desenvolvidos por Howard T. Hall. Hoje, diamantes sintéticos com qualidade de gema podem ser adquiridos, mas o seu custo é superior ao das pedras naturais.[25] Diz-se, contudo, que os métodos estão melhorando e que o futuro trará diamantes sintéticos baratos ao comércio de jóias.

Isso pode ser uma boa coisa. A supervalorização das pedras preciosas em geral, e dos diamantes em particular, tem causado tanta dor quanto luto. A história do comércio mundial de diamantes está repleta de roubos, assassinatos, exploração, escravidão, brutalidade, fraude, chantagem e todo tipo de manifestação da ambição e crueldade de pessoas gananciosas. Além disso, a extração de diamantes é extremamente erosiva. É necessária uma média de cinco toneladas de rocha para produzir um único quilate de diamante. Apenas vinte por cento dos diamantes têm qualidade de gema e a metade se perde no corte. Portanto, cada quilate de um diamante é resultado da escavação e destruição de umas cinqüenta toneladas de rocha. Multiplicada pelo número de quilates produzidos anualmente, essa quantidade equivale a um espantoso volume da substância da terra.

Talvez os preços que as pessoas têm pago pelos diamantes sejam altos demais em vários aspectos.

---

1. Spencer, 118. 2. Smith, 262. 3. Axon, 34. 4. Chocron, 41-42. 5. Rutland, 73. 6. Parkinson, 14. 7. Fisher, 53. 8. Medenbach & Wilk, 24. 9. Kunz, 72-74, 377. 10. Spencer, 111-112. 11. Stern, 23. 12. Kunz, 379. 13. Fernie, 2. 14. Desautels, *M. K.*, 12. 15. Gurudas, 33. 16. Fernie, 82. 17. Kunz, 41, 71-72. 18. Stern, 23. 19. Parkinson, 77, 81-84. 20. Gurudas, 4, 98. 21. Stein, 267. 22. Richardson et al., 66. 23. O'Donoghue, *G. M. G.*, 102-111. 24. Nassau, *G. M. M.*, 204, 216. 25. *Ibid.*, 164-178.

DIAMANTE HERKIMER (Dióxido de Silício)

Os diamantes Herkimer são tipos incomuns de cristais de quartzo cujo nome vem de um depósito particularmente famoso na localidade de Herkimer, Nova York. São tipicamente de terminação dupla (com pontas em ambas as extremidades) e excepcionalmente claros, ao menos os exemplares menores. Em tamanhos maiores, os diamantes Herkimer tendem a ser bastante quebrados e cheios de inclusões, porque os cristais racham quase de imediato quando removidos da rocha-matriz, e contêm folhas e pontos de óleo negro e outros materiais estranhos.

Os cristais de quartzo dessa espécie são encontrados em outros lugares e têm recebido muitos outros nomes, a depender do seu lugar de origem. Dentre os nomes alternativos desses "diamantes" estão: Alasca, Alençon, Árabe, Arkansas, Baffa, Berkyrystall, Boêmio, Bornholm, Brasileiro, Briancon, Brighton, Bristol, Buxton, Cape May, Cornish, Crystallus, Cubaíta, Dauphiné, Dragomita, Dragonita, Euban, Alemão, Havaiano, Horatio, Hot Springs, Irlandês, Kiesel, Lago George, Mari, Marmarosch, Marmora, Mexicano, Montanha, Mutzchen, Ocidental, Pafros, Pecos, Quebec, Reno, Royita, Schaumberg, Stolberg, Tasmaniano, Vallum e Zabeltitzten.

Contudo, as pedras de Herkimer são consideradas as mais delicadas e claras. São muito procuradas pelos místicos dos cristais, que consideram pedras de dupla terminação natural instrumentos mágicos mais potentes do que as de terminação simples. Os cristais de dupla terminação não são formados projetandose para fora de uma parede rochosa ou do lado de uma cavidade, como a maioria dos quartzos. Formam-se enquanto flutuam livremente na massa plástica ou semilíquida de sílica derretida, o que permite à estrutura cristalina estabelecer seus contornos naturais em todas as direções.

Contudo, ao menos um místico dos cristais não parece saber sequer o fato básico de que os diamantes Herkimer são quartzos. Ele afirma que eles funcionariam melhor nos computadores do que "placas de silício", definindo-os como "uma pedra colorida que com freqüência tem estrutura cristalina". (Os diamantes Herkimer sempre são cristalinos e sempre sílica.) Esse místico acredita que os cristais de quartzo e os diamantes Herkimer têm "propriedades semelhantes", mas parece não saber que são a mesma substância.[1] Ele não se dá conta do fato de o quartzo natural não ser adequado em nenhuma forma para o uso em equipamentos eletrônicos, por causa de sua freqüente geminação interna (amálgama de cristais). Esses equipamentos exigem a uniformidade estrutural presente no quartzo desenvolvido em laboratório.

Mas os diamantes Herkimer são excelentes pedras de meditação. As próprias rachaduras e inclusões que desfiguram sua simetria cristalina podem fornecer interessantes formas internas, uma iridescência de arco-íris e deformações estruturais aleatórias para estudo visual. Sua substância clara como água pode piscar e cintilar, sob certa iluminação, como um diamante. A contemplação de um bom exemplar nos faz compreender com facilidade como o diamante Herkimer obteve tanta admiração universal.

1. Gurudas, 114.

DIOPSÍDIO (Silicato de Magnésio Cálcio)

O diopsídio é membro de uma série de silicatos piroxênios que inclui também a hedenbergita e a augita. É conhecido por muitos outros nomes. As cores costumam ser verdes que vão do pálido ao escuro, mas também há espécimes brancos, marrons ou pretos que vão do transparente ao opaco. O diopsídio tem especial interesse para os místicos dos cristais porque, como o olho-de-tigre e o olho-de-gato, pode conter delicadas inclusões que produzem cintilância, o efeito olho-de-gato. Alguns espécimes exibem até asterismo – isto é, são pedras-estrela, com dois ou mais raios de luz móveis cruzando uns aos outros. Esse efeito é acentuado pelo polimento. As estrelas do diopsídio costumam ter quatro pontas, com duas linhas de luz formando uma cruz. Desde as mais antigas civilizações, todas as pedras-estrela têm sido vistas com reverência como a morada de espíritos vivos e como "olhos" nascidos na terra capazes de ver o recôndito da vida, dos motivos e das ações dos seres humanos.

Uma variedade violeta profundo ou azulada do diopsídio, conhecida como violana, é usada para colares, trabalhos de marchetação e outros propósitos ornamentais. Uma variedade verde do Vale Ala, da Itália, é chamada alalita.[1]

1. Webster, 316.

DIOPTÁSIO (Silicato de Cobre Hidratado)

O dioptásio é uma pedra brilhante verde-esmeralda que pode ser cortada como jóia quando encontrada em cristais de tamanho suficiente. Sua cor rivaliza com a das mais profundas esmeraldas, mas sua dureza é muito menor – somente 5 na escala Mohs. Pequenos cristais de dioptásio podem formar crostas e pequenos veios na rocha matriz, gerando belos espécimes de prateleira. Alguns cristais diminutos podem ser observados no microscópio ao comporem formas estreladas que irradiam de um centro comum. A principal atração desse mineral é sua cor rica e luminosa, que é tão intensa em alguns espécimes que quase parece estar piscando. Um dos nomes mais enganosos do dioptásio é "esmeralda de cobre".

DOLOMITA (Carbonato de Magnésio Cálcio)

O mineral dolomita costuma ser confundido com a pedra dolomita, que deu seu nome a uma cadeia alpina no nordeste da Itália, as Dolomitas. Os alpinistas gostam dessas montanhas, porque a rocha dolomita é notoriamente firme, forte, confiável e dotada de uma aspereza de lixa para fornecer fricção; ela inclui a calcita, a argila, o quartzo e a pirita.

A dolomita deve o seu nome ao mineralogista francês Déodat de Dolomieu (1750-1801). Ela aparece em cristais romboédricos brancos, amarelados, amarronzados, cinza ou cor-de-carne.

Às vezes é transparente e pode ser facetada como gema, embora não seja muito dura. Seu brilho perolado valeu-lhe o apelido "espato pérola".[1] Os cristais tendem a formar agregados curvados que resultam em formas semelhantes a uma sela. A dolomita é o membro final de uma série; o membro oposto, a ankerita, inclui alguma proporção de ferro.

Os espécimes rosados, cor de pêssego ou encarnados da dolomita a colocaram na categoria das pedras do coração, segundo os místicos dos cristais. Por isso, ela é "aquecedora, calmante, estimulante e confortadora em casos de depressão e pesar", além de curar problemas de pele, de audição, bem como paralisias e doenças cardíacas.[2]

Os agregados de dolomita recompensam o exame atento com uma lente de aumento. Podem-se ver intricadas conexões entre os brilhantes cristais curvados, com interessantes ângulos, espaços, muros e túneis. A dolomita é um labirinto para o olho; e as cores ternas da variedade cor-de-carne dão de fato uma impressão de calor. Alguns espécimes são atraentemente salpicados de pequenos cristais de calcopirita.

1. Schumann, 206. 2. Stein, 221.

ÊNIDRO (Dióxido de Silício)

Ênidro (em inglês *enhydros*) é um nome singular, embora algumas pessoas o considerem plural e chamem uma única pedra dessas de "*enhydro*". Derivada da palavra grega que significa "água no interior", a pedra ênidro é um nódulo de calcedônia ou ágata que contém água em estado líquido, muitas vezes ao lado de uma bolha de ar. Esses objetos são cuidadosamente cortados até um ponto em que a água pode ser vista através de uma tênue camada remanescente de calcedônia translúcida, deixando-se a cavidade central intacta. Assim, o observador pode ver a pura "água de um milhão de anos" da natureza, como ela costuma ser chamada.

Naturalmente, o ênidro parece um objeto bastante mágico. Talvez ele pudesse servir como ponto focal em rituais que simbolizem o revigoramento das águas da terra, hoje poluídas. A imagem da água que flui livre aprisionada e fechada para sempre em sua prisão de pedra é estimulante. De que chuvas ou correntes, há muito tempo, poderia ter vindo essa água?

Proprietários de um ênidro são advertidos para nunca deixá-lo do lado de fora no inverno. Alguns colecionadores contaram tristes histórias de espécimes que não tinham espaço interior suficiente para congelar sua "água de um milhão de anos" e, quando esta se expandiu, se arrebentaram por inteiro.

A maioria dos nódulos que contêm água vai terminar por secar, pois a rocha é porosa o bastante para permitir uma evaporação muito lenta. Alguns colecionadores mantêm seus exemplares imersos em água para retardar o ressecamento interno.

ENSTATITA (Silicato de Magnésio)

A enstatita é um membro cinza-esverdeado escuro, marrom, enegrecido ou amarelado do grupo dos silicatos piroxênios, que também inclui o diopsídio e o espodumeno. A enstatita raramente forma grandes cristais. Uma variedade portadora de ferro (enstatita ferrosa, também conhecida como bronzita) contém numerosas inclusões tênues que dão um brilho brônzeo à pedra. Alguns espécimes são cortados e polidos para gerarem um efeito olho-de-gato. Outros fornecem pedras-estrela, em geral de quatro pontas. A enstatita não é muito conhecida como gema, mas certos tipos podem gerar jóias notáveis, em especial se o efeito olho-de-gato for forte. Essa qualidade coloca a enstatita na categoria das pedras de "luz móvel".

ENXOFRE (Elemento)

É difícil acreditar que o abrasador enxofre (*brimstone*) tenha sido usado durante séculos como combustível e para a purificação de quartos de doentes, hospitais, ossuários ou lugares em que estiveram pessoas com praga. Essa substância exala mau cheiro e produz o venenoso gás dióxido de enxofre. Contudo, o termo usado por Homero para designá-lo significa "o que dispersa a praga". Os gregos o chamavam de *theion*, dádiva divina. Uma tradução mais precisa seria dádiva da Deusa, porque o enxofre era consagrado a Atena. *Brimstone* veio do nome alternativo dela, Brimo. O símbolo alquímico medieval do enxofre era o signo de Atena. Quando tentaram combinar o mercúrio e o enxofre para fazer ouro, os alquimistas deram à combinação o nome de casamento de Hermes (Mercúrio) e Atena. Só se descobriu que o enxofre é um elemento quando isso foi demonstrado em 1777 por Antoine Lavoisier.[1]

O uso purificatório original do enxofre baseava-se na teoria de que os maus espíritos (como os da doença) seriam repelidos pelo seu mau cheiro. Vestígios dessa teoria ainda vigiam no começo deste século, quando se pensava que saquinhos da mal-cheirosa assa-fétida pendurados no pescoço das crianças as protegeriam de resfriados e gripes. Às vezes, simpatias populares pediam o uso de pedaços de enxofre num saco vermelho em torno do pescoço.[2] Se a teoria funcionava, seu efeito deve ter sido manter as outras pessoas a uma distância bem maior que um braço.

Por causa da antiga associação entre a idéia do enxofre e a dos maus espíritos, no começo da era cristã as duas foram vinculadas nas noções populares sobre o inferno. Tipicamente, o inferno era um lugar cheio de fogo e de enxofre, isto é, de calor e mau cheiro. Ora, isso significa que, em vez de serem repelidos pelo enxofre, os demônios tinham mobiliado sua casa no mundo inferior com ele. Os mitos não exigem consistência. Como a igreja primitiva tinha diabolizado todas as formas da Deusa pagã, quase todos os seus símbolos e atributos reapareciam por vezes num novo contexto infernal.

O enxofre nativo não parece tão infernal. É brilhante, amarelo solar, com matizes variando um pouco da cor de limão ou de manteiga para um ouro-mel quente. Os cristais de enxofre são belos e frágeis; conduzem tão mal o calor que a temperatura da mão pode quebrá-los ou rachá-los. Além disso, podem exalar um desagradável odor, porque pequenas quantidades de dióxido de enxofre são geradas pela oxidação normal. Mesmo assim, são valorizados pelos colecionadores e oferecem um pouco de cor brilhante vívida a exemplares de matizes mais sóbrios.

---

1. Medenbach & Wilk, 20. 2. Cunningham, 139.

EPÍDOTO (Silicato Oxidrilo de Ferro Alumínio Cálcio)

Tendo uma boa dureza, quase igual à do quartzo, o epídoto é por vezes facetado como gema, mas sua cor é em geral tão negra que mesmo cristais transparentes tendem a parecer opacos. Outro nome do epídoto é pistacita, devido ao seu verde-pistache típico.[1] O verde é com freqüência tingido de marrom ou cinza.

Os cristais de cor profunda podem parecer pretos e ser confundidos com o escorlo (turmalina preta) porque formam longos prismas delgados como os cristais da turmalina. São encontrados às vezes cristais amarelados de cor mais leve. Uma variedade verde-esmeralda rara da Birmânia é conhecida como tawmawita.[2]

O epídoto é na verdade uma série ou grupo mineral, que inclui a piemontita (ou piedmontita), um membro que contém manganês; a mukhinita e a hancockita, raridades; a allanita, um material negro que contém elementos radiativos; a clinozoisita, um membro pobre em ferro; e a zoisita, que tem dois submembros, a tulita rosa e a tanzanita azul. Além destas, há a unakita, uma rocha de granito formada pelo epídoto verde e pelo feldspato rosa; trata-se de um material popular para cabochões polidos.

Cristais de rubi numa matriz de zoisita verde são encontrados na África e podem ser polidos, incluindo a matriz, para criar um atraente contraste vermelho-verde. A tulita, rosa, maciça, cortadora de manganês, e a tanzanita, azul-violeta, também são zoisitas que servem de gemas. A tanzanita recebeu esse nome da empresa Tiffany and Company, de Nova York, primeira a importá-la da Tanzânia, o que a promoveu como uma nova pedra preciosa. Os cientistas preferem a designação mais simples e mais clara de "zoisita azul".[3]

O epídoto é sem dúvida uma grande e interessante família.

---

1. Schumann, 184. 2. Arem, 90. 3. Schumann, 160.

ESCAPOLITA (Aluminossilicato de Sódio-Cálcio Complexo)

A escapolita não é um mineral, mas uma série, que vai da marialita, o membro rico em sódio, à meionita, rica em cálcio. Uma forma intermediária se chama mizzonita. Para confundir ainda mais a nomenclatura, a escapolita é por vezes denominada wernerita, a partir do nome do geólogo alemão A. G. Werner (1750-1817). Sua fórmula é tão complexa e variada quanto seus nomes, pois inclui algumas quantidades de cloro, de potássio, de carbonato e de sulfato; as muitas formas diferentes que essa pedra pode assumir refletem essa complexidade. Quando ocorre em cristais transparentes, a escapolita pode servir de gema. Os exemplares podem ser amarelos, brancos, rosa, violeta ou branco-acinzentados, podendo apresentar variedades do tipo olho-de-gato.

A escapolita é uma boa escolha para representar uma pessoa de múltiplos interesses, alguém que "usa muitos chapéus" e muda com freqüência de papéis. Diferentes formas de escapolita podem até simbolizar diferentes papéis, designados segundo o gosto de cada um. As muitas personalidades dessa série mineral podem refletir personalidades diferentes que podemos identificar dentro de nós mesmos, podendo-se levar exemplares da coleção de acordo com isso. A escapolita gema pode representar alguém que, como um ator, se veste prontamente de um dado personagem, para trocá-lo logo depois.

A exposição aos raios X ou ao rádio transforma a escapolita amarela em ametistina púrpura; mais tarde, a nova cor desaparece. Mas a escapolita naturalmente púrpura não desbota.[1]

1. Nassau, *G. E.*, 161.

ESFALERITA (Sulfeto de Zinco)

O nome esfalerita vem do grego *sphaleros*, "enganador", porque o seu forte brilho metálico e seu enorme peso fizeram os mineiros pensar que ela poderia conter ferro, o que não era verdade, desapontando-os. Seu nome alternativo, blenda, veio do alemão *blendet und betrügt*, "aquilo que cega e engana".[1] Só em 1734 descobriu-se a utilidade da esfalerita: a principal fonte de zinco.

Os cristais dessa pedra podem ir dos matizes marrom-avermelhados a quase pretos, sendo encontrados às vezes cristais incolores, amarelos ou rosa. Seu forte brilho superficial a faz rivalizar com os diamantes, mas a dureza da esfalerita não chega perto da do diamante; é de apenas 3,5 a 4 na escala Mohs. Contudo, a esfalerita às vezes é facetada como exemplo de prateleira para colecionadores.

Os místicos dos cristais não descobriram a esfalerita, razão por que ela permanece imune às bobagens e aberta a qualquer impressão que se possa querer ter ao usá-la como ajuda para a meditação.

A esfalerita preta tem um nome especial. É conhecida como marmatita, a partir da localidade de Marmato, na Itália.[2]

1. Medenbach & Wilk, 30. 2. Arem, 176.

ESMERALDA (Silicato de Alumínio Berílio)

A esmeralda é a variedade verde-gema do berilo. Comparada com outros tipos de berilo, é rara, porque o crômio que lhe dá a cor verde poucas vezes acontece nas rochas ígneas ácidas que produzem o berilo. Inversamente, rochas ricas em crômio só contêm cristais de berilo de quando em vez.[1] Essa mesma causa explica a raridade da variedade verde do espodumeno, a hidenita; mais comum é a variedade violeta, a kunzita. Tanto a hidenita como a esmeralda perdem a cor verde quando aquecidas e a recuperam com o resfriamento.[2]

As esmeraldas são caracteristicamente cheias de falhas. "Uma esmeralda sem falhas" é a metáfora do lapidador para o impossível. Os joalheiros referem-se às fissuras, inclusões, lacunas e outras falhas internas de uma esmeralda como ao *jardin* (jardim), porque elas por vezes parecem formas florais. A palavra *emerald* foi usada pela primeira vez em inglês no século XVI, derivada do termo francês *esmeraude*, que veio do latim *smaragdus*, "esmeralda".[3]

As esmeraldas são muito valorizadas desde a antigüidade. Eram consagradas à Grande Deusa, simbolizando sua terra coberta de verde nos festivais da primavera. Mais tarde, a esmeralda tornou-se a pedra de Vênus, ou Afrodite, a ser usada no dia que lhe é consagrado, a sexta-feira.[4] O consorte grego de Vênus, Hermes, que se tornou deus da magia por conhecer os seus segredos, foi considerado o autor da famosa Tábua de Esmeralda, com as Palavras da Criação definitivas escritas na esmeralda. Os egípcios, que o denominavam Thoth, diziam que essa tábua era feita de *uat*, "esmeralda-matriz". Na Idade Média, Hermes tornou-se o pai mítico da alquimia, Hermes Trismegistus. Sua tábua mágica seria o protótipo mítico do alcorão, na tradição árabe Tábua Preservada ou Mãe do Livro.

A sacralidade estabelecida da esmeralda levou um autor bíblico a descrever o trono de Deus como cercado por um arco-íris que se assemelhava à esmeralda (Apocalipse 4, 3). A lenda rabínica dizia que a esmeralda foi uma das quatro pedras preciosas que Deus deu a Salomão.[5] A tradição medieval insistia que o Santo Graal fora esculpido a partir de uma única esmeralda grande, que caíra da coroa de Satanás durante a sua descida do céu para o mundo inferior.

Esse mesmo Santo Graal foi identificado pela Igreja italiana com um recipiente de "esmeralda" reverenciado em Gênova como o Sacro Catino (Tazza di Smeraldo). Investigações subseqüentes provaram que esse recipiente sagrado era feito de vidro verde.[6] Do mesmo modo, a famosa esmeralda da Abadia de Reichenau, supostamente um presente à Igreja do imperador Carlos Magno, terminou por ser estudada há uns duzentos anos, revelando ser um pedaço de vidro verde.[7]

Na época da conquista espanhola do Peru, em 1531, a cidade peruana de Manta era dominada por uma Deusa da Esmeralda, Umiña. Sua imagem era um enorme cristal de esmeralda. Seus sacerdotes tinham reunido um grande estoque de suas "irmãs", esmeraldas menores oferecidas pelos fiéis. Todo esse butim foi tomado pelos conquistadores.[8] Seu sacerdote missionário, frei Reginaldo de Pedraza, encorajou os soldados a "testarem" as pedras batendo nelas com martelos, porque afirmava que as verdadeiras esmeraldas não seriam abaladas e que as que se quebravam eram apenas imitações habitadas por demônios que só serviam para serem destruídas. "Mas foi observado que o bom padre não sujeitara suas próprias jóias a esse teste." Mais tarde, o missionário vendeu sua enorme coleção pessoal de esmeraldas no Panamá por altos preços.[9]

Como resultado da hostilidade da Igreja à Deusa da Esmeralda, os índios peruanos foram mais tarde convencidos de que suas minas de esmeraldas e as gemas que delas vinham eram habitadas por maus espíritos.[10]

O único uso medicinal de uma gema mencionado por Teofrasto no século III a.C. era a prescrição de esmeraldas para descansar os olhos. Segundo essa tradição, o imperador Nero tinha uma esmeralda famosa através da qual assistia aos jogos dos gladiadores. Por outro lado, dizia-se que as esmeraldas faziam mal aos olhos das cobras, chegando ao ponto de cegá-las. Um mercador árabe de pedras do século XIII, Ahmed Tiefashi, afirmou que as esmeraldas "dissolvem" os olhos das cobras. Nessa época, escrevia-se que as esmeraldas curavam coisas como disenteria, oftalmia, hemorragia e problemas intestinais, agindo até como laxante.[11]

Durante o século XVII, a relação de doenças curáveis com a esmeralda ficou bastante grande. Ela não só protegia os olhos como interrompia "todos os Fluxos de qualquer natureza", promovia a função renal, estancava sangramentos, fortalecia a memória, removia "humores acres" e curava mordidas de animais venenosos. Uma esmeralda pendurada no pescoço era "boa contra o Mal Caduco (epilepsia)".[12] Além disso, as esmeraldas curavam a malária, o envenenamento do sangue e a possessão demoníaca.[13]

Os modernos místicos dos cristais repetem muitas das antigas prescrições, acrescentando-lhes ornamentos. A esmeralda cura estados biliosos, cólicas, azia, colite, problemas oculares, doenças do coração, de pele, do fígado, dos rins, do pâncreas, do baço, da vesícula, da suprarenal, bem como diabetes e "possessão demoníaca". As esmeraldas aliviam a dor e são anti-sépticas,[14] sendo recomendado que todos bebam a água em que foi depositada uma esmeralda; trata-se de uma poção curativa eficaz, porque "A esmeralda é um campo de energia viva que representa a inteligência universal".[15]

E, mais do que isso, a esmeralda é extraterrestre, tendo sido trazida para a terra por misteriosos seres do planeta Vênus.[16] Ou, segundo outra fonte, a esmeralda "transmite um raio verde de Saturno",[17] raio que "transmuta" a enfermidade, porque é como um feixe de *laser* que amplifica, concentra, dirige e até magnetiza – embora ninguém possa dizer o que essas funções podem ter que ver com as doenças.[18] Já em 1937, afirmava-se que a esmeralda era "uma das pedras sagradas dos atlantes" e que as mulheres desenvolvem poderes ocultos usando esmeraldas depois da menopausa.[19]

Os métodos de uso de esmeraldas para obter seus prodigiosos efeitos de cura são extremamente simples: o mero contato já basta. A esmeralda esfregada na mão direita, que a seguir é esfregada nas costas, "cria uma força que pode ser usada para curar as costas".[20] A esmeralda "melhora" partes das vértebras (só não se diz quais) e ajuda a clorofila do sangue,[21] apesar de não haver clorofila no sangue. O místico que afirma isso parece não saber sequer a diferença entre seres humanos e plantas.

Exceção feita às pedras mais caras, com qualidade de gemas, a maioria dos exemplares de esmeraldas desaponta a pessoa pouco informada, que espera que eles sejam cristais límpidos e transparentes. É mais freqüente que elas sejam opacas ou semitranslúcidas e bem pouco brilhantes; antes de ser cortada e polida, a maioria das esmeraldas não se destaca muito. Alguns místicos dos cristais insistem que uma esmeralda produtora de milagres não precisa ter qualidade de gema; mesmo que pareça somente um pedaço de rocha verde, ela "funciona" tanto quanto a gema de um conjunto de jóias de uma coroa real. De fato, todas as esmeraldas *são* iguais na sua forma cristalina e na sua composição química básicas; do contrário, não seriam esmeraldas. Mas muitas vezes, como inúmeros charlatães e falsários descobriram ao longo dos séculos, o vidro verde é mais bonito do que as esmeraldas verdadeiras, e mais digno de crédito. Ainda há no mercado hoje, sendo até bem populares, as chamadas esmeraldas Soudé, cujo nome já enganou muitos. Uma esmeralda Soudé consiste numa pequena camada de vidro verde-escuro colocada entre uma coroa superior e um pavilhão inferior de berilo ou quartzo incolor.[22] Ela pode ser uma atraente gema, apesar de não conter nenhum componente da esmeralda real.

Esta última sempre foi um tanto enigmática para o não-especialista. Pedras verdes das antigas jóias egípcias são muitas vezes identificadas erroneamente como esmeraldas, quando na verdade são jaspe verde, malaquita, crisocola, florita e até vidro. Se a palavra *esmeralda* se tornou sinônimo de verde, o contrário também é verdadeiro; qualquer pedra verde é considerada sinônimo de esmeralda. Outra confusão semântica é a chamada esmeralda indiana, quartzo rachado ("craquelees") penetrado por uma tintura verde. Quando se usa uma tintura vermelha, o produto pode ser chamado rubi Ancona, rubi chinês ou pedra de fogo.[23] No comércio de gemas, nem sempre se pode acreditar no que se ouve e nem mesmo no que se vê. Para disfarçar suas falhas superficiais, costuma-se passar óleo nas esmeraldas oferecidas para venda; quando elas secam, o comprador descobre que não são tão atraentes quanto pareciam.

As pedras verdes em geral têm sido particularmente investidas de conotações místicas, possivelmente por causa de sua associação com a Mãe Deusa na antigüidade e porque os místicos modernos são rápidos em fornecer suas próprias interpretações esdrúxulas. "Quando o Sol, a Terra e a Lua ainda eram um, as pedras [verdes] receberam uma *existência potencial* através da força solar que também opera no diamante e no ouro. Trata-se do poder da *luz*, e podemos considerar essas pedras, ao lado do magnésio e do ouro, dádivas do sol enviadas a nós, criaturas da terra, para nos recordar da nossa linhagem real." Essa observação é apresentada sem nenhuma explicação da "linhagem", mas também é asseverado que a cor verde das pedras "atrai o hélio da atmosfera". Para que isso serviria a "nós, criaturas da terra", ainda não foi revelado. O mesmo autor continua a acreditar na antiga superstição sobre as esmeraldas e a visão, declarando que os lapidadores usam-nas "para aliviar seus olhos cansados".[24] Nenhum lapidador algum dia mencionou isso. O tipo mais cheio de imaginação dentre os místicos dos cristais aparentemente não consegue deixar de fazer afirmações diante de um detalhe tão trivial quanto a sua falta de fundamento.

Na verdade, as esmeraldas não melhoram a visão, não atraem o hélio nem convertem pessoas comuns em descendentes de reis, mas são pedras adoráveis, justamente admiradas ao longo da história humana. Esmeraldas com qualidade de gema podem estar além dos recursos do colecionador médio, mas os espécimes mais comuns e menos transparentes podem ser surpreendentemente baratos. Uma esmeralda não precisa ser uma jóia; ela é sempre admirável pela sua refrescante cor verde, pela sua forma de cristal e/ou pela sua significação histórica e simbólica.

---

1. Shaub, 182. 2. Sinkankas, *G. N. A.*, 157. 3. Rutland, 62. 4. Fernie, 136. 5. Kunz, 78. 6. Rutland, 159. 7. Weinstein, 296. 8. Kunz, 247. 9. Weinstein, 66. 10. Fernie, 130. 11. Kunz, 158, 380-81. 12. Fernie, 2, 127, 137, 354. 13. Anderson, 112. 14. Stein, 231. 15. Parkinson, 97-98. 16. Lorusso & Glick, 37. 17. Bravo, 56. 18. Chocron, 68. 19. Thomson, 34. 20. Richardson et al., 71. 21. Gurudas, 101. 22. O'Donoghue, *G. M. G.*, 196. 23. Nassau, *G. M. M.*, 284. 24. Uyldert, 58, 110, 127.

ESPATO ISLANDÊS (Carbonato de Cálcio)

O espato islandês é uma variedade de calcita descoberta pela primeira vez na Islândia e usada antigamente na manufatura de prismas polarizantes. Ele ocorre em romboedros de cantos afiados claros como o vidro, com a interessante propriedade da birrefringência – isto é, duplicam a imagem de tudo o que é visto através do cristal. Um truque comum dos vendedores de minerais é colocar um cristal de espato islandês sobre uma folha de papel com algumas letras para que os iniciantes se maravilhem com esse espantoso efeito.

O fenômeno da birrefrigência é às vezes aplicado a rituais mágicos. Diz-se que, quando uma peça de espato islandês é usada pelo celebrante ou colocada no altar, ela "duplica a força" do ritual.[1]

O espato islandês também é altamente atraente para a contemplação meditativa. Alguns espécimes mostram uma esplêndida dispersão iridescente. O caráter de cada cristal particular parece sofrer mudanças de acordo com alterações da luz ambiente. Como o espato islandês é uma pedra facilmente disponível, a maioria das coleções de iniciantes inclui ao menos uma amostra dele.

---

1. Cunningham, 79.

ESPINELA (Óxido de Alumínio Magnésio)

Um dos embustes clássicos da história é o famoso rubi Príncipe Negro da coroa britânica, que se descobriu não ser um rubi, mas uma espinela vermelha, avaliada pelos gemologistas, nos anos 40, em cerca de vinte dólares.[1] Na Índia, onde o nome espinela significa "romã", era prática comum substituir a barata espinela pelo rubi, mais caro.[2] As histórias contadas a respeito de ambas as pedras são mais ou menos as mesmas. Assim,

Camilo Leonardo escreveu em 1502 que tanto a espinela como o rubi curam doenças do fígado e evitam danos decorrentes de tempestades e vermes.[3] Certos místicos da Nova Era parecem inseguros quanto à diferença entre as duas e pensam que *espinela* se refere a um rubi-estrela.[4]

Um autor, dupla ou triplamente confuso, classifica a espinela (ao lado do zircão e do topázio) como coríndon, isto é, óxido de alumínio; em seguida, diz que ela "consiste em argila plástica cristalizada e óxido de magnésio (assim, *não* há alumínio nela)".[5] É no mínimo estranho que essa afirmação seja feita com tanta firmeza, merecendo até itálico; porque tanto o coríndon como a espinela contêm alumínio, e o zircão e o topázio não podem ser classificados ao lado de nenhuma delas.

Afirma-se que a espinela é "um potente purificador geral", a ser usada durante a "desintoxicação", que significa jejuar, fazer uma lavagem ou as duas coisas. O autor adverte que "às vezes, pode haver náuseas".[6] Alternativamente, a espinela "funciona na parte inferior" do plexo solar, devendo ser usada pendurada no peito, "a umas seis polegadas abaixo do centro da vontade".[7] Antes de medir, é necessário determinar a localização do centro da vontade, mas, como não são dadas indicações, só podemos adivinhar.

Tal como o diamante e a fluorita, a espinela pode formar octaedros perfeitos. Ela também ocorre em agregados. Desde 1920, existem espinelas sintéticas; elas podem ser feitas em muitas cores distintas para imitar outras gemas e com freqüência exibem um lustro melhor do que as pedras que são feitas para imitar. A síntese da espinela foi descoberta por acaso durante a adição do óxido de magnésio ao óxido de alumínio, num esforço para criar melhores safiras sintéticas. O uso mais comum da espinela sintética é, hoje, imitar a água-marinha, porque o material sintético assume com facilidade o belo e suave azul dessa pedra. Ela também apresenta o amarelo do crisoberilo, o rosa da morganita, o azul da safira e o branco do diamante. Com muita clareza e uma dureza de 8 na escala Mohs, uma espinela sintética é uma gema apreciável, nada tendo que a desabone. Ela serve para qualquer propósito que nos demos ao trabalho de conceber.

Contudo, a espinela sintética tem recebido muitos nomes de fantasia que pretendem sugerir ser ela uma variedade de alguma outra pedra: Aquagem, Emerada, Berylite, Perigem, Safira Hope, Esmeralda Brazilian. A espinela sintética incolor é usada como substituto do diamante com nomes como Alumag, Corundolite, Diamante Jourado, Lustergem, Magalux, Radient, Strongite e Wesselton Simulated Diamond[8] (Diamante Simulado Wesselton). Por muito tempo, a espinela vermelha vem sendo erroneamente chamada de rubi balaxe. Esses nomes são mais ou menos aceitáveis no comércio de gemas, onde seu sentido real é conhecido e só o não-iniciado é enganado pelo hábito de designar uma pedra pelo nome de outra. Na verdade, a idéia é enganar o não-iniciado.

A espinela natural congrega, de fato, um grupo de minerais relacionados, em que o zinco, o ferro ou o manganês substituem em várias proporções o magnésio. Alguns membros do grupo são a gahnita, a glaxita, a hercinita, a picotita e a ceilonita ou pleonaste, colorida de preto. As cores vão dos azuis, verdes e vermelhos escuros ao preto. A magnetita também é membro do grupo da espinela. Um forte magnetismo aparece na espinela sintética de lítio-ferro, quimicamente idêntica à magnetita.[9]

---

1. Stern, 68. 2. Wodiska, 89. 3. Spencer, 161. 4. Harold, 181. 5. Uyldert, 112, 116. 6. Gurudas, 161. 7. Richardson et al., 132. 8. Nassau, *G. M. M.*, 211, 248. 9. Webster, 403.

ESTANHO (Elemento)

O estanho elemental não é encontrado na natureza. Ele ocorre na forma de minérios, principalmente na cassiterita (óxido de estanho), da qual deve ser extraído. Uma das importantes razões econômicas da invasão romana da Bretanha na época de Júlio César foi o fato de a Roma da Idade do Bronze precisar constantemente de estanho para fazer o seu bronze e de a Bretanha ter ricas minas desse material. O estanho era consagrado ao deus supremo de Roma, Júpiter, enquanto o cobre – o outro constituinte do bronze – era consagrado à Deusa. Tal como o chumbo, o metal de Saturno, o estanho era usado muitas vezes para procedimentos divinatórios; um deles consistia em derreter uma pequena quantidade desse material e jogá-la na água fria para fazer profecias a partir das formas solidificadas.

Entre os córnicos, cujos ancestrais extraíram o estanho local por mais de dois mil anos, dizia-se que um pedaço de estanho colocado num recipiente cheio de formigas, numa certa noite do ciclo da lua, se transformaria em prata pura antes do amanhecer.[1] A dificuldade estava no fato de ninguém parecer saber qual era a noite correta. A provável origem desse mito era uma antiga metáfora poética das riquezas que se poderiam obter com a venda de estanho às legiões militares de impérios do sul, que eram por vezes descritas como *myrmidons*, ou "formigas".

Para dizer a verdade, creditavam-se ao estanho outros poderes mágicos. Dizia-se que um disco de estanho encostado à testa curava dores de cabeça; encostado ao peito, curava tuberculose. Dava-se estanho em pó a quem sofria de solitárias e outros parasitos intestinais, embora ao menos um médico tenha descrito a agonia suportada por animais a quem esse remédio fora administrado, desaconselhando o seu uso em pessoas.[2]

É raro ver o estanho mencionado pelos atuais místicos dos cristais, que não gostam das conotações sugeridas pelo seu uso universal em latas e em outras modernas conveniências baratas. Com efeito, a lata de estanho é, na verdade, uma liga de ferro com um revestimento de estanho mais fino que o papel, usado somente para proteger o metal da ferrugem.

---

1. Cunningham, 172. 2. Fernie, 455-456.

ESTAUROLITA (Silicato Oxidrilo de Alumínio Ferro)

A estaurolita é o mineral que forma as famosas Cruzes Mágicas, ou *piedras della croce*, como dizem os italianos. Cristais gêmeos que se desenvolvem juntos cruzam-se mutuamente, seja no ângulo de sessenta graus, formando um X, ou de noventa graus, formando uma cruz grega. Os gêmeos de estaurolita têm sido usados como talismãs e pedras de boa sorte há muitos séculos. Segundo uma versão da lenda, essas pedras-cruzes foram formadas das lágrimas vertidas pelas fadas quando estas souberam da crucifixão de Cristo.[1] Em outra versão, diz-se que as fadas não se lamentavam por Cristo, mas por si mesmas, prevendo a derrocada de sua própria religião antiga e a conquista dos seus santuários pelos seus inimigos cristãos. Alternativamente, do ponto de vista cristão, os gêmeos de estaurolita eram interpretados como uma referência da natureza ao simbolismo cristão, sendo usados como crucifixos ou amuletos para proteção.

Cruzes de estaurolita natural bem formadas, com uma simetria quádrupla quase perfeita, são muito raras. Dentre as centenas de milhares de cruzes da boa sorte vendidas, a maioria é falsificada. Essa forma pode ser dada com facilidade ao feldspato ou a alguma rocha comum; assim, artesãos têm suprido as lojas de lembranças com estaurolita de imitação há muitos anos.

Há uma estaurolita azul que contém cobalto descoberto na África. Tem um nome diferente: lusakita, de Lusaka, Zâmbia. Uma estaurolita rara que contém zinco exibe uma mudança cromática: do verde-amarelado, à luz do dia, para o marrom-avermelhado, à luz incandescente.[2]

1. Kunz, 271. 2. Arem, 180.

ESTIBINITA (Sulfeto de Antimônio)

A estibinita – não confundir com a estilbita – é o principal minério de antimônio. Seu nome vem da palavra grega para antimônio, *stibium*, "aquilo que marca", assim chamado porque era usado nos tempos antigos como lápis de sobrancelha.[1] O símbolo químico do antimônio ainda é Sb, a partir do antigo nome. Para confundir as coisas, a palavra grega ulterior *antimonium* significa "flor", referindo-se ao minério, a estibinita, e não ao antimônio elemental.[2] A estibinita forma borrifos irradiantes semelhantes a flores de cristais aciculares (semelhantes a agulhas) cinza-prata longos e finos. A estibinita japonesa é especialmente famosa pelos agrupamentos de cristais com qualidade de museu de até cinqüenta centímetros de comprimento.[3]

A estibinita foi usada no refino do ouro e na manufatura do *vitrium antimonii*, um composto vítreo usado como laxante e purgante. Hoje, os agregados de cristais de estibinita são apreciados pelos colecionadores.

1. Sinkankas, *M. A.*, 284. 2. Medenbach & Wilk, 42. 3. Sinkankas, *M. A.*, 305.

ESTILBITA (Silicato de Alumínio Cálcio Sódio Hidratado)

A estilbita é a "pedra gavela-de-trigo", tendo recebido esse nome por causa do seu hábito comum de formar agregados intumescidos nas extremidades e encolhidos no meio, muito semelhantes às gavelas unidas de trigo. As gavelas mais esguias podem semelhar gravatas-borboleta; os agregados maiores, cabeças de couve-flor. O nome da estilbita vem do grego *stilbein*, "cintilar".[1] Ela é também chamada desmina, do grego *desme*, "feixe".

A estilbita é um membro do grupo zeolito de tectossilicatos (silicatos estruturados), populares entre os colecionadores. Outros zeolitos comuns são a heulandita, a chabasita, a analcima, a natrolita e a mesolita. Os minerais zeolitos contêm em sua estrutura água em canais microscópicos; essa água pode ser retirada pelo suave aquecimento dos cristais sem causar colapso da estrutura. Esses minerais tendem para as cores brancas ou desbotadas. Os espécimes da estilbita, no entanto, podem variar dos matizes amarelados ou acinzentados pálidos a alguns marrons avermelhados escuros. A estilbita forma com freqüência belos grupos com outros minerais, gerando exemplares que revelam tipos e cores diferentes de cristais numa mesma peça. Muitos colecionadores valorizam mais essas combinações do que os exemplares uniformes de um único mineral, por considerarem uma variedade de textura e de forma especialmente agradável ao olhar.

1. Sinkankas, *M. A.*, 467.

FERRO (Elemento)

Edgar Cayce afirmava que o ferro (ou o aço) deveria ser carregado "no bolsinho da calça – ele previne, ele ioniza o corpo – de suas próprias vibrações – para resistir ao frio".[1] Essas misteriosas vibrações evitam resfriados e defluxos. Em conseqüência, algumas "autoridades" modernas insistem que o ferro ou o aço podem ajudar pessoas resfriadas ou com infecções viróticas e que o ferro revigora "corpos cansados". Como o ferro sempre foi a principal metáfora para a força, isso não causa surpresa. Um místico afirma que o uso do ferro afasta as doenças e dá mais vigor aos atletas. Uma faca de aço pode expulsar a "negatividade"; mantida sob a cama, evita pesadelos.[2]

Devido à sua propensão à oxidação (à ferrugem), o ferro livre é muito raro nas rochas da crosta terrestre, embora ocorra – normalmente combinado com o níquel – em meteoritos. A descoberta de técnicas para derreter o ferro, retirando-o de seus minérios, representou uma revolução tecnológica nas antigas civilizações, marcando a divisão entre a Idade do Bronze e a Idade do Ferro. No princípio, o ferro era considerado mais valioso do que o ouro. Ao longo da maior parte da sua história, o ferro tem sido usado como metáfora e talismã da força.

---

1. *Scientific Properties*, 5. 2. Cunningham, 160, 172.

FLUORITA (Fluoreto de Cálcio)

A fluorita é um mineral comum com muitas formas e cores diferentes, algumas delas muito valorizadas pelos antigos. Os romanos admiravam a fluorita azul-púrpura extraída na Bretanha, hoje conhecida como Derbyshire Blue John. A "tão preciosa" *murrhine* de Plínio era a fluorita, como se vê no vaso valioso tomado de Alexandria por Augusto. Pompeu pegou seis desses vasos do tesouro de Mitrídates e os presenteou ao templo de Júpiter. Artefatos de fluorita foram encontrados nas ruínas de Pompéia.[1]

Os planos de clivagem da fluorita formam octaedros naturais semelhantes a duas pirâmides de quatro lados unidas pela base, sendo cada face exposta um triângulo eqüilátero. Essa precisão geométrica aparentemente inspirou o moderno conceito místico da fluorita como pedra "intelectual". Uma fonte diz que ela "ajuda na integração do conhecimento", mas não parece incluir o conhecimento da ortografia, porque essa fonte e outras costumam chamar o mineral de *flourita*. Outra afirma que a fluorita aguça os pensamentos e "fortalece as capacidades analíticas do usuário".[2] Ela proporciona "clareza e paz de espírito".[3]

Diz-se às vezes que a fluorita é calmante "por causa do seu conteúdo de cálcio". Mas, se segurar cálcio na mão for tudo de que se precisa para ter calma, um pedaço de giz, de mármore, de osso, de gesso e de dezenas de outros materiais comuns também serve.

Também se alega que agregados de cristais de fluorita são como computadores, visto que a fluorita não é produto desta terra, tendo sido misteriosamente colocada nas rochas do nosso planeta por poderes não denominados de "dimensões superiores".[4] Os geólogos se surpreenderiam com essa informação, porque têm um bom grau de certeza de que a fluorita é formada por processos naturais da terra como todos os outros minerais.

A fluorita é demasiado mole e facilmente riscável para produzir uma jóia usável, mas pode ser cortada e polida para formar belos ornamentos e gemas de colecionador. Ela exibe uma ampla gama de cores, e muitas peças são variadas de áreas contrastantes de púrpura, verde, amarelo ou azul, o que é bastante atraente. A fluorita em forma de esfera, pirâmide, obelisco e bastão pode ser encontrada em muitas lojas de cristais. Mineral versátil, ela é diversificada, interessante e acessível. A fluorita rosa dos Alpes é muito valorizada pelos colecionadores e é muito cara, mas pequenos octaedros charmosos existem aos milhões a baixo custo, podendo alegrar as coleções em embrião de crianças e de outros iniciantes. Artefatos feitos de Blue John e outras variedades da fluorita ainda são populares. Essas criações são às vezes impregnadas de resina de epóxi plástico para torná-las mais fortes e mais resistentes a arranhões do que o mineral não tratado.[5]

---

1. Weinstein, 162-163. 2. Cunningham, 96. 3. Stein, 254. 4. Raphaell, *C. E.*, 107-108. 5. Nassau, *G. E.*, 135.

GALENA (Sulfeto de Chumbo)

A galena é um minério primário de chumbo. Esse nome lhe foi dado por Plínio.

Para Aristóteles, ela era a pedra *itmid*.[1] A galena forma cristais cúbicos cinza-prateados opacos que parecem muito pesados na mão (gravidade específica próxima de 7,5). Ela parece chumbo, mas não é chumbo, apesar de um livro místico-cristalino considerá-la um metal.[2]

Os cristais usados antigamente nos rádios eram galena. Por isso, os místicos a consideram um tanto vinculada com as comunicações. Um deles diz: "O rádio é metafísico porque usa ondas invisíveis. O rádio é um resultado direto do planeta Urano."[3] A partir disso, poderíamos dizer que é metafísico tudo o que não pode ser visto? Outro diz que a galena pode agir como um rádio para "receber os pensamentos dos outros" e até "remontar no tempo", bem como ver o futuro.[4] Que poderes extraordinários são dados ao humilde minério de chumbo!

Apesar de sua falta de transparência, de brilho ou de cor viva, é interessante contemplar a galena. Uma peça de bom tamanho revela fascinantes padrões nas superfícies de clivagem, padrões que mudam de perspectiva a cada mudança no ângulo da luz, semelhando com freqüência estruturas arquitetônicas.

---

1. Boegel, 88. 2. Richardson et al., 141. 3. Bravo, 33. 4. Richardson et al., 141-142.

GELO (Óxido de Hidrogênio)

Sim, o gelo é um mineral. Como outros minerais, ele mantém sua forma cristalina enquanto a temperatura ambiente permanecer menor do que o seu ponto de fusão. Pessoas que vivem perto de regiões polares ou em áreas montanhosas permanentemente geladas podem compreender com facilidade a natureza mineral do gelo. Muitos sabem quão delicadamente belos podem ser cristais de gelo formados no ar, como flocos de neve, ou nos ramos da vegetação e na grama, como geada. O gelo cresce tal como as estalactites nas cavernas. Sua gravidade específica é um pouco menor do que a da água, razão por que ele flutua na água e pode transformar-se em montanhas flutuantes, os *icebergs*.

O gelo cristalino compacto é um adorável mineral que exibe tantos elementos internos quanto qualquer outro cristal transparente. Observem o jogo de luz do sol no inverno atravessando o gelo transparente num lago ou regato, ou os fascinantes padrões que se formam em torno de uma queda d'água em janeiro. Em alguns dias de inverno, os vidros da nossa janela podem mostrar místicas paisagens prateadas pintadas pelo gelo. Às vezes, quando o sol brilha depois de uma tempestade de gelo, esse material notavelmente versátil pode recobrir todo o nosso mundo com o luzir do seu brilho cristalino. Mesmo no verão, podemos observar cirros estratosféricos feitos de delicados cristais de gelo. O gelo é a tiara de diamantes da Mãe Terra, coroando as suas águas, sem as quais nenhuma forma de vida existiria na sua superfície.

Pensem nisso, talvez na próxima ocasião em que pegarem cubos de gelo para colocar em seus drinques. Esse mineral é o mais valioso recurso do mundo, bem mais essencial do que o ouro, os diamantes ou o petróleo. Olhem para seus cubos de gelo e meditem. Permanecerão potáveis os vastos depósitos que a Mãe Terra tem desse mineral? Vivemos num mundo sedento. Os seres humanos não podem ter a permissão de transformar em veneno o seu sangue vital.

GEODE (Dióxido de Silício, *et al.*)

Um geode é uma cavidade arredondada de rocha sedimentar alinhada com uma ou mais camadas de um material criptocristalino como a calcedônia e que contém cristais que crescem interiormente a partir das paredes. Quando está completamente preenchido, o espaço oco no centro de um geode costuma ser chamado de nódulo. Ovo de trovão é o nome dado a nódulos de ágata com padrões interiores semelhantes a uma estrela, encontrados especialmente no Oregon, EUA.

Há geodes de todos os tamanhos, de minúsculos a enormes, como bolas ásperas ou nódulos ovais na rocha circundante. Eles são abertos e polidos ao longo da fatia, o que revela a sua beleza interior. Quartzos claros e cristais de ametista são encontrados em geodes, bem como recheios coloridos de ágata, jaspe, sárdio-ônix e cristais de outros minerais, como a calcita. Alguns colecionadores se especializam apenas em geodes. A variedade estética encontrável nesse tipo de formação literalmente não tem fim.

Um geode simboliza o espaço interior, um mundo privado ou uma beleza oculta conhecida apenas pelo seu possuidor. Ele também pode representar os disfarces da Mãe Natureza, que não trombeteia necessariamente suas melhores obras, escondendo-as por vezes em locais escuros, sem se incomodar se elas serão ou não admiradas.

Considerando-se isso, um geode pode nos lembrar de que, diante dos grandes ciclos do mundo natural, a ambição e o desejo de elogio do ser humano são de fato sem sentido. Essa pedra também pode servir como terra-modelo simbólica. Seu nome, que significa "semelhante à Terra", está relacionado com a sua forma arredondada. Um dos seus apelidos, "pedra-batata", sugere seu exterior de cor fosca e aparência indistinta escondendo uma substância interior de grande poder nutritivo – no caso de um geode, alimento espiritual e estético.[1]

1. Webster, 13.

GRANADA (Silicato de Cálcio, Alumínio, Magnésio, Manganês, Crômio e/ou Ferro)

A granada não é um mineral, mas um grupo de minerais. O membro mais comum, a almandina, tem muitas cores. O piropo costuma ser vermelho; a espessartina, vermelha-alaranjada ou amarronzada. Essas duas podem ser combinadas numa mistura conhecida como malaia. A rodolita é vermelha-purpurada ou rosa. A rara uvarovita é verde-escura, o grossular, também conhecido como hessonita ou pedra-canela, inclui submembros como o hidrogrossular, a xalostocita, a landerita, a rosolita (rosa), a tsavorita (verde) e um material verde maciço chamado jade do Transvaal. A granada andradita inclui o demantóide (verde intenso), a escorlomita, a melanita (preta) e a topazolita (verde amarela). Há também raridades chamadas goldmanita, henritermierita, kimzeyita, knorringita, majorita, yamatoíta, aplome e colofonita. Nela estão representadas todas as cores, exceto o azul. Um místico moderno parece não saber disso, distinguindo apenas dois tipos de granada: a masculina (vermelha-escura) e a feminina (vermelha-clara).[1]

As granadas vermelhas não escapam à associação com o sangue. Alberto Magno disse que a granada melhora a circulação sangüínea e fortalece o coração. Todos acreditavam nisso, a não ser alguns céticos como Johann Gmelin, que escreveu em 1778 que os poderes da granada são "puramente fictícios".[2] As granadas interrompiam palpitações e vômito de sangue no século XVII e podiam ainda dissolver "o tártaro no corpo".[3] As granadas evitavam a praga e tempestades perigosas.[4] A figura de um leão gravada na granada preservava a riqueza, a honra e a segurança.[5] Acreditava-se que as granadas não podiam ser roubadas, porque trariam ao ladrão uma catastrófica má sorte até serem devolvidas ao seu legítimo dono.[6]

Soldados indianos que combatiam os britânicos em Cachemira usavam balas de granada, esperando causar ferimentos bastante sangrentos, que não curassem. Ao mesmo tempo, o folclore europeu afirmava que as granadas ajudavam a curar todos os ferimentos sangrentos.[7] A mágica do sangue da granada veio de idéias antigas sobre os poderes doadores de vida do sangue uterino. A granada recebeu seu nome de *granatum*, romã, um símbolo do ventre materno desde a época matriarcal. Por causa desses antigos vínculos com a força vital feminina, pensava-se em alguns momentos que as granadas só deviam ser usadas por mulheres.

O pessoal da Nova Era retomou muitas das velhas idéias sobre as granadas, embelezando-as. Ainda dizem que as granadas evitam acidentes e tempestades, controlam hemorragias e "desintoxicam o sistema".[8] Melhoram a circulação sangüínea e aliviam problemas menstruais. Fornecem "calor" para acalmar a dor da artrite. Elas "ajudam a imaginação" – embora a maioria dos seguidores da Nova Era provavelmente se saia muito bem mesmo sem as suas granadas.[9]

Um "especialista" da Nova Era declara com autoridade que a granada é "formada por silicato e oxigênio" (silicato significa, na verdade, silício mais oxigênio) e afirma que ela "transmite os raios de Plutão para o nosso corpo através do 'Centro do Poder da Mente da Vida', a área de pensamento do sistema mental real localizado nos órgãos da geração... O raio-onda de Plutão, entrando no cérebro através do hipotálamo e descendo até os órgãos geradores, pode ser usado de modo construtivo para curar doenças psicossomáticas advindas de um padrão mental negativo vinculadas com a sexualidade".[10]

Outros dizem que a "vibração" da granada pode "liberar as membranas que limitam as formas de pensamento... para que estas possam ser liberadas para se dirigirem aos éteres". Além disso, ela tem efeitos misteriosos sobre o baço, "órgão que tem dificuldades para ser adequadamente estimulado. Há sempre um resíduo na maioria das pessoas que precisa ser agitado e retirado". Ninguém parece saber em que consiste esse resíduo, mas o leitor tem a garantia de que a granada, mantida acima do baço, "limpa, purifica, aprimora e magnifica".[11] Quem precisar de um baço maior e mais limpo, tome nota.

Algumas pessoas se confundem com os produtos sintéticos chamados Granada de Alumínio Ítrio (YAG) e Granada de Gálio Gadolínio (GGG). Na verdade, não se trata de granadas, porque não contêm sílica; esses materiais têm uma estrutura interior semelhante à da granada, mas não têm nenhuma contraparte real na Natureza. O YAG foi um substituto popular do diamante nos anos 60, vendido sob nomes como Alexite, Amatite, Circolite, Dia-bud, Diamite, Diamogem, Diamonique, Diamonite, Geminair, Kimberly, diamante simulado Linde, Niergem, Regalair, Replique, Somerset e Triamond.[12] O GGG substituiu o YAG nos anos 70; tem uma aparência mais próxima da do diamante, embora seja um pouco menos duro.

---

1. Harold, 178. 2. Medenbach & Wilk, 176. 3. Fernie, 158. 4. Wodiska, 236. 5. Anderson, 147. 6. Thomson, 76. 7. Desautels, *G. K.*, 100. 8. Parkinson, 48-49. 9. Stein, 188; Chocron, 59. 10. Bravo, 128-129. 11. Richardson et al., 75-76. 12. Nassau, *G. M. M.*, 224.

HALITA (Cloreto de Sódio)

Halita vem de *hals*, palavra grega para sal.[1] Halita é sal, a mesma substância que colocamos na comida e nas entradas geladas. Os cristais de halita natural podem revelar belas cores – matizes de rosa, púrpura e azul – que podem levar os desavisados a pensar que são pedras preciosas raras. Contudo, tal como o sal, eles se desgastam no tempo úmido e se dissolvem completamente se colocados na água. Sabe-se que vendedores inescrupulosos venderam colares com contas de halita. Naturalmente, elas se apegam à pele suada e, quando se tenta lavá-las, desaparecem para sempre.

A halita se cristaliza em cubos, como sabem todos que já olharam de perto os minúsculos cubos que saem do saleiro. No campo esotérico, o cubo é símbolo da Deusa da Terra, o mesmo ocorrendo com o sal, com seu gosto semelhante ao do sangue e suas qualidades de preservação. O "sal da terra" representava originalmente a Deusa. Diz a tradição cabalística que o sagrado nome da Rainha Mãe Terra era Malkuth, do hebraico *MHL*, "sal", o que pode explicar o paganismo arcaico presente no mito bíblico da esposa de Lot – a imagem da Deusa como coluna de sal.

A prática cristã de "benzer" altares, sinos, ícones, cálices e a maioria dos outros apetrechos eclesiásticos com sal tem profundas raízes no paganismo antigo. Os egípcios também o faziam com seus altares, e as Virgens Vestais de Roma espargiam todo animal sacrificial com sal e farinha consagrados. No Havaí, um antigo costume misturava a halita com argila vermelha rica em ferro como imitação do sangue sagrado para rituais de purificação.[2]

A antiquíssima associação do sal com a purificação chegou à Nova Era, que recomenda "limpar e purificar" os cristais mágicos com sal marinho. Contudo, algumas fontes advertem que o sal pode "despojar" uma pedra de cura do seu estoque de energias.[3] Outros insistem que só o sal pode fazê-lo; há quem especifique o sal marinho, enquanto outros aceitam o sal de rocha comum. Dizem alguns que o sal deve ser jogado fora depois do uso, ao passo que outros afirmam que ele pode ser usado indefinidamente.

Na verdade, essas distinções são absurdas. O sal e o quartzo, por maior que seja o seu contato, nunca afetam um ao outro, visto serem quimicamente inertes. Além disso, todo sal é sal marinho. Os depósitos subterrâneos de onde o sal é extraído hoje já foram o fundo do mar, que acumulou sedimentos salinos por milhões de anos enquanto os mares iam secando. O Mar Morto, cercado pelas suas colunas de sal do Antigo Testamento, é um dos últimos poços remanescentes de um mar maior que vem secando ao longo da história humana. O mesmo ocorre com o Great Salt Lake (Grande Lago de Sal) de Utah, cercado pelas famosas dunas de sal de Bonneville, que um dia esteve no fundo do vasto mar interior que os geólogos denominaram Lago Bonneville e que cobria dezenove mil milhas quadradas quando os nossos antigos ancestrais ainda lascavam seus primeiros machados de sílex.

Por conseguinte, num certo sentido, todo cristal de halita serve de símbolo das origens da vida no líquido amniótico dos mares primitivos, cujo legado salgado nós e todos os outros vertebrados ainda trazemos no próprio sangue. O sal é o mineral que comemos em sua forma inorgânica, tal como vem das rochas. É a única substância inorgânica pela qual os mamíferos anseiam genuinamente em sua dieta. Podemos comer e assimilar outros minerais solúveis em água, mas o seu gosto não parece bom; somente o sal tem sabor agradável.

O sal veio a representar a imortalidade nas civilizações primevas porque era uma das poucas substâncias preservadoras conhecidas. Raciocinaram os antigos que, se podia preservar a carne do apodrecimento, o sal também preservaria os corpos dos mortos; esse foi o começo da arte da mumificação. As múmias egípcias têm durado milhares de anos porque foram cuidadosamente colocadas em salmoura. Hoje seguimos um costume semelhante, mas já não usamos sal; colocamos nossos mortos em formaldeído.

---

1. Medenbach & Wilk, 58. 2. Cunningham, 130. 3. Stein, 150.

HEMATITA (Óxido de Ferro)

A tradução literal de *hematita* é "pedra de sangue". Os antigos acreditavam que a pedra podia sangrar, por causa do fluido vermelho que produzia quando misturada com água para ser cortada ou lapidada.[1] A hematita maciça pode ser prateada, marrom-avermelhada ou preta, mas o seu filão sempre é cor de sangue. A forma terrosa da hematita, o ocre vermelho, era usada com freqüência para marcar túmulos da Idade da Pedra e colorir tudo neles para imitar o ventre cheio de sangue do renascimento. O ocre vermelho ainda é usado por povos primitivos como sagrada imitação do sangue. As múmias egípcias costumavam ser providas de travesseiros de hematita. Um tratado sobre gemas de Azchalias da Babilônia, de 63 a.C., dizia que amuletos de hematita conseguiam o favor de reis e juízes.[2]

Além de sua antiquíssima associação com o sangue sagrado, com o renascimento, com o deus vermelho de Roma, Marte, e com a proteção dos guerreiros, a hematita é um minério primário de ferro e era considerada quase tão valiosa quanto o ouro no início da Idade do Ferro. Muito mais tarde, nazistas de alta patente da era hitlerista usaram a hematita como seu símbolo de "sangue e ferro".[3] Os místicos dos cristais hoje prescrevem amuletos de hematita para pressão alta, olhos injetados, cãibras, úlceras, inflamações e problemas vesiculares e renais.[4] Ela também é recomendada para problemas com a menstruação, anemia e outras condições sangüíneas, embora o óxido de ferro e o sangue só tenham em comum a cor.

A hematita é imitada por uma substância artificial, a hematina, feita de aço inoxidável com sulfetos de crômio e níquel. A hematina é magnética; a hematita natural, não.[5] Quando cortada como gema, a hematita é chamada "diamante negro".

Um confuso místico dos cristais insiste que a hematita, a rodonita e a magnetita são granadas.[6] Isso faz tanto sentido quanto dizer que as tulipas, as gardênias e os crisântemos são rosas.

1. Medenbach & Wilk, 74. 2. Kunz, 38, 80. 3. Rutland, 161. 4. Stein, 185. 5. Arem, 110. 6. Uyldert, 121.

HEMIMORFITA (Silicato Oxidrilo de Zinco Hidratado)

A hemimorfita é um dos minerais camaleônicos que podem apresentar várias formas diferentes: cristais pálidos ou transparentes, agregados em forma de leque, massas granulares ou mamilares (semelhantes a seios) ou camadas com uma matriz escura. Ao lado de sua companheira usual, a smithsonita, a hemimorfita costumava ser chamada calamina – um ingrediente do antigo ungüento de óxido de zinco conhecido como loção de calamina.

A hemimorfita tem precisamente as mesmas fortes propriedades piroelétricas e piezoelétricas que os místicos dos cristais louvam tão entusiasticamente na turmalina. Tal como esta, ela pode desenvolver uma carga estática quando sujeita ao calor ou à pressão mecânica. Mas os místicos não lhe têm dado muita atenção, porque não é tão popular quanto a turmalina.

A forma maciça da hemimorfita pode ser encontrada numa delicada cor azul que faz cabochões atraentes, mas não é bem conhecida. Os cristais de hemimorfita podem ser extremamente belos. Seu nome vem do termo grego que significa "meia forma", porque os cristais são formados de modo diferente em extremidades opostas de um mesmo eixo longo.

HEULANDITA (Silicato de Alumínio Cálcio Sódio Hidratado)

Nomeada a partir do mineralogista inglês que a identificou, a heulandita apresenta cristais em forma de ataúde de tons brancos, róseos ou vermelho-tijolo, por vezes com laivos amarronzados. É um membro do grupo de silicatos zeólitos, ao lado de várias outras pedras populares, como a estilbita e a chabasita. Os cristais são lustrosos e formam agregados faiscantes. Esse atraente material é um item sempre bem-vindo a quase toda coleção, outro exemplo da rica diversidade presente na crosta terrestre.

HEXAGONITA (Silicato de Ferro Magnésio Cálcio)

A hexagonita é um parente do asbestos e do jade nefrita; é uma forma de tremolita em que o ferro substitui o manganês.[1] Portanto, não é verde, verde-acinzentada nem branca, como a maioria dos membros da série tremolita-actinolita, mas violeta-rosada. Sua bela cor a torna adequada ao corte e ao polimento como gema quando se encontram cristais de tamanho suficiente. Contudo, em geral os cristais são pequenos e imperfeitos. Um leigo descreveria o espécime comum de hexagonita como uma pedra comum de cor definitivamente estranha. A ampliação, no entanto, revela um mundo fascinante de formas e reflexos cristalinos.

---

1. Sinkankas, *M. A.*, 488.

HIDDENITA (Silicato de Alumínio Lítio)

Às vezes conhecida como "esmeralda lítia", a hiddenita é a variedade verde do espodumeno, irmã da variedade lilás, a kunzita. Na verdade, a hiddenita e a kunzita são o mesmo mineral com cores diferentes, produzidas por condições ligeiramente diferentes no ambiente. Quando exposta a raios gama, a kunzita fica verde, tornando-se hiddenita. Essa cor induzida, contudo, não dura. Com a subseqüente exposição à luz, a pedra volta à sua cor original.[1]

A hiddenita é mais rara do que a kunzita, devido à costumeira escassez, em suas rochas nativas, do crômio que fornece sua cor verde. Um espodumeno mais pálido, verde amarelo ou amarelado, é por vezes apresentado como hiddenitas, mas não se trata da verdadeira pedra verde-esmeralda. O espodumeno amarelo transparente recebeu o nome de trifano.

A hiddenita é considerada rara não somente dada a sua escassez, como também por causa da dificuldade de ser cortada e facetada. Tal como a kunzita, a hiddenita tem uma clivagem perfeita e uma forte tendência a se quebrar nas mãos do lapidador. Portanto, produzir uma jóia de hiddenita exige grande habilidade e experiência do cortador. Pode parecer preferível deixar o cristal de hiddenita em sua condição natural como espécime de prateleira.

O nome hiddenita parece uma referência romântica à obscuridade e mistério da pedra; no entanto, essa não é a verdade. Prosaicamente, o mineral recebeu seu nome, em 1881, de William E. Hidden, diretor de minas da Carolina do Norte, onde foram identificados os primeiros exemplares. No local da descoberta original, há hoje uma cidade chamada Hiddenite.

---

1. O'Donoghue, *G. M. G.*, 64.

JACINTO

O termo *jacinto* refere-se atualmente ao zircão vermelho, uma granada hessonita laranja, ou, às vezes, a um topázio. *Hiacinto* é um nome alternativo. Já não sabemos que pedra os antigos chamavam de jacinto ou hiacinto. Algumas autoridades sugerem ter sido a safira.

Seja como for, o folclore medieval acreditava que o jacinto (seja qual for a pedra a que se referia) protegia viajantes, curava loucura, aliviava dores no coração e evitava relâmpagos.[1] Supunha-se que, reduzido a pó e ingerido, ele estimulasse o coração e fosse um antídoto contra venenos. Barrett escreveu em *Natural Magic*, de 1801: "O jacinto possui virtudes vindas do Sol contra venenos, pestilências e vapores pestíferos... [além de] levar também a se ganhar dinheiro."[2]

Os místicos modernos afirmam que o jacinto cura pólio, tuberculose, insônia e ansiedade; protege viajantes, evita relâmpagos e "ajuda a projeção astral".[3] Se você puder decidir que pedra considerar um jacinto, tudo bem; ninguém vai querer ser astralmente projetado pela pedra errada e descobrir o seu erro tarde demais. Quem sabe que problemas podem resultar disso?

A perpetuação da palavra *jacinto* é considerada necessária, em especial por ter ela sido mencionada na Bíblia. Não obstante, deixando de lado as Sagradas Escrituras, os textos mineralógicos em geral a ignoram. Ela foi retirada do vocabulário dos especialistas.

---

1. Kunz, 82. 2. Fernie, 3, 161. 3. Stein, 201.

JADE (Nefrita: Silicato de Ferro Magnésio Cálcio; Jadeíta: Silicato de Alumínio Sódio)

Por jade são conhecidos dois minerais: a nefrita, do grupo anfibólio, e a jadeíta, do grupo piroxênio. Os artefatos chineses de jade manufaturados antes do século XVIII eram feitos de nefrita. Hoje, a jadeíta, o "jade imperial" do sudeste asiático, é preferido. Ambos os minerais são muito resistentes. O jade não é excepcionalmente duro (entre 5 e 7 na escala Mohs), mas é tão inquebrável que foi usado para bigornas e machados.

Há muitas imitações do jade, que carecem da resistência do verdadeiro. Plásticos, pedras amassadas, aventurinas e calcedônias naturais ou tingidas são apresentadas como jade. A pedra Victoria, a pedra Kinga ou o Metajade são imitações feitas de vidro parcialmente cristalizado. O "jade rosa" pode ser quartzo tingido; o "jade siberiano" é vidro verde-escuro; o "jade mexicano" pode ser calcita; o "jade estiriano" é pseudofita (silicato de magnésio alumínio hidratado), uma parente da serpentina com uma dureza de apenas 2,5. O "jade do Transvaal" é granada verde. O jade coreano, o jade indiano, o jade suave ou o novo jade identificam diferentes tipos de falsificações.[1] Também são usadas a amazonita e a prehnita.

O jade é a pedra sagrada da China, onde é conhecido como *yu*. Os noivos chineses costumavam presentear as noivas com borboletas de jade como símbolo de amor. Os recém-casados costumavam beber juntos numa taça de jade para confirmar os seus votos.[2] Os chineses se medicavam com jade em pó diluído em água, na crença de que ele curava muitas enfermidades. Afirmavam que, tomada antes da morte, essa decocção preservava o corpo morto da deterioração.[3]

O jade também era reverenciado pelos índios mexicanos, que achavam que curava febre, gota e fratura do crânio, podendo até ressuscitar os moribundos.[4] A jadeíta, conhecida como *chalchihuitl*, servia para fazer o "amuleto verde do coração", inserido num cadáver para garantir a ressurreição. Os maori da Nova Zelândia também amavam o jade, que chamavam de *punamu*, "pedra verde", ou *hei-tiki*, "amuleto de pescoço esculpido". Os sectários Pekdash maometanos carregavam talismãs de jade para evitar todo tipo de ferimento.[5]

A nefrita, que significa "pedra dos rins", deve o seu nome à crença européia de que curava doenças renais.[6] Médicos do século XIX acreditavam que o jade amarrado ao braço ou aos quadris fazia expelir pedras dos rins.[7] A palavra *jade* faz eco à mesma crença; ela vem da expressão do espanhol *piedra de ijada*, "pedra para as virilhas". A crença no efeito mágico do jade sobre os rins ainda existe, e até se expandiu: ele trata não somente os rins, como também o coração, o fígado e o baço; ele "purifica" o sangue e permite a projeção astral.[8] Influencia "a produção de bílis pelo fígado" e cura hemorróidas.[9] O jade amarelo colocado nas costas "é uma ajuda para o pâncreas". Todo jade "afeta as glândulas de maneira tal que as faz expelirem suas impurezas", embora as glândulas não fiquem impuras.[10] Numa aplicação bem da atualidade, diz-se que o jade nefrita "desintoxica" pessoas expostas ao envenenamento radiativo.[11]

Com a usual confusão pseudocientífica, um místico chama o jade de gema não cristalina, o que nada tem de verdade.[12] Para outro, o jade não é produto da terra, mas uma "mutação" de um planeta fora do nosso sistema solar – portanto, ao que parece, localizado em outro sistema solar que gira em torno de alguma outra estrela.[13] Quem acreditar nesse tipo de coisa não pode rir da antiga crença chinesa de que o jade era o sêmen do dragão celestial, depositado nas rochas durante seus intercursos com a Deusa Terra.

Nos Estados Unidos, em que o dinheiro por acaso é verde, diz-se que as variedades verdes do jade o atraem. Pedaços de jade verde devem ser segurados e acariciados por quem estiver envolvido em negociações financeiras ou em jogo.[14] Pode-se supor que essa mágica não funcione em outros países em que o dinheiro seja impresso em outras cores. De qualquer modo, nunca se pode ter certeza sobre a cor natural de um pedaço de jade. Tanto a nefrita como a jadeíta costumam ser tingidas para obterem as cores verde ou lavanda mais favorecidas (e mais caras). A jadeíta é mais porosa e aceita melhor o tingimento. Algumas tinturas usadas, contudo, não são estáveis, perdendo a cor no curso do tempo.[15]

---

1. Weinstein, 151. 2. Kunz, 85. 3. Smith, 431; Kunz, 385. 4. Sinkankas, *G. N. A.*, 256. 5. Kunz, 86, 88, 246. 6. Wodiska, 236. 7. Fernie, 285. 8. Parkinson, 232. 9. Bravo, 155. 10. Richardson et al., 80, 82. 11. Gurudas, 133. 12. Stein, 232. 13. Lorusso & Glick, 44-45. 14. Cunningham, 103. 15. Nassau, *G. E.*, 140.

JASPE (Dióxido de Silício)

O jaspe é outro nome para certos tipos de calcedônia. As cores do jaspe variam entre os marrons e os marrons avermelhados, incluindo também o verde-escuro com traços de vermelho do heliotrópio ou jaspe sangüíneo. O jaspe medicinal na Idade Média era descrito como verde grama, podendo ter sido o crisópraso.[1]

Galeno escreveu que um jaspe verde pendurado no pescoço "fortalece o estômago". Bem mais tarde, no século XVIII, médicos afirmaram que um jaspe verde ou sangüíneo estancava hemorragias e evitava pedras na vesícula, especialmente quando gravado com a figura de um escorpião quando o sol entrasse em Escorpião. Ele também curava epilepsia, dores estomacais, fluxos sangüíneos e "diarréia".[2]

O uso terapêutico do jaspe é popular desde a antigüidade. Tanto Galeno como Dioscórides recomendavam amarrar jaspe na coxa das mulheres para facilitar o parto.[3] Um usuário de jaspe era considerado livre do afogamento, de doenças pulmonares e de ataques de escorpiões.[4] E o jaspe era tido como pedra mágica em ambos os hemisférios; um nome indígena americano para a pedra significava "aquele que traz a chuva".[5]

Europeus medievais supersticiosos vinculavam toda espécie de noções bizarras aos seus amuletos de jaspe. No século XV, Bartolomeus Anglicus disse que pedras de jaspe podiam ser encontradas na cabeça das víboras. Escritores do século XIV declararam que um jaspe gravado com um cachorro, um cervo ou um caçador conferia ao seu proprietário o poder de curar a possessão demoníaca – uma afirmação que desagradou os clérigos, por ser uma invasão do seu território. Um manuscrito do século XIII tratou o jaspe como pedra sagrada, afirmando que um jaspe gravado com o deus Marte ou com uma donzela que portasse um ramo de louro (Dafne, a Deusa do Louro) deveria ser "consagrado com uma consagração perpétua".[6]

Se formos acreditar nos místicos modernos, o jaspe ainda é um remédio de múltiplas utilidades. Ele acalma o estômago e os nervos, "trabalha" nos rins, no fígado e na vesícula, aumenta o sentido do olfato, muda "vibrações que se elevam dos centros inferiores" quando mergulhado em "água magnetizada", mais tarde ingerida.[7] Embora não haja água magnetizada, a receita dessa não-substância é muito simples: "Coloque uma peça de jaspe na água e deixe-a ficar ali por dois ou três dias; depois, beba a água... Isso pode ser considerado um tônico corporal geral."[8]

O jaspe também é recomendado como proteção contra as sempre perigosas vibrações da "negatividade". Ele absorve tão assiduamente essas vibrações que às vezes fica escuro por excesso de trabalho. O jaspe vermelho parece particularmente propenso a essa exaustão.[9] Depois disso, é claro, o nosso fiel jaspe precisa de algum alívio mágico e da costumeira "purificação". Traduzindo: se a sua pedra ficar suja, lave-a. Mas isso é simples demais para os místicos dos cristais; cada processo de purificação é um ritual a ser saboreado, mesmo quando, como no caso da imersão da pedra em sal marinho seco, nada fica limpo.

Como sua parente próxima, a ágata, o jaspe tem muitos nomes varietais. Jaspe-ágata e jaspe-ônix são pedras que não podem ser classificadas de nenhuma maneira. O jaspe que contém hematita é por vezes chamado jaspilita; o jaspe tingido de azul é lápis alemão ou lápis suíço; tingido de verde, é jade suíço ou moloquita. O jaspe marrom com estrias amarelas é vabanita; o jaspe com brechas (contendo fragmentos angulares) às vezes recebe o nome de creolina; o jaspe manchado de várias cores é lápis italiano; o jaspe orbicular (mancha no olho) pode ser chamado de kinradita. Outras variedades são a darlingita, a herbeckita, a torrelita e o xilóide. Como não há uma clara distinção entre o jaspe, a ágata, a calcedônia, o ônix ou a cornalina, esses termos às vezes podem ser intercambiados. O "jaspe-quadro" cria cenas que lembram muito paisagens desertas ou colinas, planícies e rios, tal como a "ágata-paisagem". Essas atraentes pedras especiais são feitas por variações de cor em diferentes camadas do mineral. Os nódulos de jaspe marrom-amarelados são conhecidos como "pedregulhos egípcios". O jaspe verde-claro pode ser chamado plasma; o verde-escuro, prásio. A basanita, um jaspe preto de grãos finos, é usada como pedra de toque para determinar a pureza dos metais.[10] Quando o metal é esfregado na pedra, pode-se fazer uma avaliação a partir da cor da risca.

---

1. Kunz, 90. 2. Fernie, 173-175. 3. Anderson, 46. 4. Wodiska, 236. 5. Cunningham, 104. 6. Kunz, 91, 135, 140. 7. Stein, 191. 8. Richardson et al., 85-86. 9. Chocron, 59-60. 10. Webster, 227.

JASPE SANGÜÍNEO ou HELIOTRÓPIO (Dióxido de Silício)

Embora quase todo mineral vermelho tenha sido qualificado de pedra de sangue ou sangüínea, incluindo a granada, o rubi, a hematita e a cornalina, essa designação hoje é aplicada comumente à variedade de jaspe da calcedônia que é verde-escura com pontos de vermelho. A tradição cristã afirmou algumas vezes que a pedra fora salpicada pelo sangue de Jesus na crucificação e, outras vezes, que os salpicos foram causados pelo sangue de Santo Estêvão. Ela costumava ser apelidada "pedra de Santo Estêvão".[1]

O Papiro de Leyden declarou que "o mundo não tem coisa maior" do que essa pedra; ela abre todas as portas para o seu dono, faz ruírem as paredes das prisões e afasta muitos desastres. O frade franciscano Bernardino de Sahagun alegou ter curado muitos índios mexicanos da praga em 1576 dando-lhes uma peça do heliotrópio para segurar; quando eles faziam isso, suas hemorragias se interrompiam instantaneamente. Um século mais tarde, Robert Boyle escreveu sobre um conhecido que foi curado de sangramento nasal crônico fazendo a mesma coisa.[2]

Em 1622, a lista de bens valiosos de George, Conde Marischal da Escócia, incluía "uma pedra de jaspe para estancar sangue". O poder de estancamento de sangue do jaspe sangüíneo era tão freqüentemente mencionado que o dr. Fernie tentou racionalizá-lo com uns poucos *non sequiturs* do século XX: "Usar um fragmento dessa pedra externamente em alguma parte do corpo serve sem dúvida para interromper qualquer fluxo de sangue de que o portador possa estar sofrendo; a pedra o faz em razão das diminutas partículas de óxido de ferro vermelho incorporadas à sua substância. Esse efeito sutil justifica-se de modo pleno pela ação semelhante que, pelo que se sabe, pequenas doses de ferro metálico dadas internamente exercem."[3]

Os mesmos argumentos capciosos são usados por místicos modernos que afirmam que "o óxido de ferro da pedra é um eficaz coagulador".[4] Muitas coisas, incluindo o ar, encorajam a coagulação do sangue, mas nunca a distância. Um autor foge pela tangente ao afirmar que a pedra é "útil em casos que envolvem sangramento", sem descrever nenhum procedimento e alegando que ela é "um grande purificador do sangue", embora o sangue, evidentemente, nunca seja "purificado" por qualquer coisa fora do corpo. O mesmo autor a considera erroneamente "não cristalina".[5] Outro, ao que parece, acredita que, colocando na água, o jaspe sangüíneo a deixa vermelha.[6] O tipo mais simples de experiência, que levaria no máximo dez segundos, teria demonstrado o contrário.

Além de suas várias associações com o sangue, a pedra teve tradicionalmente creditada a si a capacidade de tornar invisível o seu portador – outra crença tão fácil de refutar com experiências que a sua persistência é deveras espantosa. *The Celestial Intelligence*, de 1801, afirmou, com bastante falta de inteligência que o heliotrópio "ofusca a tal ponto os olhos dos homens que faz o seu portador ficar invisível".[7] Algumas obras anteriores insistiam que esse efeito dependia da ingestão de um pouco da planta heliotrópio junto com a pedra.[8] Heliotrópio, que significa "girassol", é um nome alternativo para jaspe sangüíneo.

Confundido por isso, um místico dos cristais fala do "helitrópio" [*sic*] mineral como de "uma calcedônia verde com flocos vermelhos de jaspe vermelho", aparentemente acreditando que a calcedônia e o jaspe são minerais diferentes.[9] Na verdade, o heliotrópio ou jaspe sangüíneo é um jaspe verde com flocos vermelhos de óxido de ferro. Os místicos que aprenderam isso saltam do óxido de ferro para noções populares sobre o sangue com deficiência de ferro, e proclamam que a proximidade do heliotrópio pode corrigi-la.[10] A proximidade de uma cerca de arame ou de uma estrada de ferro produziria uma dosagem muito maior de ferro, se fosse possível ao ferro metálico afetar o conteúdo ferroso da hemoglobina de fora do corpo – o que, com efeito, não é possível, apesar da insistência de um místico, segundo o qual "o jaspe sangüíneo tem a capacidade de emitir diretamente para o corpo físico".[11] Ele não menciona o ferro, no entanto, nem especifica o que se supõe que a pedra emita.

Como em toda magia, há contingências. Outra fonte deixa implícito que os prodigiosos efeitos da pedra só ocorrem se esta for "amplificada" pela exposição a uma estrutura piramidal.[12] Assim, se o seu jaspe sangüíneo não for mantido sob uma pirâmide, não vai curar nada. Por isso, os antigos, que não tinham o benefício do capricho de um "poder das pirâmides", devem ter se iludido em suas noções sobre as qualidades curativas dessa pedra.

Bem adequadamente, o jaspe verde é conhecido como *plasma* quando não tem os pingos vermelhos que fazem dele um heliotrópio.[13] Seu colorido verde se deve à clorita.[14] Um dos místicos dos cristais a confunde com um tipo totalmente diferente de mineral e escreve que o plasma ou jaspe sangüíneo é opaco porque seus "veios verdes de asbestos impedem a passagem da luz".[15] Quando falam de inclusões minerais específicas, os místicos podem favorecer a primeira palavra que aparecer na sua cabeça em vez de se darem ao trabalho de pesquisar.

O jaspe sangüíneo é belo, sendo uma boa pedra de meditação. Ele é capaz de sugerir correlações entre o sangue vital vermelho dos animais e os poderes nutridores do mundo verde das plantas. Ele pode ser especialmente apreciado como símbolo da Terra, porque a nossa terra e os seus minerais constituem o apoio básico tanto dos animais como das plantas.

---

1. Dake, Fleener & Wilson, 144-147. 2. Kunz, 61, 390-91. 3. Fernie, 268, 468. 4. Parkinson, 65. 5. Stein, 186. 6. Parkinson, 63. 7. Fernie, 182. 8. Anderson, 117. 9. Gurudas, 85. 10. Stein, 188-189. 11. Chocron, 60. 12. Gurudas, 85. 13. Schumann, 146. 14. Webster, 222. 15. Uyldert, 12.

KAEMMERERITA (Silicato Oxidrilo de Alumínio Ferro Magnésio)

Kaemmererita é um nome varietal de um dos membros do grupo clorito de minerais, o clinocloro, quando colorido com um magenta ou violeta vívidos por vestígios de crômio. A cor comum desse grupo é o verde-escuro. Essa variedade pode ser encontrada em crostas de tênues cristais que recobrem a superfície de outros minerais, sendo raros os cristais grandes. Os colecionadores gostam dela porque sua cor forte produz uma ênfase estética entre outros espécimes. Essa pedra às vezes é cortada como gema, embora seja muito mole para prestar-se bem a isso. O material natural, no entanto, oferece outro exemplo do colorido brilhante que às vezes se esconde nas rochas comuns para surpreender os olhos dos escavadores.

A kaemmererita recebeu o nome de A. Kämmerer, ex-diretor de minas em São Petersburgo.

KUNZITA (Silicato de Alumínio Lítio)

A kunzita é a variedade lilás pálida do espodumeno. Ela foi identificada no início do século XX e recebeu seu nome do proeminente gemologista George Frederick Kunz (falecido em 1932). O mesmo mineral, o espodumeno, é chamado trifano quando amarelado ou incolor, e hiddenita quando verde-esmeralda.

Devido ao aparecimento recente da kunzita na cena mineralógica, os místicos dos cristais, como seria de esperar, tiveram de inventar algumas "tradições" para ela. Dizem-nos que, "tradicionalmente", a kunzita fornece tratamento para doenças dos olhos, dos rins e da região lombar.[1] Eis um exemplo de uma tradição muito recente. Afirma-se que, embora nada se soubesse sobre a kunzita antes da época de Kunz, "informações valiosas" mais antigas a seu respeito foram "mediunicamente canalizadas" nos últimos anos.[2]

Dentre as asserções dessas "informações valiosas" está a de que a kunzita usada sobre o chacra do coração pode enviar energias penetrantes que atingem os "bloqueios" emocionais e levam o usuário a "experimentar a pureza" do seu coração interior, o que parece muito com o expediente usado para folgar um parafuso enferrujado com óleo penetrante.[3] Uma peça de kunzita passada pelas "partes tomadas pela tensão do corpo desata os músculos".[4] Quando colocada acima dos ombros a "cinco a sete centímetros do corpo, ela tem o efeito de bombardear os nervos dos ombros, aliviando-os e relaxando-os".[5] Não se diz em que consiste esse "bombardeio", mas a afirmação não é tão assustadora quanto parece; a kunzita não é radiativa, mas bem inerte. Um místico afirma que "impulsos elétricos percorrem a extensão do cristal", mas a kunzita é não-condutora.[6]

Alguns exemplares de kunzita apresentam um laranja pálido fluorescente quando expostos à luz ultravioleta. Uma autoridade da Nova Era se apropria desse fenômeno dizendo que a kunzita é "fosforescente sob a influência do rádio".[7] Não há rádio numa lâmpada ultravioleta, nem na kunzita. Além disso, fluorescência e fosforescência não são a mesma coisa.

A kunzita é fortemente dicróica, isto é, a sua cor fica muito mais profunda quando vista no sentido do comprimento do cristal. Por isso, as gemas cortadas costumam ser orientadas com a mesa formando ângulos retos com o longo eixo do cristal, para aproveitar melhor os delicados matizes da kunzita. Mesmo com essa precaução, algumas kunzitas se esvaecem depois da exposição prolongada à luz solar.[8]

1. Gurudas, 121. 2. Parkinson, 225. 3. Raphaell, *C. E.*, 115. 4. Cunningham, 107. 5. Richardson et al., 88. 6. Chocron, 65. 7. Richardson et al., 88. 8. Webster, 167.

KUTNORITA (Carbonato de Manganês Cálcio)

A kutnorita (também chamada de kutnarita) é membro da série dolomita-ankerita, mais rara do que as suas parentes, mas com iguais atrativos. Mostrando brilhantes cristais rombóides, como a dolomita, ela tem uma delicada cor rosa-pérola semelhante ao quartzo rosa, sendo no entanto, ao contrário deste, opaca. Ela se quebra em fragmentos afiados, quebradiços e agudos que criam um efeito interessante na suavidade de sua cor.

Embora não seja comum, a kutnorita não é uma das raridades caras. Por isso, oferece ao colecionador de recursos modestos um mineral diferente que não é visto na coleção de todos, mas que fornece exemplares que atraem os olhos.

LABRADORITA (Silicato de Alumínio Cálcio Sódio)

A labradorita é um feldspato plagioclásio, membro da série albita-anortita. Nomeada a partir do lugar de sua descoberta original, a labradorita forneceu outro termo-padrão à mineralogia: *labradorescência*, o brilho verde-azulado, dourado ou vermelho luminoso que aparece em suas superfícies polidas quando estas são viradas num ângulo crucial com relação à luz. A labradorita com qualidade de gema, mostrando um brilhante jogo de cores, foi encontrada também na Finlândia e recebeu o nome comercial de Spectrolite.

A labradorita é uma pedra surpreendente. Parece uma modesta, comum e apagada rocha cinza-escura sem qualidades notáveis; mas, quando a temos na mão, basta virá-la da maneira certa e, de repente, ela se acende com a cintilante iridescência azul de uma asa de borboleta tropical ou com o brilho de pó de ouro. De um só golpe, a humilde Cinderela se veste para o baile. Esse mineral deve por certo simbolizar a beleza oculta que pode ser encontrada em lugares improváveis, ou a riqueza espiritual que pode ser escondida em aspectos aparentemente desinteressantes da vida cotidiana. É uma diversão brincar com ela, vê-la ir do escuro ao brilhante e voltar ao escuro com minúsculas mudanças de posição. Poucos místicos da Nova Era já descobriram a labradorita, mas quando ela for mais conhecida por eles, sem dúvida será considerada bastante miraculosa. Um desses autores, cujo conhecimento das condições de formação das rochas parece virtualmente inexistente, opina que a radiância da labradorita é como a antiga luz solar, porque ela "foi preservada desde a época em que a Terra ainda estava unida com o Sol".[1]

Uma variedade incolor da labradorita, escurecida por inclusões semelhantes a agulhas, às vezes é chamada de pedra-da-lua preta.[2] É possível que o autor citado goste de datar a formação dessa pedra de uma época fantástica em que a Terra ainda estava unida com a Lua.

1. Uyldert, 142. 2. Webster, 197.

LÁPIS-LAZÚLI, ou LAZURITA
(Silicato Sulfatado de Alumínio Cálcio Sódio)

O lápis-lazúli não é um mineral diferente, mas uma rocha que consiste principalmente no mineral azul brilhante lazurita combinado com a hauynita, a sodalita, o diopsídio, estrias brancas de calcita e partículas douradas de pirita. Era a "safira" dos antigos, como percebemos na descrição que Plínio faz da safira como pedra que contém "manchas semelhantes ao ouro" – a pirita característica.[1] O lápis-lazúli em pó era a tintura original do pigmento azul ultramarino.

A cor brilhante e a agradável aparência do lápis-lazúli despertam admiração desde tempos imemoriais. A pedra foi considerada sagrada muitas vezes. A Bíblia afirma que o trono de Deus era feito dela. Os primeiros cristãos a consideraram consagrada à Virgem Maria – provavelmente copiando a idéia da Deusa Ísis do Egito, conhecida como o "trono do deus", isto é, de Hórus, a Criança Sagrada, que fica sentado em seu colo como o salvador ressuscitado.[2] O lápis-lazúli era consagrado a Ísis muito antes de a Bíblia ou o cristianismo existirem. Ele a simbolizava no disfarce da Verdade (Maat, a Mãe) e era usado pelo juiz supremo do Egito como signo do Olho Que Tudo Vê daquela.[3] Uma das mais antigas mitologias da Suméria afirmava que o palácio da Grande Deusa em seu aspecto do mundo inferior jazia sob uma montanha de lápis-lazúli.[4]

Os místicos dos cristais contemporâneos costumam confundi-la com outros minerais azuis, como a azurita (carbonato de cobre) e a lazulita (fosfato de alumínio ferro magnésio). Embora seus nomes venham da mesma palavra árabe para "azul", não há desculpas para afirmações falsas como "a lazulita é semelhante ao lápis-lazúli",[5] ou "não cristalino..., o lápis é chamado também de lazulita".[6] O lápis-lazúli *é* cristalino e *não* é lazulita.

Edgar Cayce produziu descrições particularmente confusas do lápis-lazúli, que parece ter sido um dos seus minerais favoritos para prescrições, embora ele o qualificasse falsamente como "a essência ou fusão do cobre", "uma erosão do cobre", "a exsudação do cobre" (o lápis-lazúli não contém cobre), ou, às vezes, "lapis linguis", que é um antigo nome do âmbar.[7]

Outros místicos confundem os dois nomes do lápis (lazúli e lazurita), dizendo que são minerais diferentes. Um diz que, embora o lápis-lazúli seja uma pedra natural, a lazurita não o é, tendo sido criada artificialmente na Lemúria com energia mental.[8] A cor azul dessa pedra é "um enxofre celestial que ainda flutuava na atmosfera na época lemuriana e mais tarde se solidificou nessa pedra". A cor azul "atrai oxigênio" da atmosfera.[9] Assim, numas poucas frases simples, todo o conhecimento dolorosamente adquirido pela humanidade sobre a história, a arqueologia, a geologia, a química e a física se torna uma mistura sem sentido.

Devido às suas muitas conotações sagradas, o lápis-lazúli é uma pedra de cura popular desde a antigüidade mais remota. Era usado como antídoto para mordida de cobra.[10] Dizia-se que purga a melancolia, fortalece o coração e cura furúnculos e outras feridas.[11] Amuletos de lápis eram usados para curar apoplexia e desordens sangüíneas bem como para dar confiança a crianças tímidas. No século XVIII, as crenças místicas sobre o lápis eram acentuadas, e a pedra era tão desejada que, numa lista de preços, seu valor superava o das esmeraldas quinze vezes.[12]

Os modernos místicos dos cristais conferem ao lápis os atributos normais de funções ocultas, como a melhoria geral da condição mental, física, espiritual, emocional e psíquica do usuário. Ele alivia febres, cura doenças sangüíneas e melhora a visão.[13] Evita úlceras e "formas de câncer intestinal".[14] Alivia queimaduras, infecções, dores de ouvido, inchações e feridas. Abre o terceiro olho e deveria ser usado numa faixa acima da sobrancelha.[15] Cura depressão e nervos abalados, devendo-se usar como colírio a água em que ele tiver sido mergulhado[16] – um termo apropriado.

O lápis-lazúli é freqüentemente imitado. Várias formas de calcedônia, tingidas de azul, são vendidas como "lápis suíço" ou "lápis alemão". Há quem pense que as tênues partículas douradas de pirita identificam o lápis genuíno, mas as melhores imitações também as acrescentam. Há um sintético ultramarino (Gilson) que imita o lápis com partículas de pirita que podem enganar até um especialista.

1. Smith, 436. 2. Thomson, 68. 3. Kunz, 119. 4. Anderson, 126. 5. Richardson et al., 130. 6. Stein, 248. 7. *Scientific Properties*, 16, 23, 35. 8. Gurudas, 123. 9. Uyldert, 58, 136. 10. Anderson, 46. 11. Fernie, 2, 355. 12. Thomson, 68-69. 13. Cunningham, 108. 14. Bravo, 177. 15. Stein, 249. 16. Uyldert, 137.

LEPIDOLITA (Fluorsilicato Oxidrilo de Alumínio Lítio Potássio)

A lepidolita não tem tradições ocultas vindas do passado. Só recentemente ela foi descoberta pelos místicos. É uma atraente variedade da mica. A lepidolita pode ser amarelada ou acinzentada, mas suas cores comuns vão do rosa ao lilás e ao violeta. Às vezes ela ocorre em ricos "livros" com camadas púrpura facilmente quebrados em folhas finas, como outros membros da família da mica. É comum encontrar massas cintilantes, parecidas com açúcar, de lepidolita lilás envolvendo cristais de turmalina rosa (rubelita), uma combinação particularmente bela.

A lepidolita é um dos minerais que os místicos dos cristais costumam designar erroneamente; alguns parecem convencidos de que ela é "lapidolita". Um declara com firmeza que a "lapidolita" é um equilibrador natural do ânimo.[1] Outro afirma que ela é uma influência calmante; uma casa inteira pode ser acalmada pelo processo mágico de colocar pedaços de lepidolita em círculo em torno de uma lâmpada rosa.[2]

Os artesãos da Nova Era dão à lepidolita a forma de esferas, de bastões e de "instrumentos de toque" arredondados para acalmar os nervos. A lepidolita que contém turmalina pode ser polida para fabricar interessantes artefatos e jóias cabochão. Como é mica, com a clivagem perfeita característica das micas, a lepidolita é quase impossível de facetar. Contudo, ela é uma simpática pedra ornamental mesmo sem o trabalho dos lapidadores.

1. Bravo, 5. 2. Cunningham, 111.

MADEIRA PETRIFICADA (Dióxido de Silício)

A madeira petrificada é pedra e não madeira. A estrutura original de madeira se mantém, mas toda a sua celulose foi substituída pela sílica, isto é, por alguma espécie de calcedônia ou opala. Com considerável imprecisão, um místico dos cristais diz que a madeira petrificada endurece ao longo do tempo para formar "vários tipos de minerais", descritos como ágata, opala, jaspe e sílica – que são na verdade o mesmo mineral. Ele afirma ainda que a madeira petrificada pode melhorar a "assimilação" de sílica e silício pelo corpo humano – que nunca assimila essas substâncias.[1]

Outros supõem que a madeira petrificada pode ser usada "para recordar encarnações passadas", presumivelmente por causa de sua grande idade, embora outros tipos de pedra sejam tão ou mais velhos do que ela.[2] A prática de recordar encarnações passadas significa sentar-se calmamente com um pedaço de pedra e esperar que alguma imagem mental sugirà uma cena, que então é atribuída a uma vida passada. É tão fácil quanto rolar uma tora (petrificada).

O modo mais interessante de meditar com a madeira petrificada é reconstruir na imaginação todo o ciclo de vida da árvore original, os animais e plantas que habitaram a terra ao seu redor, as possíveis causas de sua decadência e as condições nas quais ela foi enterrada. Esse exercício requer um considerável conhecimento. As fantasias vêm com facilidade, mas o conhecimento exige algum investimento de tempo e de atenção para uma leitura preliminar de textos sérios. Abrindo assim o caminho para a genuína curiosidade sobre as eras passadas da Terra, a madeira petrificada pode ser uma verdadeira pedra do conhecimento.

---

1. Gurudas, 140. 2. Cunningham, 125.

MAGNETITA (Óxido de Ferro)

O magnetismo natural dessa pedra foi percebido nos primórdios da civilização. A atração óbvia entre a magnetita e o ferro encorajou expressões do desejo de alguma outra atração, com freqüência sexual. Prostitutas costumavam usar essa pedra para atrair clientes. Reis das Índias Orientais eram coroados em assentos de magnetita para atraírem dádivas e afeição. Um templo de Vênus e Marte descrito por Claudiano (século V d.C.) tinha uma imagem de magnetita da deusa e uma imagem de ferro do seu consorte para celebrar o casamento sagrado; isso era feito permitindo-se que as duas estátuas se atraíssem mutuamente. Os chineses a chamavam de *t'su shi*, pedra amorosa". Em sânscrito, seu nome era *chumbaka*, "a beijoqueira".[1]

Plínio disse que a magnetita recebeu seu nome do pastor Magnes, que a descobriu pendurada nos pregos de ferro dos seus sapatos. É mais provável que a palavra tenha vindo do distrito de Magnésia, na antiga Tessália, onde a pedra pode ser encontrada.[2] Seu outro nome, *lodestone* [literalmente, "pedra pesada"], era originalmente "lead stone" ["pedra-guia"], por causa do seu uso para descobrir o rumo certo.[3]

Um alquimista do século XIV, o Rabi Benoni, achava que a pedra causava sonambulismo e que, quando combinada com o diamante e a safira num amuleto, era capaz de "atrair espíritos planetários tão poderosos que tornavam seu portador quase invisível". (É interessante imaginar como seria uma pessoa quase invisível.) Leonardo acreditava que a magnetita não somente curava gota e cãibras, ao "atrair para fora" a dor, como também reconciliava amantes e cônjuges estremecidos.[4]

A magia venusina e marciana da magnetita persistiu pelos séculos em seu uso como cura para disfunções sexuais – ao menos as masculinas. Os homens eram instruídos, para obterem um melhor desempenho sexual, a esfregar nos genitais óleo em que a pedra tivesse sido imersa. Isso às vezes funcionava, provavelmente mais por causa do óleo do que pela pedra. No México, alguns homens ainda acreditam que usar uma magnetita no cinto garante não apenas sucesso sexual como em áreas como jogos e negócios. Mulheres acreditam que a pedra usada num colar de coral facilita o parto e faz voltar maridos fujões. Agentes de cura usam a magnetita para "atrair para fora" do corpo as doenças, sendo crença comum que ela, colocada na prata, melhora a visão e, no ouro, revigora o coração.[5]

Tal como os antigos, os místicos modernos insistem que a pedra retira doenças do corpo e que o magnetismo da pedra atrai outras pessoas. Alguns, no entanto, parecem acreditar que cada nome da pedra indica um mineral diferente, em vez de se tratar de duas designações para o mesmo mineral. Eles chegam ao ponto de considerar a magnetita "mais apropriada organicamente" do que a outra. Alega-se também que a enurese infantil pode ser curada com a ingestão de água em que a magnetita, a pérola negra, a opala preta e a petúnia tenham sido mergulhadas antes de dormir.[6] Se a criança for convencida de que vai dar certo, deve dar; mas beber água antes de dormir não costuma ser uma terapia útil para evitar xixi na cama.

Afirma-se também que a magnetita leva "a mente do homem a se liberar, até certo ponto, do seu corpo", um efeito que seria interessante constatar. Duas peças de magnetita aplicadas ao peito de um tuberculoso melhoram a saúde ao fazerem "os vasos sangüíneos ou as células começarem a se agitar", outro evento sem precedentes que por certo interessaria a um observador médico. Por infelicidade, "isso não apresenta efeitos visíveis".[7] Só os místicos podem saber o que está acontecendo. Trata-se de outra notável operação mineral que parece fadada a não obter reconhecimento.

A magnetita ainda é muito usada em simpatias de amor. Um ímã comum também serve, já que só se quer o magnetismo; mas a pedra natural costuma ser preferida a qualquer coisa manufaturada. A magnetita não é um dos minerais bonitos, mas é interessante e sempre surpreendente para o leigo que "sabe" que um ímã não pode atrair uma pedra. Aproxime um ímã de um pedaço de magnetita e veja essa regra ser refutada.

---

1. Kunz, 94-96, 2. Medenbach & Wilk, 72. 3. Desautels, *M. K.*, 127. 4. Fernie, 319. 5. Cunningham, 164-166. 6. Gurudas, 125, 127, 185. 7. Richardson et al., 145-146.

MALAQUITA (Carbonato Oxidrilo de Cobre)

A malaquita vem do termo grego *malache*, "malva".[1] Ela costuma ocorrer em torno de depósitos de cobre e é familiar como a mancha verde desse metal. Sendo tão estreitamente associada ao metal de Vênus, a malaquita era admirada pelos antigos seguidores da deusa e considerada possuidora de grandes poderes. Em Roma, era às vezes chamada pedra-pavão, dedicada à Grande Deusa Juno, cujo totem era esse animal. Era uma proteção contra o mau-olhado quando cortada de forma triangular; o triângulo era outro emblema clássico da Deusa.

A malaquita presa ao berço de um bebê afasta maus espíritos ou alerta para a aproximação de perigos ao rachar subitamente.[2] Amuletos de malaquita afastam as crianças de todo dano.[3] A malaquita dava proteção contra relâmpagos e outros perigos da natureza; aliviava vertigens; curava picadas de insetos; curava males estomacais quando pulverizada e bebida com leite; estancava hemorragias quando misturada com mel; aliviava o reumatismo nos idosos e as dores da dentição em crianças; e, é claro, devido às suas manchas semelhantes a olhos, protegia contra o mau-olhado.[4] O *smaragdus medicus* (esmeralda medicinal) de Plínio parece não ter sido a esmeralda, mas a malaquita.[5]

Segundo uma lenda russa, quem beber de um recipiente de malaquita vai compreender a linguagem dos animais.[6] Durante a Renascença, médicos afirmavam que as feridas de seus pacientes podiam ser anestesiadas com malaquita.[7] Na China, um texto médico do século XII aconselhava a malaquita para o tratamento de resfriados e da diarréia, dizendo que ela era "ácida, refrescante, não-venenosa".[8]

Alguns místicos modernos discordam, considerando-a venenosa se usada internamente.[9] Um deles afirma que o pó de malaquita é altamente tóxico, mas acrescenta que a pedra "promove a completa regeneração dos tecidos" e combate os efeitos da radiação absorvida de terminais de computador.[10] Outro diz que a malaquita é tóxica e nunca deve entrar no corpo, embora o "elixir" (água) de malaquita deva ser bebido à vontade para aliviar infecções em geral, cólicas, cólera, tumores malignos, leucemia, reumatismo, úlceras e vertigens.[11] Outro ainda diz que, embora venenosa, ela cura asma, cólicas, epilepsia, espasmos, dores nas juntas, dor de dente e ferimentos; purifica o sistema digestivo, a vesícula, o fígado, o pâncreas e o baço, além de equilibrar os níveis biliares e de açúcar no sangue.[12] Outro místico diz que o uso da malaquita cura todas as enfermidades dos dentes e das gengivas.[13] Mas uma fonte discorda de tudo e ordena: "*Nunca* tente usar essa pedra na cura."[14]

A mais notável característica da malaquita é seu verde vívido. Algumas impressões místicas dessa pedra parecem relembrar a consagração dessa cor – bem como do metal cobre – à Grande Deusa do amor. Diz-se que a malaquita atrai o amor, em especial quando gravada com um signo de Vênus e colocada num ambiente de cobre. Para atrair o amado, deve-se queimar uma vela verde atrás da pedra por quinze minutos diariamente; a pessoa deve visualizar "a si mesma numa relação amorosa". A malaquita verde também atrai o dinheiro (norte-americano) verde. Ela é chamada de pedra dos vendedores. Os homens de negócios são aconselhados a levar uma peça de malaquita às reuniões ou a mantê-la na caixa registradora.[15]

É possível que a afirmação mais tola baseada na cor verde da malaquita seja a de que ela é experimentada "como clorofila líquida".[16] Como, diabos, se experimenta clorofila líquida?

Deixando de lado o misticismo, a malaquita é uma das pedras mais decorativas do mundo para artefatos cortados e polidos. Ela mostra listras, remoinhos e pontos de matizes claros e escuros do verde; não há dois padrões iguais, mas todos são surpreendentes. É comum dar à malaquita a forma de pequenos ornamentos, esferas, ovos, obeliscos e cabochões. Ela aceita bem o polimento, e sua superfície polida sempre está cheia de figuras interessantes. Isso, ao lado de sua cor atraentemente rica, faz da malaquita uma excelente pedra para meditação.

---

1. Boegel, 172. 2. Kunz, 97, 137. 3. Rutland, 161. 4. Thomson, 66. 5. Fernie, 167. 6. Medenbach & Wilk, 128. 7. Desautels, *G. K.*, 24. 8. Hay, 48. 9. Harold, 181. 10. Parkinson, 238. 11. Gurudas, 128-129. 12. Stein, 213. 13. Bravo, 159. 14. Richardson et al., 95. 15. Cunningham, 112. 16. Rea, 322.

MARFIM (Material Orgânico)

Nenhum verdadeiro amante da Mãe Terra e de suas formas de vida toleraria um artefato de marfim animal, por mais belo que ele pudesse ser. Criaturas ameaçadas são brutalmente assassinadas para se obter o marfim, que é simplesmente o material dos seus dentes ou, às vezes, dos seus ossos. Elefantes, narvais, cavalos marinhos, hipopótamos e baleias cachalote são as fontes comuns de marfim dental. Embora belas obras de arte tenham sido esculpidas no marfim, a estética dificilmente pode justificar a dizimação de espécies vivas com o único objetivo de privar os animais dos seus dentes. Sim, apesar de toda a sua anunciada sensibilidade ecológica, alguns escritores da Nova Era parecem esquecer o destino dessas espécies, observando que o marfim pode ser usado na "cura com pedras preciosas".[1]

Um substituto perfeito para o marfim animal é o marfim vegetal, obtido das duras nozes brancas "Corozo" da palmeira marfim sul-americana (*phytelephas macrocarpa*) ou do núcleo da palmeira africana Doum (*hyphaene thebaica*).[2]

Quem pretende boicotar a desnecessária destruição de animais deve evitar não só o marfim como outros produtos animais: carapaça de tartaruga, "marfim do calau" (proveniente do bico do calau), chifres de veado e de rinoceronte, osso de baleia, pérola, peles, pele de cobra, couro de crocodilo, etc., numa longa lista dos chamados itens de luxo produzidos através do assassinato.

1. Stein, 173. 2. Webster, 595-598.

nem mesmo um especialista consegue ter um exemplar de cada. Ele pode muito bem servir de símbolo à inexaurível variedade da natureza.

1. Cunningham, 113. 2. Gurudas, 130.

MÁRMORE (Carbonato de Cálcio)

O mármore é uma rocha feita de calcita recristalizada, às vezes combinada com outros minerais acessórios, como o grafite, a ilmenita, o quartzo, a mica, o plagioclásio, a tremolita e o talco. O mármore é encontrado em todo o mundo. Algumas regiões se tornaram conhecidas por causa de certos tipos e cores de mármore, como o famoso mármore branco usado em estátuas encontrado em Carrara, na Itália, empregado por Miguelângelo e outros escultores.

O mármore é comum na decoração, nos acessórios e nos móveis domésticos, razão pela qual, de modo geral, ninguém pensaria nele como pedra mágica. Mas alguns místicos dos cristais o fazem. Eles afirmam que mesas em instalações de mármore são "protetores da casa".[1] Viver cercado de mármore também provoca uma penetração mais profunda dos corpúsculos vermelhos nas glândulas endócrinas, o que leva a um aumento da longevidade – resultado, para dizer o mínimo, deveras assombroso. Pessoas que precisam de mármore são "passivas ao ponto da apatia", mas também muito agressivas mentalmente.[2] Isso parece incluir quase todas as pessoas.

Num certo sentido, o mármore pode ser considerado uma pedra de construção sagrada. É preferido para igrejas, mausoléus e túmulos. Talvez alguns dos mortos decentemente enterrados debaixo de mármore tenham chegado aí deixando demasiados corpúsculos vermelhos penetrarem nas glândulas endócrinas.

Tal como a calcita, o mármore é um camaleão. Os diferentes tipos de mármore exibem tantas cores e padrões que

MERCÚRIO (Elemento)

O mercúrio é o metal peculiar que compartilha com a água a propriedade incomum de permanecer líquido em temperaturas comuns. O mercúrio não gela (cristaliza) sob temperaturas superiores a menos três graus centígrados. Ao contrário da água, no entanto, o mercúrio flui mas não molha. Ele se transforma em pequenas bolas sobre uma superfície seca. É quase catorze vezes mais pesado que a água. O ferro flutua no mercúrio líquido. O vapor do mercúrio é muito venenoso. O mercúrio é um bom condutor de eletricidade e de calor. Ele às vezes ocorre como tênues glóbulos líquidos em seu minério, o cinabre, mas em geral tem quimicamente a forma de sulfeto.

Os alquimistas tinham fascínio pelo mercúrio. Deram-lhe o nome de *quicksilver*, isto é, "prata viva". Ele foi consagrado ao fundador mítico da alquimia, Hermes Trismegistus (Hermes Três Vezes Grande), uma versão medieval de Hermes, o deus grego da magia, cujo nome romano era Mercúrio. Alguns o consideravam a Pedra Filosofal, afirmando que, quando o mercúrio adquirisse a cor amarela devido ao enxofre e se solidificasse (o casamento de Hermes e Atena, ou de Mercúrio e Minerva), o resultado seria o ouro verdadeiro. Alternativamente, o alvo esotérico do alquimista era descobrir na natureza a Anima Mercurius, ou alma mercurial, outro termo para o espírito da criação. Pensavam os alquimistas que, uma vez descoberto esse segredo, seria possível criar qualquer substância, inorgânica ou orgânica.

Como o Mercúrio de antigamente também era o deus dos embusteiros, dos

Aventurina

Azurita

Atacamita

Benitoíta em matriz

Cortesia do Morris Museum of Arts and Sciences

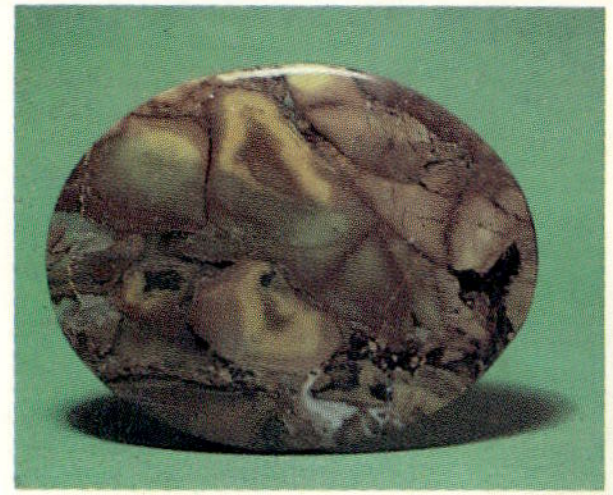

Ágata (borboleta) Cortesia de John Rudowski

Água-Marinha

Ametista

Âmbar

Cortesia de Schiffer Lapidary

Crisópraso

Cinabre

Caroíta

Crisocola

Cortesia de Schiffer Lapidary

Calcantita (feita em casa)

Brasilianita

Cortesia de Joseph Cilen

Jaspe Sangüíneo

Cornalina

Dolomita

Dioptásio

Esmeralda *Cortesia de Helza Brodde*

Rosa do Deserto (barita)

Citrina

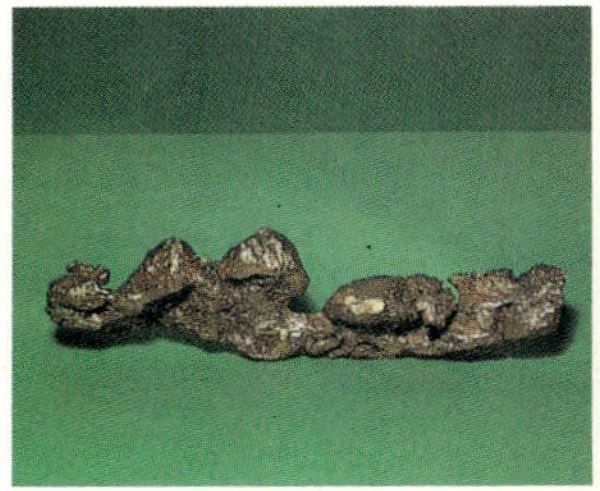

Cobre Cortesia de Joseph Cilen

Crocoíta

Coral *Cortesia de Schiffer Lapidary*

Geode

Hematita

Pedra de Ouro

Halita

Fluorita

Ágata de Fogo *Cortesia de Schiffer Lapidary*

Granada (hessonita)

Opala de Fogo *Cortesia de Allan W. Eckert*

Lepidolita (com cristais de turmalina)

Labradorita

Malaquita

Lápis-lazúli

Jade *Cortesia de John Rudowski*

Kaemmererita

Hiddenita *Cortesia de Allan W. Eckert*

Jaspe *Cortesia de Schiffer Lapidary*

Rodonita

Quartzo rosa

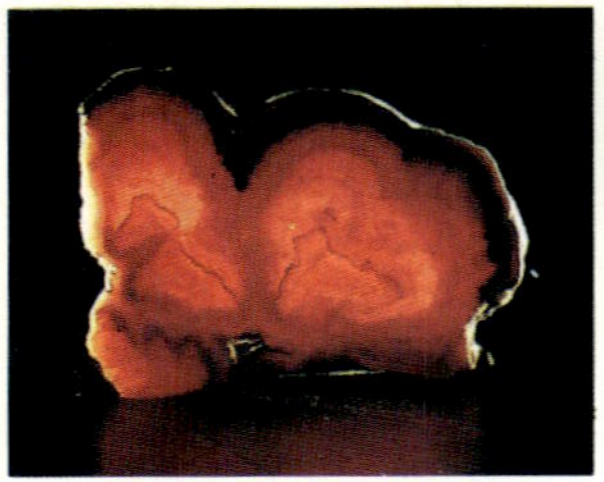
Rodocrosita Cortesia de John Rudowski

Prehnita

Orpimento Cortesia de Susan Schmitt

Peridoto

Pasta

Opala Cortesia de John Rudowski

Tanzanita — Cortesia de Joseph Cilen

Sugilita

Enxofre

Stichtita — Cortesia de Joseph Cilen

Smithsonita — Cortesia de Donna Wilshire

Shattuckita — Cortesia do Morris Museum of Arts and Sciences

Sodalita

Rubi

Zincita

Willemita

Wulfenita — Cortesia de John Rudowski

Variscita

Olho-de-tigre

Tulita — Cortesia de Joseph Cilen

Turquesa — Cortesia de Schiffer Lapidary

Turmalina

ladrões e jogadores, o mercúrio tornou-se um mineral especial para os que correm riscos. Há jogadores modernos que ainda carregam um talismã de boa sorte que consiste em uma casca de noz oca cheia de mercúrio e lacrada.[1] O antigo vínculo do deus embusteiro com a Deusa Tríplice do Destino (Vênus Fortuna) – e com sua contraparte menos antiga, a Sorte – levou ao uso de pequenas porções de mercúrio como espelhos onde buscar uma visão do destino futuro. Mais tarde, o amálgama de mercúrio tornou-se o fundo usado em espelhos de vidro comuns.

Com tantas correntes de crença nos vários poderes mágicos do mercúrio, dificilmente causa surpresa descobrir que os médicos costumavam prescrever mercúrio como remédio de uso interno, o que durou séculos, embora os resultados quase sempre fossem desanimadores. Tal como outros metais pesados, o mercúrio se acumula nos tecidos animais e é antes venenoso do que medicinal. Em quantidade suficiente, é um assassino implacável. Assim, de certo modo, a brilhante, bela, interessante e mágica "prata viva" é de fato uma embusteira: um traiçoeiro vilão num simpático disfarce. O próprio manuseio do mercúrio líquido pode ser perigoso, porque o contato prolongado com ele pode fazer o seu veneno passar pela pele e levar à inalação do seu vapor tóxico. No campo ecológico, o mercúrio mostrou ser um grande poluidor do ambiente, muito embora a moderna sociedade industrial considere o seu uso indispensável. Assim, o velho deus enganador ainda faz brincadeiras macabras com seus admiradores. Contudo, ele ainda é o nosso informante térmico básico. Ele nos revela a temperatura do corpo e do ambiente. Meteorologistas e profissionais médicos o consultam todos os dias.

1. Cunningham, 166.

METEORITA (Elementos: Níquel-Ferro)

As meteoritas se classificam como pétreas ou metálicas. Os tipos metálicos consistem largamente numa combinação níquel-ferro. Esses dois metais elementais são virtualmente desconhecidos na terra em sua forma livre ou pura; eles ocorrem somente em seus minérios, quimicamente combinados com não-metais como o oxigênio, o enxofre ou o carbono. No espaço, um meteoro metálico poderia viajar por milhões de anos sem encontrar oxigênio, sendo por isso incapaz de enferrujar (oxidar). Exposto ao vapor de água e ao oxigênio abundantes na terra, o metal meteórico enferruja com rapidez, devendo assim ser mantido seco e preservado com cuidado.

Inevitavelmente, alguns místicos dos cristais tendem a considerar o material meteórico um meio de comunicação com seres alienígenas em OVNIs, bem como com planetas distantes de "várias constelações".[1] Um autor parece acreditar que uma constelação é uma localidade única, e não uma justaposição casual de estrelas tal como vistas da Terra: as estrelas podem estar a milhões de anos-luz distantes da nossa linha de visão. Com efeito, as alegadas comunicações são quimeras.

Não obstante, o material meteórico é excitante apenas porque sabemos a sua origem. Ele evoca para nós o vasto cosmos, as sombrias profundezas do espaço vazio, as imensas distâncias que pode ter percorrido antes de cair na superfície do nosso planeta. Pedaços de meteoritas são os únicos objetos comumente disponíveis cujo caráter extraterrestre não deixa dúvidas. Não tendo uma beleza especial, são maravilhosos precisamente por causa do que sabemos sobre eles. Meditar com um pedaço de meteorita pode ser uma verdadeira aventura de ficção científica nos limites ilimitados da imaginação.

1. Gurudas, 131.

MICA (Silicatos Oxidrilos Complexos de Alumínio Ferro Magnésio Sódio Potássio)

A maioria das pessoas conhece os finos e brilhantes floquinhos de "mica" vistos como componentes de muitas rochas. Mas a mica não é um único mineral. Há muitas micas, algumas delas difíceis de distinguir, formando um grupo mineral específico. As micas são valiosos minerais industriais. Algumas são usadas para isolamento elétrico e térmico, na manufatura de tintas, porcelana e papel, como lubrificantes secos, massas de enchimento e outras substâncias úteis. Folhas transparentes de mica moscovita há muito eram usadas na Rússia como isolamento de fogões, veículos ou casas, sendo popularmente conhecidas como vidro Muscovy ou *isinglass.*

A moscovita tem algumas variedades. A sericita e a pinita têm granulação fina; a fucsita ou mariposita é colorida de verde pelo crômio; a alurgita é colorida de vermelho pelo manganês; a roscoelita contém traços de vanádio; a paragonita e a ilita são pobres em potássio ou não o contêm. Outras micas semelhantes à moscovita são a flogopita e a biotita. A lepidolita, mineral lilás ou róseo de lítio, também é uma mica, o mesmo ocorrendo com a glauconita, que tende a formar delicados cristais verde-azulados. A "mica quebradiça" é uma outra variedade, a margarita.

A característica típica da mica é sua perfeita clivagem em lâminas (folhas) flexíveis facilmente separáveis, que podem ser bem finas. Cristais laminados são por vezes chamados "livros" porque suas "folhas" se separam com facilidade. Talvez seja por isso que os místicos dos cristais associam a mica à aprendizagem. Mas, para ler o livro de mica, não há necessidade de nenhum estudo; basta segurar um pedaço de mica ao luar, movê-lo com delicadeza e "deixar sua luz inundar a mente consciente".[1] Supõe-se que isso aumente a consciência psíquica e confira o dom da profecia. A mica também é recomendada para "proteção", o que pode ser uma transformação imaginosa de suas qualidades como isolante. Muitas formas de mica são atraentes exemplares de prateleira, trazendo suas qualidades peculiares para enriquecer uma coleção.

---

1. Cunningham, 113.

MOLDAVITA (Vidro)

A moldavita é um material vítreo não cristalino encontrado inicialmente nas proximidades do rio Moldau, na Tchecoslováquia – daí o seu nome. Ela pode ser amarelada ou amarronzada, mas costuma ser da cor verde-lama. Alguns mineralogistas dizem que a moldavita poderia ser gotas endurecidas das superfícies exteriores de meteoritos, fundidas e derretidas durante sua passagem pela atmosfera e espalhadas no impacto. Outros dizem que poderia ser rocha terrestre derretida pelo calor do golpe de um meteorito.

De todo modo, a moldavita tem algum vínculo com o espaço exterior, o que já basta para os místicos dos cristais. Embora não seja cristal, é descrita como o "cristal verde do espaço" prometido secretamente por um Mestre Alienígena. Foi até proposto que a moldavita, e não a esmeralda, era a substância do Santo Graal e que a lenda da queda da jóia da coroa de Satanás durante sua queda era uma descrição metafórica da jóia verde chegando do espaço, isto é, dos "planos superiores".[1] As estrias tipicamente ásperas e onduladas da superfície exterior dos pedaços de moldavita são às vezes interpretadas como uma espécie de código rúnico que traz mensagens de origem extraterrestre.

A moldavita tem outros nomes, a depender do local de onde vem. A que vem da Austrália é australita; a que vem do estado americano da Geórgia, georgiaíta.[2] A moldavita algumas vezes é cortada e facetada como gema, mas continua a ser vidro cortado, sem a durabilidade de outras gemas. Qualquer pedaço facetado de vidro verde-escuro pode ser apresentado como moldavita. Depois do polimento de sua superfície ondulada característica, ela pode parecer qualquer outro vidro. O comprador em geral não sabe dizer se ela veio do local da queda de um meteorito ou do fundo de uma garrafa. Com efeito, um dos nomes da moldavita é *Bouteillenstein* (pedra-garrafa).[3]

1. Parkinson, 12, 248. 2. Schumann, 212. 3. Webster, 278.

OBSIDIANA (Vidro)

A obsidiana é um vidro natural, material vulcânico derretido exposto de repente ao ar e resfriado com rapidez demais para formar cristais. Um místico a define erroneamente como "um cristal formado rápido demais para desenvolver facetas", errando também ao dizer que o quartzo claro é vidro natural como a obsidiana.[1] O quartzo é cristalino, mas a obsidiana não. Outro místico, ainda mais longe da verdade, se refere à obsidiana como se ela fosse um fóssil.[2]

Os antigos mexicanos faziam espelhos para adivinhação com a obsidiana polida, bem como imagens do deus Tezcatlipoca, nome que significa "espelho reluzente".[3] A obsidiana, por sua vez, era chamada *iztli* ou *teotetl*, "pedra divina".[4] Civilizações mais antigas tinham muitas razões para reverenciar a obsidiana, dada sua extrema utilidade. Lascada e polida com cuidado, ela serve para fazer lâminas de face bem afiadas, cabeças de flechas, pontas de lanças, raspadores e outros instrumentos. Também tem fins ornamentais e talismânicos, servindo de adorno pessoal e dádiva a divindades.

Os talismãs populares hoje são pequenos nódulos de obsidiana preta conhecidos como lágrimas-de-apache – embora a razão pela qual os apaches teriam vertido lágrimas negras permaneça um mistério.

A obsidiana costuma ser uma dura e brilhante massa negra, translúcida nas extremidades. Há variações de cor. A obsidiana-mogno é avermelhada ou semelhante a mármore, com listras de vermelho-amarronzado. A obsidiana floco de neve (também chamada obsidiana-flor) exibe pontos estrelados branco-acinzentados de esferulitas inclusas (granulações esféricas). A obsidiana dourada e prateada contém inclusões que mostram, à luz clara, um lustro sedoso. Há também uma obsidiana irisada. Outra forma é a "cabelo-de-Pele", cujo nome vem da deusa polinésia dos vulcões e que consiste de longos filamentos finos: o vidro tecido pela natureza.

Para os místicos, a obsidiana é "um ímã que atrai as forças espirituais para o corpo" e tem algum envolvimento na "criação de uma forma superior de consciência" aqui na terra. Essa alegada criação é realizada pela atração de qualidades das almas para os corpos, enquanto as "vibraçoes inferiores" são dissipadas, tudo graças à magia inefável de um vidro vulcânico inerte.[5] Isso parece implicar que "qualidades da alma" não fazem parte do nosso eu, mas devem ser trazidas de algum lugar. A única justificativa para essa premissa seria uma crença como a dos antigos polinésios, segundo a qual a deusa Pele mantinha as almas dos mortos em seus vulcões, enviando-as ocasionalmente de volta à superfície da Terra com a sua lava, para serem reencarnadas em novas formas de vida.

A superfície brilhante da obsidiana costuma ser embelezada por delicadas linhas em que podem ser vistas imagens, relembrando a tradição do espelho divinatório. A obsidiana de brilho dourado, prateado e irisado dá origem a belos objetos para serem contemplados numa luz clara. A partir de sua superfície negra como tinta, nuvens luminosas aparecem inesperadamente, sugerindo as numerosas conotações simbólicas da luz emergindo das trevas. A obsidiana que apresenta esse efeito serve de metáfora para a criação ou nascimento. Sua própria história é compatível com a metáfora. A obsidiana surgiu do ventre ígneo da Terra (o ventre de Pele), sendo ela mesma a própria substância desse ventre. A partir da mesma base da antiga crença de que cada criança era formada pelo sangue uterino retido de sua mãe, a obsidiana é formada a partir do fluido interior da Terra. Uma vez nascida, ela é congelada, mas não cristalizada. Do mesmo modo como meteoritos vêm de repente dos céus, a obsidiana vem subitamente das profundezas.

1. Stein, 181. 2. Gurudas, 78. 3. Kunz, 204. 4. Sinkankas, *G. N. A.*, 506. 5. Raphaell, *C. E.*, 93-100.

OLHO-DE-TIGRE (Dióxido de Silício, com Inclusões)

O olho-de-tigre é uma pedra olho-de-gato sedosa com faixas reluzentes que vão do amarelo-dourado ao marrom-dourado; essas faixas se modificam de acordo com o ângulo da luz, como as cores da seda molhada. Em alguns exemplares, a cor predominante não é o dourado, mas um cinza-azulado escuro; nesse caso, o material é chamado de olho-de-falcão.

Esse mineral é feito de quartzo envolvendo muitas fibras delgadas de crocidolita, uma variedade da riebeckita, um silicato de ferro sódio. A riebeckita pertence ao mesmo grupo do anfibólio, que inclui a hornblenda e a série tremolita-actinolita em que o jade nefrita e o asbestos são encontrados. Um místico dos cristais descreve erroneamente o olho-de-tigre como uma "massa fibrosa de quartzo maciço".[1]

Ao que parece, apenas a partir do seu nome, atribui-se ao olho-de-tigre a capacidade de melhorar a visão e aumentar os poderes intuitivos das pessoas. Ele pode dar a estas "a capacidade de ver Deus em todas as formas materiais"[2]. Supõe-se que meditar com um olho-de-tigre à luz do sol "permite que a pessoa perscrute o passado e o futuro".[3] O olho-de-tigre também ajuda na "absorção do silício" no corpo, insiste um autor, embora o corpo não tenha o que fazer com o silício nem possa absorvê-lo.[4] Na verdade, o corpo não pode absorver nada que não seja solúvel em água, e o silício definitivamente não é solúvel em água em temperaturas comuns.

Afirma-se também que o olho-de-tigre "transmite.... o raio marrom de uma fonte não descoberta".[5] Não apenas a fonte não foi descoberta, como o próprio raio, que só foi visto ou ouvido nessa afirmação.

Seja como for, o olho-de-tigre é uma fascinante variedade do quartzo que, se não fosse tão comum, alcançaria preços absurdos. Polido como cabochões e pingentes, o olho-de-tigre é uma bela jóia. Podem-se observar as oscilantes luzes abaixo da sua superfície por longos períodos de tempo sem se cansar do fenômeno, pois ele é outra das criações estéticas interminavelmente inventivas da Mãe Natureza. Podem-se fazer com ele atraentes artefatos de cristal, como esferas, ovos, contas e formas aleatórias polidas. Ele delicia tanto crianças como adultos, e ao menos uma peça sua está presente mesmo na menor e mais modesta coleção de minerais.

O olho-de-tigre polido é um maravilhoso símbolo da realidade cíclica, da alternância da luz e das trevas no mundo da natureza e do tempo: dia/noite, verão/inverno, plantio/colheita, morte/vida, etc. Tal como o famoso símbolo chinês do yin e do yang, ele mostra a escuridão contida na luz e a luz contida na escuridão. À medida que viramos a pedra em ângulos diferentes, as faixas brilhantes ficam sombrias e as sombrias se iluminam misteriosamente, como seda molhada, mas de uma maneira ainda mais complexa e interessante. O olho-de-tigre é tão fascinante na sua variabilidade que, se fosse raro, poderia custar mais do que as gemas mais delicadas. Felizmente, ele é bem comum; mas isso não deve ser uma razão para desvalorizar seu encanto ou eficácia simbólica.

1. Stein, 209. 2. Raphaell, *C. H.*, 193. 3. Cunningham, 141. 4. Gurudas, 177. 5. Bravo, 229.

ÔNIX (Dióxido de Silício)

O ônix é uma calcedônia com faixas, normalmente com listras brancas alternando-se com pretas, ou marrons (sárdio-ônix), ou vermelhas (cornalina-ônix). É usado com freqüência para camafeus e outras jóias em que suas cores contrastantes são utilizadas, mas o ônix pode ser uma cor sólida mesmo quando as faixas são muito espessas.

O nome *ônix* tem sido aplicado erroneamente à calcita estriada ou com faixas, tal como o "ônix mexicano", que é muito mole para a joalheria.[1] Ônix brasileiro, ônix argelino, ônix Yava, ônix da caverna e mármore ônix são nomes igualmente enganosos para a calcita estalagmítica, que não é ônix nem mármore.[2]

O ônix pode ser tingido. Cores sombrias podem se tornar negro vítreo com o tratamento de açúcar queimado. Esse tratamento consiste em impregnar a pedra com uma solução de açúcar e, depois, com ácido sulfúrico concentrado, o que transforma o açúcar num tenaz negro carbono.[3]

O ônix preto era muito valorizado para contas de rosário. Os cristãos também copiaram idéias pagãs sobre as propriedades medicinais da pedra, acreditando que ela ajudava na cura de feridas e assistia mulheres no parto. A igreja da Abadia de St. Alban preservava um miraculoso ônix de cura, que era aceito como fetiche cristão embora tivesse gravada em si a imagem do deus pagão da medicina, Esculápio (em grego, Asclépio).[4] *The Magick of Kiram, King of Persia*, livro publicado em 1686, afirmava que se podia ficar invisível mediante o uso de um anel de ônix.[5]

Para algumas pessoas, o negrume das pedras de ônix sugeria uma conexão com o lado sombrio da natureza e com poderes do mundo inferior. Um texto árabe medieval alegava que os mineiros chineses temiam tanto o ônix que "tinham terror de ir às minas onde ele ocorre. Ninguém, menos escravos e pessoas humildes, que não têm outro meio de ganhar a vida, extrai a pedra das minas. Tendo sido extraída, ela é levada para fora do país e vendida em outras terras".[6] O texto do século XIII, *Book of Wings*, de Ragiel, dizia que um ônix moldado à semelhança de um camelo ou de dois bodes produziria "terríveis visões no sono".[7] Outras fontes afirmavam que o ônix incita querelas, em especial entre casais, porque as próprias pedras tinham sexos diferentes.[8]

Alguns místicos modernos transmutam esses indícios sombrios do passado ao afirmarem que o ônix é útil para quem teme a morte ou está lidando com ela. A reputação aguerrida da pedra é reinterpretada como controle sobre desejos sexuais.[9] O ônix "está atuando no raio negro do cosmos", o que, ao que parece, tem um efeito direto sobre o sistema imunológico.[10] Ele também melhora a pele, as unhas, os cabelos e o coração; trata úlceras; alivia dificuldades de audição; e mantém registros do "histórico físico" do usuário.[11] Além disso, o ônix é um "interruptor que não permite que o corpo tenha drenadas as suas forças" e "estabiliza o pâncreas".[12]

É melhor que quem estiver preocupado com ter um pâncreas instável use ônix.

Além desse benefício questionável, o ônix é uma bela gema ornamental muito boa de se usar. Tal como outras formas de calcedônia, ele com freqüência aparece como anéis cabochão, pingentes, caixas decorativas, suporte de livros, estatuetas, cabos de facas e outros objetos dessa espécie. O ônix é uma pedra de muitos usos.

---

1. Wodiska, 180. 2. Webster, 93. 3. Stern, 63. 4. Thomson, 20. 5. Fernie, 313. 6. Rutland, 161. 7. Kunz, 133. 8. Fernie, 179. 9. Cunningham, 120. 10. Bravo, 259. 11. Stein, 183-184. 12. Richardson et al., 100-101.

OPALA (Dióxido de Silício Hidratado)

A opala é uma gema não cristalina, um gel de sílica que contém quantidades variáveis de água, até um máximo de trinta por cento. Opalas preciosas podem secar e, ao perderem uma quantidade muito grande da sua água, perdem também sua iridescência.[1] São variedades da opala: a branca, a preta, a musgosa, a madeira, a opala de fogo, a opala de água, a opala viva, a arlequim, a pavão, a opala matacão, a pedra de ferro e a opala comum; há também a hialita, a cachalonga, a hidrofane, a girassol, etc.

O nome opala vem do termo sânscrito *upala*, "pedra valiosa".[2] A pedra *opalus* mencionada por Plínio provavelmente não era a opala, porque as opalas não são encontradas nas localidades por ele citadas, assim como os romanos não conheciam as principais fontes européias dessa pedra. A bela pedra de Plínio, com uma suave iridescência avermelhada, o púrpura brilhante da ametista, o verde-mar da esmeralda e a incandescência do enxofre ardente, pode ter sido o quartzo claro com rachaduras iridescentes. Plínio disse que os indianos sabiam fazer imitações de vidro da *opalus* que ele tanto louvava.[3] Vidro iridescente semelhante ao quartzo não é difícil de fazer, mas a verdadeira opala é quase impossível de imitar. A *opalus* pode ter tido um vínculo arcaico com a Opália, o festival romano anual da deusa Ops.

Se a opala dos romanos era ou não a mesma pedra que hoje leva esse nome, não importa; está claro que eles a valorizavam. Eles acreditavam que essas pedras conferiam o dom da previsão e o poder da profecia.[4] Quando Marco Antônio tentou comprar uma famosa opala do senador Nônio para dá-la a Cleópatra, o senador fugiu de Roma e aceitou voluntariamente o exílio para não se separar de sua pedra.[5]

As tradições orientais diziam que pedras multicoloridas podiam proteger o usuário em relação a todas as doenças. Mulheres louras valorizavam as opalas devido à crença de que as pedras preservariam a cor dourada de seus cabelos.[6] Na Idade Média, acreditava-se que as opalas melhoravam a visão dos seus portadores, mas ofuscavam a tal ponto os olhos de outrem que o portador da pedra podia tornar-se invisível. Assim, ela era considerada a pedra dos ladrões, possibilitando os roubos mais secretos.[7]

Esta última tradição pode ter sido uma das fontes da má reputação da opala como pedra de má sorte, embora a origem dessa crença costume ser atribuída à opala do romance *Anne of Gierstein*, de Walter Scott. Bem antes de Scott, a opala despertava medo em algumas regiões. Russos supersticiosos nada compravam se vissem uma opala entre bens oferecidos para a venda, acreditando que toda compra subseqüente lhes traria má sorte.[8]

As modernas idéias místicas sobre a opala tendem a ser igualmente irracionais. Uma fonte diz que a opala "trata" autismo, dislexia, epilepsia, depressão, leucemia e todas as desordens do sangue, dos olhos e da coordenação física; além disso, opalas negras foram "usadas na Lemúria quando a raça, a princípio sem divisão de sexos, foi dividida em sexos".[9] Outra afirma irresponsavelmente que "a estrutura física de uma Opala corresponde às propriedades físicas do cérebro".[10] Mas a opala parece trazer pouco ou nenhum benefício para o cérebro, porque não deve ser usada por adolescentes, cuja pouca idade torna demasiado instáveis para suportar as vibrações igualmente instáveis da opala.[11] Por outro lado, a opala é recomendada para a "percepção espiritual", para aliviar a tensão e para encorajar a realização, tudo isso coisas que seriam úteis aos adolescentes.[12]

Outra "autoridade" distingue entre diferentes tipos de opalas em termos de várias propriedades místicas. As opalas de fogo atraem dinheiro. As opalas negras são pedras de poder para mágicos.[13] Outra se refere erroneamente à opala como a "um membro distante da família do quartzo".[14] Como, exceto pelo seu conteúdo de água, as opalas *são* quartzo, "distante" talvez não seja a palavra certa. Ao contrário de outras formas de quartzo, no entanto, as opalas são frágeis e exigem um cuidado especial. Proprietários de opalas preciosas podem ser aconselhados a mantê-las na água, no óleo ou em glicerina para retardar a degenerescência. Por motivos imperfeitamente compreensíveis, algumas opalas terminam por se quebrar de qualquer maneira, enquanto outras permanecem imunes a isso quase para sempre.

Poucas pedras são mais apropriadas para a contemplação descomprometida e para a meditação do que a opala. Sua mudança de cores e de luzes pode ser fascinante. Uma diferença milimétrica no ângulo de visão pode revelar um mundo de cores diferentes numa boa opala. A magia da aparência dessa pedra é bastante real; não é necessário carregar o inocente mineral de magia ficcional.

Devido à grande beleza e atração da opala, fizeram-se incontáveis tentativas de sintetizá-la ou imitá-la, mas nenhuma teve pleno sucesso. John S. Slocum inventou uma imitação de vidro silicato conhecida como pedra Slocum. Os especialistas a consideraram atraente mas não muito parecida com a opala. Uma imitação melhor foi produzida nos anos 70 por Pierre Gilson. Várias combinações de vidro colorido, translúcido ou leitoso são vendidas como simulações da opala. Sua aparência é bastante diferente da opala real para garantir que poucos sejam enganados.[15]

Outro tipo de simulação, no entanto, é mais difícil de detectar. Opalas brancas não vendáveis são às vezes transformadas em opalas negras com o mesmo tratamento de açúcar e ácido que transforma a calcedônia comum em ônix preto. Opalas negras devem ser estudadas com cuidado; elas nem sempre são o que a natureza quis que fossem. Outra maneira de fazer a opala comum, sem valor vendável, é impregná-la de plástico. Por esse meio, ela muitas vezes pode ser induzida a exibir um jogo de cores semelhante ao da opala preciosa.[16]

A construção de duplas ou trios de opalas é prática comum. Ela pode criar uma gema melhor do que uma peça sólida. A pedra composta tem menos propensão a rachar, porque fica protegida pelo cimento. Além disso, a frágil opala é protegida de batidas e arranhões quando coberta com quartzo transparente ou com outro material mais duro e mais resistente. Um vidro preto especial feito na Bélgica e vendido com o nome de Opalite serve muitas vezes de fundo a duplas de opalas.[17]

---

1. Schumann, 150. 2. Boegel, 89. 3. Kunz, 145. 4. Thomson, 61. 5. Stern, 53. 6. Kunz, 143, 148. 7. Webster, 65. 8. Fernie, 249. 9. Parkinson, 174. 10. Bravo, 252. 11. Richardson et al., 103. 12. Stein, 261. 13. Cunningham, 122. 14. Raphaell, *C. H.*, 197. 15. O'Donoghue, *G. M. G.*, 173. 16. Nassau, *G. E.*, 147. 17. Webster, 233.

OPALA DE FOGO (Dióxido de Silício Hidratado)

O termo *opala de fogo* é um tanto controverso. Algumas autoridades insistem que ele é sinônimo de opala preciosa, do tipo que tem muito "fogo" ou brilho de várias cores. Outras aplicam o termo às opalas cor de chama, encontradas principalmente na América Central, que têm pouco ou nenhum brilho multicolorido de opalescência, sendo em vez disso de um laranja rutilante monocromático. Estas também podem ocorrer em matizes mais pálidos de abricó, pêssego ou mesmo amarelo-limão. Alguns exemplares são transparentes, mas a maioria revela alguma turvação.

Os místicos dos cristais dão à opala de fogo uma ampla variedade de significados. Um diz que ela atrai dinheiro.[1] Outro diz que representa a paixão.[2] Outro ainda afirma que ela pode "deixar nervoso o plexo solar" e que só deve ser usada com cuidado.[3] Há também um que, bem misteriosamente, diz ser ela uma gema de épocas específicas: seis horas da tarde, no verão. É deixado ao leitor imaginar se a opala de fogo deve ser usada somente às seis horas da tarde no verão, se sua magia só funciona nesse momento ou se há de fato alguma relação entre o tempo e a gema, e, se houver, qual a sua natureza.[4]

A opala de fogo cor de chama é uma gema atraente, consideravelmente menos cara do que a opala preciosa. Como todas as opalas, ela é um tanto frágil, mas, com um cuidado razoável, fornecerá prontamente uma vida de prazer estético.

---

1. Cunningham, 122. 2. Bravo, 125. 3. Richardson et al., 102. 4. Parkinson, 173.

ORPIMENTO (Trissulfeto Arsênico)

Orpimento vem da palavra latina *auripigmentum*, "pigmento dourado". Como seu velho nome "amarelo-do-rei", o orpimento foi amplamente usado em tintas e tinturas. Este último nome hoje é aplicado principalmente ao orpimento sintético. O material natural ocorre em massas ou veios perto de fontes quentes e de fumarolas vulcânicas. O orpimento é um minério do arsênico. O monossulfeto arsênico, o realgar, forma brilhantes cristais vermelhos, mas é sensível à luz, tornando-se um orpimento amarelo em pó quando exposto à luz do dia. Embora mais estável do que o realgar, o orpimento tende a se despedaçar se mantido num ambiente luminoso e arejado. Esse mineral venenoso gosta do escuro.

Tanto o orpimento como o realgar eram conhecidos dos antigos. Aristóteles referiu-se ao realgar pelo nome de sandáraca. Ligas de cobre arsênico tinham utilidade na metalurgia. Os alquimistas sabiam que o arsênico afastava insetos nocivos, ratos, camundongos, ervas daninhas e até pessoas inconvenientes. Ao longo dos séculos, um número razoável de pessoas morreu com sintomas de envenenamento por arsênico – sintomas que incluem náuseas, diarréia, dor de cabeça, dores musculares e, eventualmente, coma.

Não obstante, compostos do arsênico inorgânico, como o orpimento, ainda são ingeridos em algumas partes da Europa Central como tônico ou como remédio para doenças como leucemia, anemia, malária, reumatismo e sífilis. Em outras áreas, tem-se reconhecido que os compostos de arsênico orgânico como o salvarsan (hidrocloreto arsfenamine) podem de fato tratar a sífilis e algumas outras doenças. O material inorgânico, no entanto, é perigoso.

Como espécime mineral, o orpimento é obtido, muitas vezes inadvertidamente, por colecionadores que o admiraram a princípio na forma de brilhantes cristais vermelhos de realgar e não os mantiveram no escuro. Assim, ganharam orpimento amarelo, querendo-o ou não.

OURO (Elemento)

Desde as mais antigas civilizações, o ouro é reverenciado pelo seu brilho invencível e pela sua maleabilidade, que fez dele material adequado para muitos artefatos. O ouro tornou-se uma padrão de valor por causa das implicações espirituais derivadas de sua manifesta resistência aos efeitos do tempo. Imune à ferrugem, à corrosão, à sujeira, à água, aos ácidos (exceto a *aqua regia*) ou a quaisquer outros agentes de deterioração, esse elemento sempre representou a imortalidade – o nosso maior desejo. Em algumas culturas, acreditava-se que somente o ouro podia promover a ressurreição dos mortos, o que levava as pessoas a exigi-lo nos funerais.

O Bezerro de Ouro da religião egípcia, adotado pelos hebreus do Antigo Testamento sob Aarão, era uma forma ressurrecta do deus salvador Osíris, quando este renasceu da deusa Ísis como Hórus: a Vaca de Ouro. A Bíblia afirma que Moisés pegou o bezerro sagrado e "fê-lo arder na fogueira, reduziu-o a pó, e o espalhou na água e fez os filhos de Israel beberem dela" (Êxodo 32, 20). Essa passagem na verdade fala de um costume ritual pagão; beber pó de ouro com água era considerado um santo remédio e/ou uma simpatia de ressurreição. Foi muito usado pelos alquimistas medievais, que buscavam o "verdadeiro ouro potável" como panacéia. Alguns diziam que toda infecção era curável com suco de limão em que o ouro tivesse ficado por vinte e quatro horas, misturado com vinho branco e raiz de angélica (uma versão inicial de um *cooler* de vinho?). Paracelso declarou que a ingestão de ouro pulverizado curava epilepsia, desmaios, melancolia e lepra.[1]

Médicos do final do século XIX continuaram a acreditar que certas doenças só podiam ser curadas com ouro. Num tratado escrito em 1879, afirmava-se que o ouro curava hidropsia, sífilis, escrófula e problemas cardíacos. O disseminado costume de esfregar ouro no terçol remonta a Plínio (79 d.C.). Estipulava-se às vezes que o ouro tinha de estar molhado com a saliva de uma pessoa em jejum. O dr. Fernie sugeriu que o ouro é "provavelmente dissolvido superficialmente pela saliva", embora devesse ter se informado melhor.[2] O ouro só é dissolvido pela *aqua regia*, uma formidável mistura dos ácidos nítrico e hidroclórico.

O ouro é o mais pesado mineral natural, sendo mais de dezenove vezes mais pesado que a água, em comparação com o chumbo, que é apenas onze vezes. Isso permite que os garimpeiros colham ouro de leitos de rios. Depois de a rocha-matriz se desgastar e liberar na água certa quantidade de ouro, é-lhe possível afundar e permanecer quieta por milhares ou milhões de anos. O famoso Tosão de Ouro do mito grego deve ter se originado da prática antiga de colocar um tosão de carneiro em correntes portadoras de ouro para pegar partículas.[3]

O ouro pode ser encontrado numa liga natural com a prata, uma combinação conhecida como eletro, da palavra grega para brilho do sol, que também se referia ao âmbar. Afirmava-se que uma taça feita de eletro metálico emitiria clarões irisados de advertência se enchida com alguma coisa venenosa.[4] O nome da liga pode ter inspirado os mitos da Nova Era sobre a "eletricidade" do ouro. Como a maioria dos metais, o ouro é um bom condutor de corrente elétrica, mas dificilmente um gerador dela. Mesmo assim, diz-se que o ouro é "mais elétrico do que quente, alcançando uma oitava superior dos níveis de aura".[5]

O ouro é muito recomendado nas curas da Nova Era, havendo constantes referências ao fato de os médicos às vezes tratarem a artrite com injeções de sais de ouro, tais como tioglicose de ouro, tiomalato de sódio ouro, tiossulfato de sódio ouro ou tioglicanide de ouro. Na realidade, esses sais não podem ser considerados mais idênticos ao ouro do que o sal comum (cloreto de sódio) o é aos seus elementos componentes, o sódio ou o cloro. Por um motivo: os sais de ouro são solúveis e, portanto, podem ser absorvidos pelo corpo. O ouro metálico é insolúvel em soluções aquosas e de nenhuma maneira pode ser assimilado. Eis por que as obturações de ouro não se dissolvem.

O uso de jóias de ouro ou a manutenção de um pedaço de ouro na mão dificilmente afetam o interior do corpo.

Não obstante, Edgar Cayce declarou que esse atos exteriores "reconstroem o sistema nervoso [o tecido nervoso não se regenera] e [são] bons para a esclerose múltipla". Segundo um místico, o éter influenciado pelo ouro é convertido na força vital. O ouro também promove a regeneração de "estruturas neurônicas no âmbito da capacidade craniana", ou melhor, as células cerebrais – que normalmente não se regeneram.[6] Numa algaravia fisiológica igualmente engraçada, o inimitável Lama Singa diz que o ouro "será considerado em termos dos seus efeitos significativos da primeira e segunda posições endócrinas, embora possa às vezes desequilibrar a terceira... Se lhe for acrescentada uma pedra, ele pode ser um tanto aprimorado para promover o equilíbrio entre as três endócrinas superiores e as três inferiores."[7] Uyldert chega a acreditar que as coroas de ouro da realeza não eram usadas por ostentação, mas por motivos mágicos, porque o ouro conduz os poderes místicos das gemas e "transforma o monarca numa potente bateria de força".[8]

A real magia do ouro talvez esteja nas românticas e turbulentas histórias humanas com ele vinculadas. O ouro tem representado a realização de sonhos: encontrar o veio-mãe, descobrir o El Dorado, retornar à Idade de Ouro, adquirir o toque de Midas, descobrir os segredos da Flor de Ouro ou da Pedra Filosofal, que poderia fazer quantidades ilimitadas de ouro a partir de quase nada. Milhares de camponeses europeus esperançosos migraram para o Novo Mundo acreditando que o ouro estava ali à disposição de todos. Mesmo no século XX, o dr. Fernie acreditava que o ouro podia ser coletado nas ruas do Brasil depois de uma chuva.[9] Histórias verdadeiras originárias das corridas do ouro da Califórnia e do Alasca excedem muitas vezes as mais extravagantes cores da ficção.

O ouro é o símbolo da eternidade, a metáfora universal da excelência, o perene encanto. Na alquimia, o ouro é representado pelo símbolo do próprio sol. Os hindus antigos o chamavam de Luz Mineral, acreditando ser ele formado pela luz solar engolida pela terra. Parece que o ouro é pura poesia.

---

1. Medenbach & Wilk, 14. 2. Fernie, 366-369, 381. 3. Rutland, 140. 4. Cunningham, 156. 5. Stein, 203, 6. Gurudas, 106-108. 7. *Gems, Stones & Metals*, 11. 8. Uyldert, 76-77. 9. Fernie, 68.

PASTA (Vidro)

Pasta é o termo do joalheiro para designar vidro cortado facetado para imitar uma jóia. Proprietários de gemas valiosas podem obter cópias delas em pasta para uso comum, evitando riscos para as originais. Esse material é muito usado para isso, oferecendo imitações de pedras preciosas a baixo custo. É desnecessário dizer que imitações em pasta também figuraram em inúmeras fraudes, sendo vendidas a compradores desavisados como gemas reais.

Outra palavra para pasta é *strass*, que tem o nome do inventor de uma fórmula de vidro para imitar diamantes, Joseph Strass (1758). Alguns dizem que a fórmula de Strass incluía sílex córneo, óxido de ferro, alumina, cal e sódio; outros alegam que os ingredientes eram sílica, potassa, bórax e óxido de chumbo.[1] Há hoje várias fórmulas, concebidas para conseguir um equilíbrio entre a dureza desejável e as propriedades óticas. O vidro de chumbo (o "cristal de chumbo" comercial) produz cintilância, mas é mole e arranha com facilidade. No outro extremo, o vidro borossilicato tem uma boa dureza, igual à do quartzo, mas não parece muito vivo.

Gemas de vidro têm recebido muitos nomes comerciais que pretendem sugerir que elas são algo mais do que vidro. Um termo popular para essas imitações é Royalite. O título esperançoso True Star (estrela verdadeira) foi aplicado a uma imitação pobre do coríndon estrela, que consiste num cabochão de vidro com um ouropel evidente cimentado no fundo. Uma imitação mais bem-sucedida de pedra-estrela é um cabochão de vidro opaco moldado e sulcado coberto por uma cerâmica colorida.[2]

Uma mão experiente pode distinguir o vidro das gemas pelo toque. O vidro parece mais quente do que um cristal natural porque é amorfo e não pode dispersar o calor da pele com a mesma rapidez de um cristal. As imitações de plástico são ainda mais quentes.

Outra maneira de distingui-los é estudar as extremidades facetadas. As gemas cortadas têm extremidades agudas e pronunciadas. Em imitações de vidro, as extremidades facetadas parecem menos pronunciadas e mais arredondadas. Se o vidro for prensado (moldado) em vez de cortado, as extremidades são menos agudas ainda. Mas é claro que esse teste não pode ser aplicado a pedras cabochão em engastes.

Imitações de pasta bem feitas podem ter ótima aparência e substituem a pedra real com mais freqüência do que pensa o leigo. Para quem sabe pouco sobre gemas, a maneira segura de evitar as fraudes é lidar somente com um comerciante de boa reputação e afastar-se de "pechinchas" oferecidas informalmente em quase todo o mundo.

Um dos nomes fantasia aplicados a uma gema de pasta é Aurora Borealis Stone (Pedra da Aurora Boreal). Mas não se trata de uma pedra, e sim de vidro cortado que tem no fundo um revestimento semelhante aos usados em lentes de câmara fotográfica. Uma "gema" desse tipo pode mostrar muita cintilância quando nova, antes de começar a ficar arranhada. Às vezes, jóias de pasta recebem uma base de amálgama de mercúrio – essencialmente, uma fina camada de espelho. Essa jóia chama-se *chaton*.[3]

1. O'Donoghue, *G. M. G.*, 210. 2. Nassau, *G. M. M.*, 272. 3. Webster, 440.

PEDRA DA LUA (Ortoclásio Adulária: Silicato de Alumínio Potássio; Plagioclásio Albita: Silicato de Alumínio Sódio)

O nome pedra da lua é dado a dois feldspatos de composição um tanto diferente. Na aparência, ambos os feldspatos têm uma pálida cor sedosa. As pedras da lua podem ser brancas, branco-azuladas, amarelo-creme, marrons, ou podem apresentar matizes amarelo-róseos com pêssego e abricó.

Os gregos davam à pedra da lua o nome de *Aphroselene*, um composto dos nomes das deusas da lua, Afrodite e Selene.[1] Alguns místicos dos cristais confundem a pedra da lua com a selenita, que é um mineral inteiramente diferente, embora seu nome signifique "pedra da lua". A selenita é uma forma de gipsita (sulfato de cálcio hidratado) mole e frágil, imprópria para ser usada como gema. Contudo, Parkinson insiste que a selenita e a pedra da lua adulária são a mesma coisa.[2]

Com base no seu nome, todos supõem que a pedra da lua deve ter algum vínculo com o planeta. Um místico chega a afirmar que o mineral aumenta e diminui de acordo com as fases lunares.[3] Como seria inevitável, ela é também ligada aos ciclos menstruais da mulher e ao "equilíbrio" dos níveis mensais de hormônio.

Na Índia, essa pedra era consagrada aos amantes e supunha-se que conferisse poderes proféticos quando mantida na boca durante uma lua cheia. Os mercadores indianos de gemas a exibem com um envoltório amarelo, a sagrada cor lunar.[4] Os bascos acreditavam que a pedra da lua tornava seu possuidor "sereno e plácido" e curava a epilepsia.[5] Era crença comum na Europa que a pedra da lua podia prever o futuro durante a "fase enrugada" da lua minguante.[6]

Mesmo hoje, os místicos dizem que a pedra pode informar "tudo o que já foi e será".[7] Ela também ajuda a "viajar ao plano astral", que é a moderna versão da antiga jornada do espírito à esfera da lua.[8] Até o século XIX, acreditava-se que a pedra da lua podia tornar seu portador invisível, à maneira de quem caminha somente no espírito.[9]

Ainda se afirma que a pedra protege viajantes, especialmente em viagens por mar. Nadadores podem evitar acidentes na água usando anéis de pedra da lua.[10] A pedra da lua também "realinha" a coluna, "melhora" as secreções da pituitária e ajuda no parto.[11] Além disso, "trata" câncer, edema, úlcera e problemas emocionais. Pendurada em árvores frutíferas, aumenta sua produção.[12]

Mesmo que, como é provável, não faça nada dessas coisas, a pedra da lua ainda é um mineral atraente devido ao seu brilho perolado, conhecido como *schiller*. Com ela são feitas belas jóias, que sempre foram particularmente valorizadas pelas mulheres.

---

1. Wodiska, 148. 2. Parkinson, 114. 3. Stein, 256. 4. Kunz, 98. 5. Thomson, 46. 6. Wodiska, 147. 7. Richardson et al., 98. 8. Raphaell, *C. E.*. 149. 9. Fernie, 333. 10. Cunningham, 114. 11. Gurudas, 132. 12. Parkinson, 116, 118.

PEDRA DE OURO (Vidro)

Pedra de ouro é um nome enganoso. A substância não é ouro nem pedra. É vidro feito pelo homem, contendo minúsculas partículas de cobre de outro metal brilhante para criar um efeito cintilante, às vezes chamado de "vidro aventurina". A aventurina (quartzo com inclusões de mica) aparentemente recebeu o seu nome por causa de sua semelhança com esse tipo de vidro. Os alemães dão-lhe o nome de *Goldfluss*.

A pedra de ouro costuma ser de um bronze-avermelhado com partes douradas, mas também vem em outras cores, como o azul meia-noite confusamente chamado pedra de ouro azul. A pedra de ouro é cortada e polida para uso em jóias como substituto barato da pedra do sol. Ela gera belos cabochões ou pingentes, mas, como todo vidro, está sujeita a lascar e quebrar.

Pedaços não lavrados de pedra de ouro costumam ser vendidos por comerciantes de minerais a clientes confiados que supõem estar comprando uma bela rocha. Quando interrogados, os comerciantes podem dizer, sem mentir, que o material é pedra de ouro, sem se darem ao trabalho de acrescentar que se trata de vidro feito pelo homem. Sabe-se que compradores ingênuos saltaram para a conclusão de que os reluzentes flocos metálicos eram ouro verdadeiro. Os místicos dos cristais têm usado a pedra de ouro como simpatia curativa, acreditando ser ela um produto da natureza.

PERIDOTO (Silicato de Ferro Magnésio)

O peridoto é a variedade gema da olivina. É verde-amarelado, às vezes verde o bastante para passar por esmeralda à luz difusa – daí vem o seu apelido, "esmeralda noturna".

O velho nome *crisólita* já foi aplicado indiscriminadamente ao peridoto e ao topázio, o que gerou uma enorme confusão, em especial porque o peridoto veio da Ilha de Zebirget, do Mar Vermelho, identificada com a legendária ilha dos topázios, Topazin. Em alguns escritos antigos, *topázio* significa peridoto.[1]

Alguns místicos dos cristais ainda não entenderam a confusão de nomes. Eles pensam que o peridoto e a crisólita são minerais diferentes, embora sejam chamados no início de primos um do outro.[2] Alguns atribuem um conjunto de poderes de cura à "crisólita" e outro conjunto ao "peridoto".[3] Um chama a crisólita de "uma pedra bem mole", o que não descreve o peridoto nem o topázio – nem, quanto a isso, nenhuma outra pedra, porque crisólita é um nome obsoleto.[4]

Seja qual for a pedra chamada crisólita pelos antigos, o fato é que lhe atribuíam poderes prodigiosos. Ela podia afastar maus espíritos e feitiços quando presa ao braço esquerdo com pêlos de burro. Gravado com a figura de um burro, o peridoto inspirava ao seu usuário sonhos proféticos; gravado com um abutre, controlava demônios.[5] Hoje, diz-se que a "crisólita" (em oposição ao peridoto) alivia infecções viróticas, toxemia e apendicite.[6]

O peridoto é uma moderna droga das maravilhas. É recomendado para congestões pulmonares, febre, úlceras, colite e constipação. Foi uma "importante gema de cura da fabulosa Atlântida".[7] Estimula a "regeneração de tecidos" de todo o corpo;[8] "trabalha com as suprarenais e o fígado".[9] Além disso, desenvolve as capacidades mentais humanas "por causa do seu alto conteúdo de amarelo dentro do verde".[10] Se o amarelo é tudo de que precisamos para desenvolver capacidades mentais, todas as salas de aula do país devem ser pintadas de amarelo antes que se passe outra semana.

E, misteriosamente, o peridoto está "transmitindo as ondas de raio de um planeta ainda não avistado."[11] Se o planeta nunca foi visto, como foi descoberta essa interessante informação? Nunca paramos de nos maravilhar com a capacidade do místico de discernir coisas que nem o microscópio nem o telescópio alcançam e que nenhum outro ser humano além dele já observou. É verdade que as pessoas que sofrem de alucinações podem fazer esse tipo de coisa, mas suas fantasias particulares não costumam ser publicadas em livros nem levadas a sério.

As cores do peridoto não são comuns entre os materiais de gemas.

Assim como costumam identificar toda pedra vermelha como rubi e toda pedra azul como safira, os leigos também costumam perguntar ao usuário de um peridoto facetado: "Que pedra é essa?" Ele é freqüentemente considerado pedra natal de agosto ou de setembro, a depender da relação preferida. Algumas pessoas se sentem muito atraídas pela sua cor vívida e forte.

---

1. Anderson, 55. 2. Richardson & Huett, 105. 3. Gurudas, 91, 139. 4. Harold, 174. 5. Kunz, 67, 133. 6. Gurudas, 91. 7. Stein, 216. 8. Gurudas, 139. 9. Parkinson, 154. 10. Chocron, 72. 11. Bravo, 223.

PÉROLA (Material Orgânico)

As pérolas naturais são produzidas por ostras peroleiras como um revestimento de nácar (em larga medida, aragonita, isto é, carbonato de cálcio) aplicado para neutralizar pequenos corpos estranhos que entram na concha da ostra e causam irritação. Há um mito popular, sempre contado com imensa certeza, segundo o qual algum comensal sortudo encontrou uma pérola muito valiosa num dos antepastos. Na realidade, as ostras peroleiras não são comestíveis e as ostras comestíveis não produzem pérolas – ao menos, boas pérolas. As pérolas encontradas em ostras comestíveis parecem pequenas lascas de porcelana ordinária.[1]

Hoje em dia, quase todos sabem o que são as pérolas e qual a sua origem – exceto alguns místicos dos cristais. Um autor admite que as pérolas são "produzidas [*sic*] por certos moluscos", mas não dá a estes pleno crédito; pelo contrário, diz que as pérolas foram criadas originalmente na Lemúria pela energia mental.[2] Edgar Cayce acreditava que as pérolas são magnetizadas e podem ser "desmagnetizadas" pela exposição à luz ultravioleta durante um décimo de segundo, o que a programa "para uma melhor vibração corporal".[3] Cayce era quase insuperável em reunir muitos absurdos pretensamente científicos numa frase curta.

No mundo antigo, as pérolas eram consagradas à Grande Deusa em sua manifestação como Afrodite Marina, cujo corpo simbolizava sexualmente o Portal de Pérola do paraíso, e cujas "pérolas de sabedoria" eram dispensadas pelas suas sacerdotisas. Sua forma síria era conhecida como Senhora das Pérolas.[4] Ela foi cristianizada como a mítica Santa Margarete, cujo nome significa "Pérola", e como a Virgem Maria, que herdou o manto azul-marinho e o colar de pérolas da Deusa. Entretanto, sua gema manteve conotações pagãs. As pérolas amiúde eram associadas ao culto da lua. Costumava-se pensar que as pérolas eram formadas por uma combinação de água do mar e luz da lua. No século XV, afirmava-se que as ostras geram suas pérolas quando deixam o leito do mar e vão até a superfície para absorver o "orvalho celestial", que, segundo se pensava, emanava da lua.[5]

As noivas hindus usavam tradicionalmente pérolas como símbolo da magia sexual feminina. Com o advento de deuses patriarcais na Índia, alegou-se que a tradição começou com Krishna, que adornou a filha com pérolas para o seu casamento. Krishna era uma encarnação do deus Vishnu, cujos seguidores afirmavam ser o criador das pérolas.[6] Talvez por causa dessas associações com o paganismo, alguns europeus insistiam que as pérolas eram presentes azarados para noivas ou mulheres comprometidas, significando lágrimas mais tarde.[7]

Na China, pensava-se que "gotas de pérola" que caíam do céu para serem engolidas pelas ostras eram o sangue ou o sêmen de dragões celestiais que moravam nas nuvens.[8] Para usarem essa substância miraculosa, os chineses ainda esmagam milhões de pérolas miúdas, que vendem como remédio.[9]

Médicos europeus também prescreviam pérolas em pó para atender a queixas como vista fraca, nervosismo, consumpção, praga e para "a decadência da velhice". Leonardo escreveu em 1750 que pérolas "contundidas" bebidas com leite curavam úlceras pútridas; com açúcar, curavam febres pestilentas.[10] Dizia-se que as pérolas curavam doenças de pele e problemas de estômago.[11] Hoje, os místicos ainda dizem que pérolas em pó colocadas na língua aliviam úlceras estomacais – esse é por certo o mais caro antiácido do mundo.[12]

Paracelso evidentemente se lembrava da impossível velha história – e acreditava nela – sobre Cleópatra, segundo a qual esta dissolvia uma valiosa pérola em vinho ou vinagre e a bebia na presença de Marco Antônio. Um místico moderno chegou a aprovar a prescrição de Paracelso de pérolas dissolvidas em vinagre ou suco de limão para "matar os ácidos do estômago" e aliviar úlceras.[13] O maior problema disso é o fato de as pérolas não se dissolverem no vinho, no vinagre ou no suco de limão. Se Cleópatra tivesse bebido algum líquido capaz de dissolver uma pérola, este também teria dissolvido seu trato digestivo.[14]

Ainda há místicos afirmando que pérolas em pó são boas para o estômago e/ou podem curar úlceras e cânceres do sistema digestivo.[15] Lama Sing observa sem muita clareza que a pérola "afeta o abdominal, afeta em alguma medida a absorção de refugos no corpo".[16] Outros afirmam que "a pérola não tem efeitos no corpo físico", mas adiante asseveram ter ela um importante "efeito de alívio" na glândula pituitária, que, ao que parece, é parte do corpo físico.[17]

Na verdade, uma das principais considerações acerca das pérolas de boa qualidade é o fato de valerem muito dinheiro. Por isso, todo tipo de simpatia, de feitiço e de empulhação tem sido usado para aumentá-las ou imitá-las. Alguns coletores de pérolas do sudeste asiático acreditavam que uma pérola mantida com arroz numa garrafa tampada com o dedo de um homem morto dava à luz mais pérolas.[18] A partir do século XVII, pérolas de imitação passaram a ser feitas cobrindo-se contas de vidro ocas por dentro com *essence d'orient*, um preparado derivado do peixe, e enchendo-as com cera. Imitações mais baratas simplesmente revestiam as contas por fora. Uma das desvantagens de pérolas reais usadas como gemas é que, com o tempo, elas "morrem" e ficam pretas, porque a sua conchiolina orgânica decai depois de cerca de um século e meio.[19]

Noventa por cento das pérolas vendidas hoje são cultivadas artificialmente pela inserção de contas de concha em ostras peroleiras vivas, para que as contas possam ser cobertas de nácar em três ou quatro anos (desde que as ostras sobrevivam e se mantenham saudáveis). A cultura de pérolas é ruim para as ostras e muitas delas morrem. Em conseqüência, certos grupos femininos de mentalidade ecológica hoje boicotam as pérolas pela mesma razão por que se recusam a comprar casacos de pele: eles não querem que criaturas vivas sejam sacrificadas para fins de adorno.

As pérolas não são apenas cultivadas artificialmente, como são coloridas do mesmo modo. As pérolas com desvios de cor são tratadas de várias maneiras para terem a aparência melhorada. As pérolas podem ser tingidas de um negro intenso por uma solução de nitrato de prata em amônia diluída. Pérolas rosa podem ser produzidas por uma solução de eosina. Muitas pérolas são consideradas insuficientemente brancas, sendo por isso alvejadas antes de serem vendidas.[20] Em suma, quem pensa em pérolas como produtos puros e naturais provavelmente está errado.

1. Wodiska, 237. 2. Gurudas, 137. 3. *Scientific Properties*, 34. 4. Cunningham, 123. 5. Spencer, 229. 6. Stern, 32. 7. Thomson, 44. 8. Cunningham, 123-124. 9. Weinstein, 81. 10. Fernie, 3, 300. 11. Wodiska, 237. 12. Gurudas, 138. 13. Bravo, 106. 14. Desautels, *G. K.*, 17. 15. Parkinson, 108; Gurudas, 138, 16. *Gems, Stones, and Minerals*, 17. 17. Richardson et. al., 104. 18. Kunz, 41. 19. Smith, 475. 20. Nassau, *G. E.*, 150.

PIRITA (Sulfeto de Ferro)

A pirita é o "ouro do tolo", o mais comum dos sulfetos. Seu nome vem da palavra grega para fogo, porque ela produz centelhas quando golpeada pelo ferro.[1] Os cristais de pirita costumam formar cubos perfeitos de uma brilhante e luzidia cor de ouro metálica, que lhes dá a aparência de uma coisa artificialmente moldada. O antigo símbolo chinês da terra, um cubo de ouro, pode ter sido derivado da pirita. Os índios mexicanos costumavam fazer espelhos de pirita para adivinhação.[2] Esses espelhos ainda são usados pelos místicos dos cristais para "despertar impulsos mediúnicos".[3] Nos dias da corrida do ouro, a pirita misturada com rochas de quartzo muitas vezes induziu prospectores desinformados a acreditar que tinham encontrado ouro; daí vem o seu apelido.

A pirita é uma das principais causas da chuva ácida. Quando se queima carvão contendo pirita, a oxidação forma ácido sulfúrico. As pedras usadas na construção não devem conter pirita, porque, exposta às intempéries, esta libera sulfatos de ferro corrosivos que descolorem e destroem a pedra.[4]

A pirita às vezes é cortada como gema e vendida sob o nome enganoso de marcassita. A verdadeira marcassita é um mineral diferente com os mesmos constituintes, um dissulfeto de ferro. A verdadeira marcassita na verdade não se presta à joalheria, por ser menos estável que a pirita; ela pode se decompor aos poucos no ar, ficando coberta por um pó branco de sulfato de ferro.[5] Ainda mais enganosa é a aplicação popular do nome "marcassita" a jóias feitas como pedaços facetados de hematita prateada, também conhecida como diamante negro. Esse material sequer tem a mesma cor da marcassita ou da pirita. Há casos em que a imitação é feita com um outro substituto, o aço cortado, e vendida com o nome de marcassita. Em resumo, se você comprar alguma jóia chamada "marcassita", o que você de fato comprou é uma questão de adivinhação.

1. Sinkankas, *M. A.*, 305. 2. Kunz, 99. 3. Cunningham, 169. 4. Medenbach & Wilk, 46. 5. Schumann, 162.

PRATA (Elemento)

Os antigos reverenciavam a prata como o metal da Deusa Lua, de influência protetora. Mesmo em sociedades patriarcais, dizia-se que sinos ou projéteis de prata repelem ou destroem maus espíritos. Quem deitar com jóias de prata – durante a hora da lua – terá sonhos oraculares.[1] Dizia-se às mulheres para não rezarem ao Deus cristão, mas para a sua própria divindade, a lua, virando enquanto isso uma moeda de prata. Mesmo na tradição bíblica, a prata era considerada um metal oracular enviado da lua. A taça de prata de José usada para fazer presságios era um antigo símbolo da lua como fonte das águas da iluminação (Gênesis 44, 5).

"Silver" (prata) em inglês antigo *seolfor*. As minas de prata de Joachimsthal, na Boêmia, eram tão ricas que se estabeleceu ali uma fundição para manufaturar moedas de prata chamadas *Joachimsthaler*. Isso foi abreviado para *thaler*, que se tornou a palavra inglèsa "dólar".[2] A prata era o meio de troca "dólar" comum, especialmente entre os ciganos, cuja injunção de "cruzar a palma com prata" no começo de uma sessão de adivinhação é hoje um provérbio. Mesmo hoje estipula-se por vezes que a prata seja usada "no começo da psicoterapia". Diz-se também que a prata deve ser exposta ao luar para ter despertados os seus poderes.[3]

Os alquimistas medievais acreditavam que podiam fazer prata a partir de "um mercúrio branco claro e um enxofre branco claro", da mesma maneira como acreditavam que podiam fazer ouro com base na mesma combinação, usando enxofre amarelo. Eles também tinham fé nas propriedades medicinais da prata. Pensavam que ela criaria "sangue bom", destruindo a carne pútrida ou "sarnas malignas" de feridas supuradas.[4]

A prata metálica era prescrita no século XIX para dores nas juntas, rouquidão e "congestão irritante da traquéia", o que poderia significar asma, crupe, bronquite, câncer ou uma simples irritação provocada por um resfriado. *Animal Simples* afirmou, em 1899, que era possível evitar ataques epilépticos usando um anel de prata feito de uma moeda coletada numa missa ou de nove moedas doadas por pessoas do sexo oposto ao do sofredor.[5] Esta última idéia parece ser magia pagã; a primeira, a versão cristianizada.

Lama Sing observa, em seu estilo incomparavelmente impenetrável, que a prata "melhora em alguma medida a qualidade isolativa e move sua zona primária de influência para o segundo-terceiro centro endócrino... É notada com freqüência no centro da garganta e no centro do coração. Afeta de algum modo o fluxo, o fluxo sangüíneo através das aortas, as válvulas".[6]

Hoje, quando as jóias de prata são muito comuns e quase toda casa tem algum objeto de prata, os místicos dos cristais devem se acautelar de atribuir ao metal poderes ocultos em demasia. Às vezes se afirma que certas formas feitas de prata, tais como pentagramas, luas crescentes, estrelas ou cruzes, têm valor talismânico. A prata é sempre um presente apreciado em ritos de passagem: batismos, casamentos, aniversários e celebrações. Muitas pessoas ainda se lembram de suas associações arcaicas com a lua.

---

1. Cunningham, 170. 2. Shaub, 162. 3. Gurudas, 159. 4. Medenbach & Wilk, 11. 5. Fernie, 403, 406. 6. *Gems, Stones and Metals*, 21.

PREHNITA (Silicato Oxidrilo de Alumínio Cálcio)

A prehnita é classificada como uma gema menor. Levada da África para a Europa pela primeira vez em 1774, por um holandês, o coronel van Prehn, ela costuma ser encontrada em crostas botrióides (semelhantes a cachos de uva) de cristais tênues, verde-folha pálidos, verde-lima, verde-acinzentados ou brancos. Um agregado de cristais de prehnita mostra uma fascinante superfície que, quando vista com lupa, pode lembrar as retorcidas linhas enrugadas da lava pahoehoe ou uma paisagem de terras destruídas pela erosão vista de um satélite.

A prehnita pode ser cortada, facetada ou polida como gema cabochão, tornada interessante devido à sua gama incomum de cores, que são diferentes de todas as cores das pedras mais conhecidas. Contudo, a áspera prehnita desperta mais interesse ainda. Exposta à luz forte, sua superfície cintila como diamantes e sua translucidez verde parece tão convidativa como uma profunda piscina de pedra num dia quente. Trata-se de uma excelente pedra para meditação. É bom que as coleções incluam ao menos uma peça de prehnita áspera. As gemas de prehnita tendem antes a ser translúcidas do que transparentes. Polido, esse material tem uma adorável aparência macia e aveludada, em alguns casos quase perolada.

PÚMICE (Vidro)

Púmice é a rocha que flutua na água – a espuma solidificada formada na superfície da lava viscosa ou atirada violentamente no ar durante erupções. Leve e esponjoso, o púmice é um vidro natural cujos numerosos bolsões de gás e espaços vagos lhe dão uma textura que é mais ar do que pedra. Esmagado, o púmice fornece grânulos para produtos de limpeza e dentifrícios.

Diz-se que a capacidade de flutuar do púmice simboliza o poder de "elevar-se acima" dos problemas, razão por que o usam em rituais para se livrar destes.[1] O púmice simboliza também o dualismo da natureza. Quando cai na forma de cinza granulada em habitações humanas próximas de uma erupção vulcânica, ele é um tipo bem pegajoso de sujeira; contudo, sua forma mais comum entre nós é como um limpador.

---

1. Cunningham, 127.

QUARTZO (Dióxido de Silício)

O quartzo claro, a mais popular pedra da Nova Era, é "cristal de rocha", às vezes abreviado enganosamente como "cristal". Uma fonte mística alega que o quartzo claro é a única pedra verdadeiramente transparente. Todas as outras "pedras preciosas não-quartzo" têm um "quociente de transparência muito limitado".[1] Isso não é verdade, mas demonstra a qualidade exagerada do fanatismo do quartzo.

O quartzo também é rosa (quartzo rosa), cinza-amarronzado (quartzo esfumaçado), branco (quartzo leitoso), amarelo (citrino), púrpura (ametista) e verde (aventurina), e com freqüência contém inclusões de outros minerais de cores variadas, como a cromita, a crocidolita (olho-de-tigre) e o rutílio. Doze por cento da crosta terrestre é quartzo, que é sílica, o mesmo mineral da opala e de toda a grande família da calcedônia.

Além das variações reconhecidas, certos místicos dos cristais distinguem dezesseis tipos diferentes de cristais de quartzo: dévicos, sintonizadores, energizantes, de cura, arquetipicos, arquivistas, numerológicos, transmissores, moduladores, da visão, entoadores ou cantores, de cirurgia, abominológicos [*sic*] e abertos ou generalizados, havendo ainda bastões energizadores e bastões de poder.[2] Como diferenciá-los permanece um mistério.

Além disso, muitos místicos se referem a uma décima sétima variedade, o cristal gerador, costumeiramente identificável pelo seu grande tamanho. Os cristais geradores "abrem os éteres ao plano material" e "ampliam e intensificam pensamentos até 1000 vezes".[3] Afirma-se que os cristais geradores forneceram toda a força elétrica, as comunicações, o aquecimento, a luz e o transporte para cidades inteiras nos queridos dias passados de Atlântida e de Lemúria. Essa noção encoraja os místicos a afirmar erroneamente que o quartzo "conduz eletricidade e magnetismo" e que, no futuro, o quartzo vai ser "uma fonte importante e segura de iluminação e de aquecimento".[4] Em 1983, um místico dos cristais previu para "os próximos anos" a invenção de uma coisa chamada bateria de eletricínio, cujo principal componente seria o quartzo comum (isto é, areia).[5] Até agora, essa invenção não se materializou.

A propósito, o quartzo já não é tão talentoso como deve ter sido na Atlântida. O maior cristal de quartzo registrado até agora tem seis metros de comprimento, um "gerador", se é que isso existe, mas nunca emitiu um único ampère de corrente elétrica nem revelou o mínimo sinal de atividade mental.

O quartzo foi a origem da palavra grega que designa "gelo", *crystal*, porque os antigos pensavam que ele fosse um gelo que não derretia. Deriva daí a crença folclórica de que se pode matar a sede mantendo um cristal de quartzo na boca. São Gregório Magno poderia ter sido mais bem iluminado por Deus, mas não o foi; ele escreveu que a água, "pela força do frio", se torna quartzo cristalino não derretido.[6] O químico Johann Kunckel insistiu na *Ars Vitria* (1689) que o quartzo não passa de "gelo coagulado".[7] Até Lineu, em 1777, ainda acreditava que o quartzo fosse gelo fóssil.[8]

Sacerdotes e sacerdotisas do mundo antigo costumavam "atrair fogo do céu" para iluminar tochas dos altares focalizando a luz do sol através de cristais de quartzo. Os filhos bíblicos de Aarão tornaram-se vítimas sacrificiais também consumidas no altar pelo "fogo do Senhor" (Levítico 10, 2). A luz do sol focalizada via quartzo também era empregada na cauterização de feridas. Plínio recomendava para esse propósito "uma bola de cristal sobre a qual age o sol". As senhoras romanas portavam bolas de cristal de quartzo não somente para fins medicinais como também para esfriar as mãos no tempo quente.[9]

Essa antiga tradição de focalizar a luz do sol através do quartzo leva alguns místicos modernos a declarar que a "energia" do quartzo vem do sol. Mas outros dizem: "Os cristais de quartzo não são energizados pelo Sol... É a Lua que estimula o campo energético de um cristal de quartzo."[10] Para se fazer um "elixir" de quartzo, alguns recomendam colocar água com um cristal ao sol; outros insistem que ela tem de ser exposta à lua. Todos afirmam que beber essa água provoca "sutis" melhoras na saúde – em geral, tão sutis que parecem indiscerníveis.[11]

Um culto que surgiu no norte do Estado de Nova York por volta de 1900 praticava um uso menos inócuo do quartzo para melhorar a saúde. Seus membros acreditavam na ingestão de quantidades de "minério vital" (areia de quartzo) para combater inflamações nos olhos, hemorróidas, tonturas, inflamações da garganta e indigestão.[12] É provável que eles tivessem de lidar muito com a indigestão.

Xamãs indígenas americanos usavam cristais de quartzo como instrumentos de adivinhação e de caça, acreditando que as pedras habitadas por espíritos que tinham de ser alimentados periodicamente esfregando-se nos cristais o sangue de veados. Os índios mexicanos acreditavam que os espíritos neles residentes eram almas de mortos. Os místicos dos cristais de todo o mundo sempre afirmaram que estabeleciam comunicação com os espíritos das pedras, e nesse sentido o quartzo sempre foi uma pedra favorita. Um livro publicado em 1908, *Practical Psychomancy and Crystal Gazing*, apresentou uma teoria básica, hoje aceita por quase todos os místicos, de que a estrutura molecular do quartzo permite de alguma maneira que a pedra desperte "a faculdade latente de visão astral".[13]

"Estrutura molecular" é uma expressão que os místicos dos cristais adoram usar, embora poucos deles pareçam compreender o que significa. Um chega a acreditar que essa estrutura pode ser percebida a olho nu; ele convida o leitor a olhar essa estrutura enquanto contempla o cristal que tem na mão, para perceber a exatidão geométrica dos arranjos moleculares dos cristais.[14] Essa observação precisaria de um olhar bastante aguçado! Outro diz: "A passagem de íons pela estrutura molecular torna-os uma valiosa ajuda na limpeza e neutralização de condições negativas na aura das pessoas ... Quando colocado sobre o corpo, o Quartzo Cristal descristaliza os nós que bloqueiam o fluxo de energia."[15] Outro alega que, em razão de sua estrutura molecular, o quartzo é um "ressonador biomagnético" com "facetas que respiram como nós respiramos o ar". Os cristais de quartzo podem ser "pré-programados para reagir de certas maneiras que medem e fixam a compreensão das estrelas nos circuitos do tempo e do espaço... Eles pré-programam uma criação no seu ponto mais primevo."[16] Trata-se de uma não-linguagem, uma algaravia pseudocientífica.

Alguns místicos não parecem saber em que consiste a "estrutura molecular" vital do quartzo. Um deles diz: "Os cristais de quartso [*sic*] claros são compostos de sete elementos básicos," quando na verdade só há dois. Os míticos sete elementos não especificados "produzem um campo de íons negativos de cura, enquanto purificam a atmosfera que os cerca de íons positivos".[17] Os místicos dos cristais de fato não parecem importar-se com a falta de sentido de suas afirmações, desde que o som delas lhes agrade.

O aberrante tipo de cristal de faces ocas conhecido como quartzo-esqueleto recebeu um nome recém-cunhado no jargão místico. Esses cristais são "elestiais". Diz-se que "sua fonte se encontra além do próprio tempo e sua origem é o reino celestial". Qual seja sua virtude ou função particular é algo que não se pode garantir com base na descrição: "Esses cristais estabilizam as freqüências de ondas cerebrais e neutralizam formas erráticas de pensamento confuso." No entanto, pelo contrário: "Se a pessoa estiver confusa ou emocionalmente desequilibrada, esses cristais amplificam e magnificam esses sentimentos."[18]

De acordo com alguns, o quartzo não discrimina ao proporcionar sua beneficência. "De todas as formas de cristal de rocha natural flui uma contínua corrente de energia eletromagnética, que é liberada na atmosfera para favorecer todas as formas de vida." Por outro lado, a "energia eletromagnética" pode vir de algum outro lugar e ser moderada de algum modo pelo quartzo, que produz "uma harmonia natural entre a humanidade e as energias eletromagnéticas que fluem continuamente nos éteres. Essas energias, por sua vez, ajudam a formação dos íons positivos e negativos."[19]

Os usos tecnológicos do quartzo são citados muitas vezes como evidência dos prodigiosos poderes da pedra. Seu emprego em equipamentos eletrônicos merece particular importância. Os místicos tendem a ignorar o fato de o quartzo natural não se prestar a isso porque seus cristais não têm uniformidade suficiente, e, de modo geral, apresentam geminações internas. Por isso, apesar da abundância de quartzo natural, os fabricantes de equipamentos eletrônicos preferem o quartzo sintético, produzido em vastas quantidades com esse propósito.[20]

As idéias que os místicos têm a respeito do uso tecnológico do quartzo parecem estranhas e maravilhosas, tendo pouca relação com quaisquer de suas reais funções. Por exemplo, dizem que cristais de quartzo foram usados para fazer levitar imensos blocos de pedra para a construção do tempo de Salomão. Do mesmo modo, as pedras da Grande Pirâmide foram movidas pela "energia mental" dirigida por meio de cristais "semelhantes ao quartzo".[21] Afirma-se que o quartzo se assemelha a um banco de memória de computador, contendo histórias inteiras de civilizações, bem como informações científicas. Se você quiser que um cristal de quartzo o recorde dos seus sonhos, basta carregá-lo para "registrar todas as atividades oníricas", colocando-o sob o travesseiro. Pela manhã, ponha-o na mão e peça um videoteipe instantâneo.[22]

A maioria das funções esotéricas dos cristais de quartzo não são definidas, apesar dos rios de verborragia que pretendem fazê-lo. Alguns exemplos:

"A energia do cristal de quartzo claro entra no campo L (os espaços entre os átomos e a energia dos corpos áuricos)... para transmitir mudanças à matriz da célula-fonte da regeneração."[23] "A estrutura de ADN dos cristais está contida nos padrões energéticos moleculares espiralados numa relação com a configuração angular específica."[24] Afirma-se que a terminação pontuda de um cristal de quartzo estabelece uma conexão entre o conteúdo de partículas atômicas do cristal e uma não identificada "fonte universal de energia infinita".[25] "Cientistas interdimensionais trabalham em estreita ligação com os vários níveis e ordens da Inteligência Cristalina. Muitos dos mais avançados artefatos de desenvolvimento de cristais funcionam, em parte, como um módulo de atração – um campo de energia especificadamente projetado que serve como unidade antena para receber as influências desejadas de um padrão de Inteligência universal particular."[26] Por fim, o quartzo faz o "homem" lembrar que "ele também é parte de um número total de cristais que são formados da mesma maneira com a mesma forma semelhante".[27] Isso parece indicar que o "homem" é hexagonal e prismático.

Sem dúvida, os cristais de quartzo são belos e inspiradores, mas, quando a inspiração sai completamente dos trilhos e tenta apresentar fantasias como fatos, nenhum progresso pode ser feito em nenhum domínio. A meditação com os belos cristais da natureza deve produzir clareza, e não confusão. Há somente confusão em afirmações de que todo cristal de quartzo gera íons negativos para criar uma "atmosfera harmoniosa e enlevadora ao seu redor", ou de que os cristais de quartzo são formados "dos elementos silício e água" (a água não é um elemento), ou, ainda, na medição de um "campo" inexistente, chegando-se à conclusão de que um cristal de quartzo de mais ou menos um centímetro e meio "projeta um campo de uns noventa centímetros".[28] Essas afirmações não têm sentido.

Sendo sob muitos aspectos um mineral admirável, o quartzo merece uma melhor atenção.

Por muitos séculos, foi bastante comum o quartzo passar por diamante, quando o europeu médio nunca tinha visto um diamante e dava prontamente esse nome a quase toda pedra sem cor. Em conseqüência, uma estranha superstição a respeito dos diamantes teve sua verdadeira origem num antigo método de lidar com o quartzo. Dizia a superstição que, antes de poder ser cortado, o diamante tinha de ser "amaciado" pela imersão em sangue de bode. Esse amaciamento por imersão era na verdade um dos mais antigos tratamentos de gemas, usado aos menos há mil e quinhentos anos – com o quartzo, e não com o diamante. Ele produzia quartzos "irisados" ou "arcos-íris" aquecendo a pedra e, em seguida, mergulhando-a subitamente num líquido (água, sangue, vinho ou tinturas) para produzir rachaduras internas que refratassem a luz nas cores do arco-íris.[29] O quartzo rachado ainda é usado hoje como corante, servindo para fazer imitações de várias pedras coloridas. Além disso, o quartzo com rachaduras internas ainda é apreciado por colecionadores devido às suas respostas cheias de cor sempre que se muda o ângulo da luz.

---

1. Baer & Baer, *C. C.*, 201. 2. Baer & Baer, *W. L.*, 54-59. 3. Raphaell, *C. E.*, 59. 4. Stein, 146. 5. Burbutis, 7. 6. Fernie, 201. 7. Medenbach & Wilk, 76. 8. Dake et al., 82, 110. 9. Weinstein, 178, 181. 10. Harold, 18. 11. Cunningham,

90. 12. Wodiska, 237, 13. Kunz, 214, 255. 14. Raphaell, *C. E.*, 24. 15. Chocron, 35. 16. Rea, 71-74, 80. 17. Burbutis, 1, 5. 18. Raphaell, *C. H.*, 129, 135. 19. Harold, 49, 92. 20. Medenbach & Wilk, 76. 21. Gurudas, 6, 17. 22. Harold, 56-57. 23. Stein, 145. 24. Baer & Baer, *W. L.*, 38. 25. Raphaell, *C. E.*, 3. 26. Baer & Baer, *C. C.*, 370. 27. Richardson et al., 64. 28. Silbey, 7, 8, 13. 29. Nassau, *G. E.*, 130, 158.

QUARTZO ESFUMAÇADO (Dióxido de Silício)

O quartzo esfumaçado é conhecido como *cairngorm* (uma espécie de quartzo) ou *morion* (morrião) na Escócia, onde era uma pedra sagrada desde a época dos druidas. O cetro real escocês tinha na ponta uma esfera de quartzo esfumaçado. Outra esfera dessas, hoje no Museu Britânico, é considerada a famosa "pedra de toque" do dr. Dee, astrólogo, mago e adivinho da corte da rainha Elizabeth I.[1]

Os atraentes matizes marrom-acinzentados do quartzo esfumaçado são criados pela irradiação do quartzo que contém pequenos vestígios de alumínio (menos de vinte partes por milhão). Não faz diferença, quanto ao resultado, se o material é exposto à radiatividade natural da terra por um longo tempo ou a raios X ou gama no laboratório por um curto espaço de tempo. Inversamente, quando o quartzo esfumaçado é aquecido a uns 400 graus Celsius, os elétrons dispersados pela radiação podem voltar às posições originais, voltando os cristais a ser claros. Pode-se mudar a sua cor, indefinidamente, alternando-se irradiação e aquecimento.

Ao que parece incapaz de conseguir essa informação, um místico dos cristais apresenta uma estranha noção infantil de que o quartzo fica "bronzeado" porque está em rochas a seis metros da superfície, onde a luz do sol pode alcançá-lo (na verdade, a luz do sol não penetra no solo), e de que, se ficar longe do sol, o quartzo bronzeado volta a ficar claro nuns dez milhões de anos.[2] Se essa pessoa imagina que os raios do sol podem penetrar seis metros de rocha, há poucos lugares onde alguma coisa possa ser mantida fora do sol, exceto talvez nas mais profundas cavernas.

Outro místico diz que o quartzo esfumaçado tem uma vibração de alta freqüência que remove "padrões negativos" e "resíduos áuricos", embora jamais se possa saber que tipo de resíduo pode existir numa aura.[3] Diz-se que o quartzo esfumaçado tem um "impacto" no abdômen, nos rins, no pâncreas e nos órgãos sexuais, e que "aumenta" a supra-renal.[4] Os poderes de cura dessa pedra são considerados ilimitados, "porque ela emite uma freqüência ultra-sônica que cria uma tremenda cura".[5] Contudo, apesar da abundância de instrumentos de extrema sofisticação para detectar freqüências ultra-sônicas, nenhuma peça de quartzo esfumaçado já foi surpreendida no ato de emitir alguma coisa dessa espécie.

Deixando de lado as fantasias da Nova Era, o quartzo esfumaçado é uma bela gema. Seu matiz marrom-acinzentado, de estranha luminosidade, é inconfundível, diferindo de quase todas as cores minerais. Há quem ache que a cor escura dá a esse tipo de quartzo mais caráter do que o do quartzo claro, preferindo-o por isso como talismã pessoal. A gama de matizes disponíveis é ampla, indo de um quase branco cor de chá fraco a um marrom ou quase preto mink profundo, passando por todos os níveis intermediários. Pode-se gravar essa pedra, facetá-la, poli-la em cabochão ou moldá-la em atraentes ornamentos. Há quem afirme perceber uma diferença entre as qualidades de cor do quartzo esfumaçado irradiado natural e artificialmente, mas todo gemologista sabe que é impossível distingui-los, mesmo testando os exemplares com instrumentos.[6]

---

1. Kunz, 181, 183, 190. 2. Rea, 328. 3. Raphaell, *C. E.*, 91. 4. Gurudas, 144. 5. Chocron, 40. 6. O'Donoghue, *G. M. G.*, 63.

QUARTZO ROSA (Dióxido de Silício)

Embora raramente forme cristais visíveis, ocorrendo quase sempre em pedaços maciços, o quartzo rosa é talvez a mais amada pedra da Nova Era. Ele é constantemente associado ao amor, à ternura, à doçura, ao conforto, à atenção, à paz e à alegria. Cura desilusões, traz calor e tranqüilidade aos que sofrem e oferece alegria aos idosos – ao mesmo tempo que lhes tira as rugas.[1] Tudo isso é extrapolado apenas da delicada cor rosa-concha do mineral, que aparentemente lembra para quase todas as pessoas as qualidades maternais e uma sensação de segurança como a que pode ser sentida por um bebê no colo da mãe e recordada subconscientemente na idade adulta.

O quartzo rosa, diz um místico, nos põe no "rosa" da saúde.[2] Outro diz que ele é um moderado estimulante cardíaco e diurético; ele também vibra para manter nossas "polaridades em rotação".[3] Outro garante que essa pedra foi usada para "reestruturar o coração na Atlântida quando o timo já não era a glândula dominante".[4]

Essas asserções são bastante absurdas, mas não há dúvida de que o quartzo rosa é um dos mais belos produtos da Natureza. Sua translucidez rosa pode ser encontrada em quantidades generosas, permitindo que todos tenham uma peça. Agradável de contemplar, sua cor suave quase parece terna demais para uma pedra tão dura.

Quase se espera que ele cause uma sensação de suavidade e de entrega ao toque – embora, na verdade, ele não o faça. São especialmente bonitos os cristais de quartzo rosa transparentes, que são muito raros. Como outros tipos de quartzo formam com tanta facilidade grandes cristais, essa relativa escassez do quartzo rosa macrocristalino é um mistério geológico.

1. Stein, 224. 2. Rea, 329. 3. Bravo, 139. 4. Gurudas, 174.

QUIASTÓLITA (Silicato de Alumínio)

A quiastólita é uma das "pedras-cruz"; seu nome vem do grego *chiastos*, "marcada com um X", isto é, com a letra *chi* (X). O X aparece nas seções transversais quando se cortam prismas da quiastólita. O núcleo negro do padrão é formado por uma substância carbonada. Devido ao seu misterioso padrão interior, fatias polidas de quiastólita costumavam ser usadas ou levadas como amuletos.

A quiastólita é uma variedade da andaluzita, descoberta pela primeira vez na Andaluzia, na Espanha. Embora suas cores tendam a ser pesadas (acinzentadas, amarronzadas, esverdeadas), suas inúmeras pequenas variações do tema da cruz de quatro braços dão à quiastólita um interesse peculiar.

RODOCROSITA (Carbonato de Manganês)

A rodocrosita é encontrada em muitos matizes deliciosos do rosa: morango, framboesa, melancia ou rosa algodão-doce, com estrias de pêssego, creme ou branco leitoso. Alguns espécimes até parecem um bife raro – um mineral de aparência completamente comestível.

Outro nome da rodocrosita é rosa inca, a partir da crença dos índios andinos de que o sangue dos seus antigos regentes incas se transformou em pedra nessa forma.[1]

Tal como outras pedras rosa, a rodocrosita é misticamente vinculada com o amor. Diz-se que ela traz aceitação e perdão, bem como alívio de vários problemas físicos, destacando-se doenças renais, úlceras, asma, paralisia, constipação e congestão.[2] Um místico declara que a rodocrosita é um bom condutor de "energia" porque apresenta "um alto conteúdo de cobre".[3] A rodocrosita não contém cobre, embora possa ter vestígios de cálcio, ferro, magnésio ou zinco.[4]

Um místico que a chama de "rodocrocita" diz que ela pode restaurar a visão. Ela também faz "vibrar" a consciência, elevando-a a uma condição de conhecimento espiritual que pode ser canalizada para o corpo material quando o cristal é usado "no estado semiprecioso".[5] O único problema do leitor é decidir o que pode ser um estado semiprecioso. Outro místico diz que a rodocrosita "purifica" a mente subconsciente e "desintoxica" os rins.[6] Tudo isso com um mero toque na pedra! Outro místico alega que a rodocrosita (que é não-magnética) "magnetiza imediatamente e contém todo campo de força, seja de outra pessoa ou pessoas ou de uma área particular".[7] Ela também "repara furos e rasgos da fibra etérica" e "fecha com rapidez a aura".[8]

Essas parecem noções indevidamente ponderáveis sobre um modesto mineral, admirável principalmente pela sua gama de belas cores róseas. Todo um jardim poderia ser povoado de rodocrositas e aproveitado sem nenhum tom místico. Embora seja mole demais para a joalheria (3,5 a 4 na escala Mohs), a rodocrosita produz caixas decorativas, suportes de livros, abajures, cinzeiros e estatuetas. Talvez porque essas obras da imaginação possam ser feitas de rodocrosita, alguns místicos a chamam de pedra do pensamento criativo. Um desses "especialistas" atribui a criatividade ao manganês e faz a absurda afirmação de que "a rodocrosita consiste inteiramente em manganês".[9] Se assim fosse, ela seria o manganês elemental, e não a rodocrosita.

Em algumas localidades, a rodocrosita não é encontrada em sua forma maciça comum, mas em esplêndidos cristais transparentes vermelho-cereja. Essas raridades são tão valorizadas pelos colecionadores quanto os melhores rubis. Encorajem ou não o pensamento criativo, esses objetos estimulam o prazer estético.

---

1. Mendebach & Wilk, 100. 2. Stein, 225. 3. Chocron, 66. 4. *Audubon Society Field Guide*, 435. 5. Raphael, *C. E.*, 120, 157, 163. 6. Parkinson, 241. 7. Lorusso & Glick, 74. 8. Rea, 324. 9. Uyldert, 69.

RODONITA (Silicato de Manganês)

A rodonita é outro mineral rosa-púrpura-vermelho tipicamente produzido pelo manganês, contendo também estrias negras causadas pelos óxidos de manganês. A rodonita é mais dura que a rodocrosita e pode ser facetada como gema.

Os místicos dos cristais parecem incapazes de inventar novos poderes críveis para a rodonita. Diz-se que ela promove o equilíbrio e desativa temporariamente os centros mediúnicos.[1] Alternativamente, protege os pulmões e pode "manter o enfizema num ponto em que ele não endureça nem seque nas células". Supondo ingenuamente que, por alguma razão desconhecida, a composição química da rodonita nunca tenha sido determinada, uma fonte diz que "seria bom que os químicos examinassem" a rodonita.[2]

Outra fonte diz que a água em que a rodonita tiver sido mergulhada pode "fortalecer" o ouvido interno, mas não está claro se se deve beber a água, banhar-se nela ou jogá-la no ouvido. Como a rodonita, ao menos de acordo com essa concepção, está associada com o som, é recomendado que a pedra seja guardada no vácuo.[3] Como poucas casas têm instalações para criar ou manter o vácuo, não é provável que muitos exemplares de rodonita sejam estocados da maneira recomendada. Contudo, mesmo quando expostas ao ar, peças de rodonita alegram o coração com a sua cor calorosa e convidam à contemplação.

---

1. Cunningham, 128. 2. Richardson et al., 131-132. 3. Gurudas, 150.

ROSA-DO-DESERTO

A rosa-do-deserto não é um mineral específico, mas uma formação mineral. Ela aparece quando placas lamelares (achatadas) de barita ou gipsita são impregnadas de areia durante a sua cristalização e, nessa condição, são arranjadas em torno de um centro comum para formar uma roseta. Algumas rosas-do-deserto são de fato notavelmente semelhantes a flores, embora a textura de suas "pétalas" seja grosseira e granulosa, e não lisa.

Segundo o antigo princípio mágico de que o semelhante afeta o semelhante, as rosas-do-deserto seriam o talismã lógico a ser colocado num jardim de flores ou diante de um vaso com plantas. Sabe-se que alguns engenhosos adoradores dos minerais as usaram como peças de centro de mesa. Os exemplares pequenos também podem ser brindes de festa incomuns. Do mesmo modo como a Natureza parece ter se divertido criando-as, essas pequenas flores de areia também se prestam a usos divertidos.

RUBI (Coríndon: Óxido de Alumínio)

O rubi é a variedade gema vermelha do coríndon. Todas as outras cores do coríndon-gema, mesmo a rosa, são chamadas de safiras. "Coríndon" vem do sânscrito *kuruvinda*, "rubi".[1] Segundo a lenda hindu, o coríndon vermelho foi criado a partir do diamante incolor de uma maharani (rainha) quando esta foi assassinada por um cortesão ciumento. Seu sangue manchou a pedra e todas as outras iguais a ela.[2]

Um dos primeiros mitos sobre o rubi foi ρ de que sua intensa cor vermelha podia armazenar calor, de modo que um rubi colocado na água fria podia fazê-la ferver.[3] Claro que isso era uma ficção, apesar da alegação de um místico de que, submetidos a "testes modernos", os rubis revelaram ser capazes de emitir calor.[4] Não são citadas provas, talvez pela boa razão de não poder haver nenhuma. Outro místico diz que o rubi mantido na mão esquerda emite "curtas e intensas descargas de calor acumulado e de energia vermelha", ao que parece não sentidas se a pedra for segurada com a mão direita.[5] Pouco importa, já que o efeito é totalmente subjetivo. Tente fazer o teste com uma venda nos olhos.

Outro antiquíssimo mito favorito era o de que os rubis emitem luz própria, em vez de simplesmente refratarem e refletirem a luz que os atinge. Dizia-se que Pegu, rei do sul da Birmânia, iluminava toda a cidade com rubis, que eram claros como tochas[6]. O escritor cristão Epifânio declarou que um "carbúnculo" (rubi) não podia ser roubado, porque seu fulgor indomável brilharia mesmo através das roupas do ladrão.[7] Dizia-se que o fabuloso rubi do topo do Templo do Santo Graal brilhava no escuro como um farol. Apesar de todos esses mitos, os rubis só brilham no escuro se forem expostos à radiação ultravioleta ("luz negra"), porque seu vermelho brilhante característico fluoresce.

Os rubis-estrelas, com suas luzes móveis de seis raios, eram considerados pedras do amor na Europa, em que o seis era o número tradicional de Vênus.[8] Os povos primitivos muitas vezes contemplam com assombro as pedras-estrela; eles dizem que toda pedra com luzes que se movem (na verdade, reflexos móveis) é a residência de um espírito.

Como ocorre com todo mineral considerado valioso, muitos mitos têm cercado a extração e a venda de rubis. Essas pedras são encontradas em muitas partes do mundo, embora um místico dos cristais acredite erroneamente que os verdadeiros rubis só vêm do Ceilão, da Birmânia e da Tailândia; todos os outros são espinelas.[9] Em muitos lugares de onde os rubis eram extraídos e onde eram vendidos, acreditava-se que, para adquirir sua rica cor vermelha, eles tinham de amadurecer como frutos. Os mais claros tinham sido extraídos da mina muito cedo, antes de ficarem maduros.[10]

Às vezes, os mineiros roubavam rubis, inserindo-os num corte feito na perna ou no braço e cobrindo-os com uma bandagem. Talvez tenha sido essa prática que deu origem à crença birmanesa de que o rubi confere invulnerabilidade ao seu dono, desde que inserido na carne, tornando-se parte do corpo.[11]

O sangue vermelho do rubi deu origem a todo tipo de fantasias de cura associadas com o sangue, com o coração, com o calor do corpo, com a energia ou *elan vital*. Dizia-se que o rubi era regido por Marte, o planeta vermelho.[12] Ele afastava as pragas, bania os pensamentos tolos e tornava prudente seu portador.[13] Garantia a felicidade conjugal, curava dores de dente e protegia dos venenos e da conspiração dos inimigos.[14] Esfregado no rosto, preservava o frescor da juventude.[15] Colocado no canto de uma casa, de um jardim ou de um vinhedo, preservava a área de tempestades e vermes.[16] No século XIII, o *Book of Wings* hebraico dizia que um rubi gravado com a figura de um dragão garantia a saúde, a riqueza e a felicidade.[17] Os rubis tinham de ser usados do lado esquerdo, "feminino", do corpo, associado com o sangue do coração.[18]

As prescrições modernas são iguais às antigas. O rubi "usado como broche [*sic*]" ajuda a circulação e o livre fluxo do sangue, além de "estabilizar" os olhos.[19] Ele cura leucemia, pragas e "problemas do sistema imunológico".[20] O rubi "tem de fato um afeito [*sic*] sobre o coração, sendo uma vibração purificadora do sangue".[21]

Ele cura "cânceres e doenças do sangue".[22] Um místico recomenda o rubi para o sangue, a menstruação, o parto, a anemia, a leucemia, a AIDS, o câncer, a hemorragia e os problemas renais.[23] Outro diz que se pode usá-lo para estabelecer comunicação telepática com espíritos da Natureza. Pode-se falar com eles através da pedra como se ela fosse um microfone mental.[24] E, com efeito, com toda certeza o cérebro vai responder, porque é isso que os cérebros fazem.

Além disso, se você tiver a fortuna de possuir um bom rubi, pode ser suficiente fruir sua cor quente – porque ele é uma das mais vermelhas pedras vermelhas – e lembrar o romance de sua longa e tortuosa história. O preço de uma mulher virtuosa, diz a Bíblia, está bem acima dos rubis (Provérbios 31, 10), mas os rubis têm sido capazes de comprar quase tudo o mais. Mesmo que não cure a leucemia, seu rubi pode lhe trazer felicidade.

---

1. Sinkankas, *M. A.*, 323. 2. Stern, 40. 3. Kunz, 101-102. 4. Bravo, 133. 5. Stein, 190. 6. Anderson, 74. 7. Rouse, 16. 8. Thomson, 59. 9. Hodges, 21. 10. Stern, 40. 11. Kunz, 103. 12. Cunningham, 129. 13. Fernie, 2. 14. Thomson, 47-48. 15. Rutland, 164. 16. Fernie, 142. 17. Anderson, 147; Kunz, 133. 18. Rutland, 164. 19. Richardson et al., 107. 20. Parkinson, 135. 21. Bravo, 134. 22. Alper, 1/26-4. 23. Stein, 190. 24. Gurudas, 14.

RUTÍLIO (Óxido de Titânio)

Os cristais naturais de rutílio são opacos, entre o marrom-avermelhado e o preto, com um brilho metálico. O rutílio também ocorre como cristais brilhantes alongados, semelhantes a agulhas ou fios de cabelo, incluídos em outros minerais como o quartzo claro. O quartzo rutilado tem sido apelidado de coisas como cabelo-de-donzela, pedra cabelo-de-Vênus, flechas-de-cupido ou sagenita. Chamando erroneamente as inclusões de rutílio de "agulhas naturais de fibra metálica", um místico dos cristais afirma que elas ampliam e eletrificam a energia do quartzo, além de "desintoxicar" pessoas viciadas em drogas ou fumantes. O quartzo esfumaçado com inclusões de rutílio encoraja "sonhos estranhos" e equilibra os "centros do corpo etérico", que parecem estar perpetuamente desequilibrados.[1]

O quartzo rutilado é comum, bonito e barato, o que o ajuda a ser uma pedra popular da Nova Era. Têm sido atribuídos a ele muitos efeitos prodigiosos. Ele pode afastar o medo e aliviar a depressão e até "ajuda a reverter o envelhecimento".[2] A ubíqua e cansativa palavra "ajuda" naturalmente implica que alguma outra coisa faz o trabalho real de reverter o envelhecimento – o que essa alguma coisa possa ser não há no mundo quem o saiba.

O rutílio é o mineral acrescentado ao rubi e à safira (coríndon) sintéticos durante a produção de cristais para criar pedras-estrela. O efeito é produzido pela presença de .1-.3 por cento de rutílio na mistura. O asterismo é o resultado de diminutos cristais de titanato de alumínio alinhados em folhas a 60 graus umas das outras por todo o material.[3]

O rutílio tem sido sintetizado em cristais transparentes claros para ser cortado e vendido como substituto do diamente. Esse material sintético foi popular nos anos 40 e 50, mas agora tem sido substituído por produtos mais satisfatórios. O rutílio sintético brilhante tem mais cintilância do que os diamantes, graças à sua dispersão muito alta, mas a cor de fundo sempre é um pouco amarelada e sua dureza alcança um grau moderado. Gemas de rutílio são vendidas com nomes como Astryl, Capra, Diamothyst, Lusterite, Meredith, Rutania, Saphirized titania, Star-tania, Tania-59, Titania Midnight, Ultimate, e gema Gava, Java, Johannes, Kenya, Kima, Kimberlite, Rainbow, Sierra, Tirum, Titan ou Zaba.[4] O processo sintético produziu gemas grandes e atraentes a um custo razoável, embora mais caras do que substitutos mais recentes do diamante, como a zircônia cúbica.

Natural ou sintético, o rutílio com certeza *não* é o que diz um proeminente místico dos cristais: "O rutílio é cristal de rocha claro em que estão presentes agulhas douradas ou avermelhadas, semelhantes a fios de cabelo, de titânio." O rutílio não é cristal de rocha, claro ou não. Isso descreve o quartzo rutilado, e as "agulhas douradas ou avermelhadas, semelhantes a fios de cabelo" não são titânio, são rutílio. A mesma fonte alega que médicos franceses da atualidade prescrevem o rutílio (ou o quartzo rutilado?) na forma de gargantilhas contra a bronquite.[5] Não parece provável que as escolas médicas da França sancionam essa prescrição.

A "pedra cabelo-de-Vênus" rutilada é uma excelente gema para meditação sobre temas feministas. Pode-se imaginar com facilidade que as agulhas de rutílio são fios de cabelo da Deusa. Elas têm uma beleza especial quando expostas à luz do sol. A Natureza parece tê-las selado em cristais claros do mesmo modo como os amantes de antigamente costumavam levar os cabelos uns dos outros selados em estojos. Portar esse símbolo natural da Deusa pode representar uma devoção ao bem-estar da nossa Mãe comum, a Terra, e a preocupação com ele.

---

1. Stein, 179-180, 268. 2. Parkinson, 241. 3. O'Donoghue, *G. M.*, 117. 4. Nassau, *G. M. M.*, 213-214. 5. Uyldert, 105.

SAFIRA (Coríndon: Óxido de Alumínio)

O coríndon azul, branco, verde, violeta, amarelo, marrom, laranja e rosa é chamado de safira. Somente a variedade vermelha tem um nome especial, rubi. A palavra "safira" veio do persa *saffir*, do árabe *safir*, do grego *sapphiros*, que significa "amado de Saturno".[1] *Sapphire* foi a tradução para o inglês do termo bíblico *sappur*, a substância do trono de Deus (Ezequiel 1, 26). A tradição judaica dizia que as tábuas da lei que Deus deu a Moisés também eram feitas de safira. Contudo, o verdadeiro sentido do termo bíblico era lápis-lazúli. As civilizações antigas da região mediterrânea provavelmente não conheciam a safira-coríndon, mas aplicavam a palavra ao lápis-lazúli.[2]

Segundo São Jerônimo, a pedra de safira obtém a boa vontade dos príncipes, libera os cativos, combate a feitiçaria e as tramas dos inimigos e "aplaca de fato a ira do próprio Deus". Epifânio disse que safira em pó misturada ao leite curava úlceras. Várias autoridades recomendavam a safira para curar furúnculos, "com um simples toque", para suavizar o sangue, interromper fluxos e curar inflamações oculares.[3] O inventário de Carlos V incluía uma safira oval do Oriente – provavelmente um coríndon – para curar problemas oculares com o toque. Bartolomeu escreveu que as safiras podiam operar grandes prodígios nas mãos de feiticeiras. As safiras-estrela, consideradas particularmente poderosas, eram conhecidas como Pedras do Destino.[4]

No Oriente, as safiras eram consideradas tão fortes contra os venenos que se acreditava poderem elas matar instantaneamente criaturas peçonhentas. Os persas afirmavam que as safiras eram feitas das últimas gotas de *amrita*, o elixir da imortalidade, por vezes chamado de leite doador de vida da Deusa.[5] Quando viajou pelo Oriente, Sir Richard Burton obteve atenção especial ao permitir que os nativos olhassem sua safira-estrela, porque estes acreditavam que olhar uma pedra dessas traz boa sorte.[6] Entre os muçulmanos, dizia-se que o mágico e misterioso selo de Salomão era uma safira.

Clérigos e feiticeiras da Europa medieval acreditavam que a safira podia conferir poderes de profecia a quem as usasse.[7] Também se anunciava ser a safira uma proteção contra praga, veneno, feitiçaria, varíola, dor de cabeça e problemas oculares. Ela era um presente de amor, capaz de empalidecer se um amante fosse infiel.

No século XII, o papa Inocêncio III ordenou que todos os anéis de bispos contivessem essa pedra, para permitir que os clérigos resistissem a "influências pouco harmoniosas".[8] Isso foi feito, em obediência à ordem papal, e o papa Gregório XV decretou o uso de anéis de safira para cardeais. Contudo, parece que as ordens foram cumpridas com considerável desonestidade. O dr. Fernie visitou uma exposição de antigos anéis eclesiásticos no Victoria and Albert Museum e relatou que "essas jóias de dedo, embora sacerdotais, eram feitas em sua época, com muita freqüência, a partir de algum metal inferior, de bronze ou de um composto de latão, e não de ouro. São anéis grossos, malfeitos, blocados, corcundas, fornecidos em vários casos com safiras falsas, de uma pasta azul disfarçada, ou mesmo de simples vidro opaco. A elevada e pretensiosa grandeza desses adornos, associada há tanto tempo aos cardeais e a outros altos dignitários da opulenta Igreja Romana, é surpreendente."[9]

Ainda se diz nos círculos místicos que as safiras-estrela atraem o amor e que as comuns curam os olhos, estancam hemorragias nasais e mantêm os proprietários fora da prisão.[10] Contudo, usadas por "taurinos descontrolados" (a nova versão do amante infiel), as pedras escurecem.[11]

A safira cura a doença de Alzheimer, a esclerose múltipla, a demência, febres, queimaduras, inchações e inflamações, além de "estabilizar" a taxa de batimentos cardíacos.[12] Ela trata depressão, hiperatividade e tensão; "purifica a aura" e facilita a projeção astral, a psicocinesia, a canalização, a telepatia e a clarividência.[13]

Diz-se que a safira foi usada pelos lemurianos como regulador das forças dos chacras superiores e inferiores, e pelos atlantes para ajustar a assimilação de proteínas pelas "harmonias" abdominais e intestinais. Um elixir de safira, que consiste em sete gotas de água em que se deita uma safira-estrela, é recomendado numa dose diária quando se faz o jejum mensal de uma semana e só se toma um quarto de suco de manga ou de mamão papaia por dia.[14] Os portadores de safira são avisados de que a posição da pedra no corpo é de suprema importância. Como anel, ela produz cura, mas, como uma "pedra do coração ou pingente", atrai forças destrutivas.[15]

Mas a safira é uma adorável pedra que não merece ser insultada com esses conceitos tolos. Além disso, como sabem todos os ourives modernos, a safira sintética de hoje é tão bela quanto qualquer pedra natural, e igualmente durável, e nada tem da "pasta azul disfarçada" dos antigos clérigos. Na verdade, o sucesso do século XX na produção do coríndon sintético tanto beneficiou muito a indústria de jóias como contribuiu para muitos avanços tecnológicos. Parece estranho que, podendo comprar uma boa pedra sintética que somente um microscópio e um olho muito treinado podem distinguir do produto natural, as pessoas ainda insistam em ter uma pedra natural por um preço cem vezes maior. Mas as escalas de valor nunca foram razoáveis e, no mundo das gemas, podem ser vistas em seu maior descontrole.

A safira sintética incolor tem sido vendida como substituto do diamante sob nomes como Brillite, Crown Jewels, Diamondette, Diamonflame, Emperor-lite, Gemette, Ledo Frozen Fire, Mr. Diamond, Thrilliant, Vega, Vesta, Walderite e Zircolite.[16] A safira não é tão "ígnea" quanto o diamante, mas é adequadamente dura e durável. As pedras sintéticas coloridas podem ser mais satisfatórias do que as brancas disfarçadas de diamantes, porque as cores são delicadas, claras e brilhantes, rivalizando com os melhores produtos naturais por uma pequena fração do custo. Mesmo a safira cor-de-chama, muito rara, denominada *padparadschah* ("flor de lótus"), está hoje disponível em forma sintética. E continua a ser uma safira, apesar do místico dos cristais que insiste em chamá-la de "topázio-rei".[17]

1. Weinstein, 60. 2. Kunz, 104; Smith, 436. 3. Fernie, 96, 103-104, 110; Desautels, *G. K.*, 24. 4. Kunz, 105-107, 388. 5. Stern, 49. 6. Kunz, 106. 7. Rutland, 164. 8. Thomson, 58-59. 9. Fernie, 98-99. 10. Cunningham, 132. 11. Harold, 170. 12. Stein, 251. 13. Parkinson, 164-165. 14. Gurudas, 155, 162. 15. Richardson et al., 111. 16. Nassau, *G. M. M.*, 210. 17. Uyldert, 116.

SÁRDIO (Dióxido de Silício)

Segundo uma fonte da Nova Era, a pedra sárdio "veio de uma camada mais profunda da crosta terrestre do que a calcedônia, e subseqüentes mudanças na terra fizeram essa pedra desaparecer da superfície do planeta".[1]

Não há motivo para preocupação; o sárdio não desapareceu, e ele e a calcedônia *são* a mesma pedra. A única coisa que se perdeu foi seu antigo nome. A calcedônia marrom-avermelhada que costumava ser chamada de sárdio hoje tem o nome de cornalina. Às vezes se usa o termo *sárdio* para descrever uma calcedônia tingida artificialmente com a cor da cornalina.[2] Não é preciso postular improváveis movimentos terrestres, nem o inexplicável desaparecimento de toda uma classe de minerais apenas para dar conta de um caso insignificante da obsolescência de palavra.

Hoje, o termo *sárdio* pode ser empregado também para descrever uma cornalina de cor marrom um pouco mais escura e de opacidade um pouco maior do que as da cornalina comum.[3]

1. Richardson et al., 27. 2. Schumann, 126. 3. Arem, 159.

SÁRDIO-ÔNIX (Dióxido de Silício)

O sárdio-ônix é uma das formas estratificadas de calcedônia, combinando o vermelho-amarronzado (sárdio) com o ônix preto e/ou branco. Segundo o bispo de Mogúncia do século IX, Hrabanus Maurus, o sárdio-ônix bíblico do peitoral do sumo sacerdote mostrava as três cores clássicas da trindade Virgem-Mãe-Anciã da Deusa: branco, vermelho e preto. O sárdio-ônix era uma pedra mágica considerada capaz de fortalecer o intelecto do seu possuidor. "Usada freqüente e uniformemente, eliminava a lentidão de raciocínio."[1] Dizia-se também que ela desfazia tumores.[2]

O sárdio-ônix da Nova Era emite

uma vibração "anti-séptica", protegendo o possuidor de infecções.[3] Ele "funciona bem com as vértebras, a tireóide e a laringe", além de "equilibrar o metabolismo", que no pensamento da Nova Era sempre fica desequilibrado.[4] O sárdio-ônix também cura câncer ósseo, porque alivia "distúrbios celulares" na medula do osso. Mas os que fazem essa cura acrescentam sua defesa prévia comum: o tratamento só funciona se houver "aceitação consciente por parte da pessoa a ser curada".[5] Em outras palavras, se não der certo, a culpa é do paciente, e não do tratamento.

No mundo real, o sárdio-ônix é um material popular para a feitura de camafeus. Pode-se dar à camada branca a forma desejada, havendo contraste com o fundo mais escuro. Ao longo dos séculos, especialistas em lapidação têm desenvolvido muitas maneiras imaginosas de usar pedras estratificadas, entre as quais o sárdio-ônix.

---

1. Anderson, 116, 135. 2. Fernie, 354. 3. Harold, 174. 4. Parkinson, 145. 5. Richardson & Huett, 113.

SELENITA (Gipsita: Sulfato de Cálcio Hidratado)

A selenita é a forma cristalina transparente da gipsita, que também aparece em forma maciça como alabastro, como o "espato cetim" fibroso ou como as rosetas cheias de areia conhecidas como rosas-do-deserto. A gipsita costuma ser usada no gesso e no cimento. A selenita é um mineral mole, frágil, irregular, que lasca com facilidade e tem a superfície turva, embora exemplares preservados com cuidado possam ser claros como água e brilhantes. Contudo, a pedra é tão mole (2 na escala Mohs) que pequenas partículas de poeira do ar bastam para riscá-la e turvar sua superfície.

Como *selenita* significa "pedra-da-lua" – embora a selenita e a pedra-da-lua não sejam a mesma pedra nem tenham nenhuma relação entre si –, os místicos às vezes atribuem a ela vários tipos de magia lunar. Afirma-se com freqüência que "mágicos antigos" colocaram registros do seu conhecimento em cristais de selenita, podendo esses cristais revelar a informação armazenada diretamente à mente moderna. Um místico insiste em dizer que os cristais de selenita podem servir para a comunicação telepática porque registram informações – talvez fazendo o papel de máquinas minerais de atender o telefone. Além disso, os cristais de selenita registram automaticamente os detalhes de um roubo cometido na sua presença, de forma tal que é possível mais tarde "sintonizar" o cristal para descobrir o criminoso.[1] Mas a prova do cristal provavelmente não vai ser aceita no tribunal.

Também se diz que o conteúdo de cálcio da selenita solda ossos quebrados e cura doenças decorrentes de deficiência de cálcio, como a osteoporose.[2] Estranhamente, não se atribui isso ao mesmo mineral em seu outro nome, a gipsita. O que há num nome?

Os exemplares de selenita exibem uma variedade de formas. O material transparente tem uma qualidade prateada que de fato evoca o luar. Às vezes, a selenita forma bastões naturais: longos e delicados cristais que podem ser retos ou curvos. A famosa Caverna das Espadas, do México, exibe cristais de selenita de até um metro e meio de comprimento.

---

1. Raphaell, *C. E.*, 152. 2. Stein, 259.

SHATTUCKITA (Silicato Oxidrilo de Cobre)

A shattuckita é um mineral raro encontrado na Mina Shattuck, em Bisbee, Arizona. É talvez a raridade desse mineral que inspira o místico dos cristais a creditá-la com poderes verdadeiramente assombrosos, ao que parece confiando que poucas pessoas terão oportunidade de verificar suas afirmações. Por isso, afirma-se simplesmente (sem apresentar a mínima prova) que a shattuckita tem um efeito direto nos genes humanos, causando "uma divisão celular que aumenta em cada geração". A água em que essa pedra foi mergulhada tem um forte "impacto" no código genético e deveria interessar "os envolvidos na pesquisa de engenharia genética".[1] Até o momento, no entanto, os pesquisadores têm revelado uma notável falta de interesse por esse mineral, visto não terem razões para acreditar nos efeitos alegados.

Mesmo sem ter um "impacto" perceptível sobre os genes, a shattuckita é valorizada pelos colecionadores, dada a sua raridade e sua bela cor azul-celeste. Trata-se de um dos prodígios minerais da Natureza, uma atraente surpresa entre as rochas mais comuns desta última. Para ser apreciada, ela sem dúvida não precisa de melhor recomendação do que essa.

1. Gurudas, 158.

SIDERITA (Carbonato de Ferro)

A siderita ocorre em muitos matizes do marrom, do muito claro ao bem escuro, e em numerosas formas: cristais romboédricos ou em forma de sela, massas botrióides, compactas, granulares ou fibrosas, por vezes com uma aparência prismática ou escalenoédrica (com lados triangulares). Ela não costuma ser considerada um mineral bonito ou decorativo, mas tem sido usada como pedra mágica. O antigo poema órfico *Lithica* descreve a esfera divinatória do adivinho troiano Heleno como um globo pesado e escuro de siderita. O mago tratava o seu globo como um recém-nascido e lhe fez oferendas até que ele assumisse uma personalidade e se tornasse "uma alma viva".[1] Hoje, as pedras podem ser – e são – tratadas mais ou menos da mesma maneira.

Outro nome para a siderita é calibita, a partir de um antigo termo grecoromano para ferro ou aço, derivado dos Calibes, tribo primitiva do nordeste da Ásia Menor notável por seus trabalhos com o ferro. É possível que a lenda de Heleno remonte, em última análise, às práticas dos xamãs-ferreiros calibeanos.

Pelo menos num lugar do mundo, o Campbell Shaft, de Bisbee, Arizona, a siderita foi encontrada com crostas de cristais tênues e agudos mostrando uma notável iridescência. A siderita iridescente é valorizada pelos colecionadores como forma ímpar. Em alguns espécimes, o ferro é substituído pelo manganês em várias proporções. No outro extremo da série está o carbonato de manganês, a rodocrosita.

1. Kunz, 178.

SMITHSONITA (Carbonato de Zinco)

A smithsonita recebeu o seu nome de James Smithson (1765-1829), fundador do Instituto Smithsoniano de Washington, D.C. É um mineral alocromático, isto é, pode assumir muitas cores diferentes, de acordo com o conteúdo de outros elementos vestigiais; assim, a sua própria cor não serve para identificá-lo. Com vestígios de cádmio, a smithsonita pode ser amarela; com cobalto ou manganês, rosa ou violeta; com hidróxidos de ferro, marrom; com impurezas de cobre, azul ou verde. A smithsonita com cobre aproxima a sua gama de cores da turquesa, sendo usada como imitação desta.

A smithsonita ocorre comumente em massas mamilares (semelhantes a seios) ou botrióides (semelhantes a cachos de uva), às vezes com uma cor brilhante e uma interessante superfície sedosa. O estudo desse mineral com lentes de aumento é recompensador. A smithsonita é às vezes confundida com a hemimorfita, que pode assumir aparências e cores semelhantes às suas.[1]

Um antigo nome da smithsonita era

bonamita, hoje em desuso, mas que pode ser encontrado.

1. Schumann, 198.

SODALITA (Silicato de Cloro Alumínio Sódio)

A sodalita não era reconhecida pelos antigos. Mesmo hoje, alguns místicos dos cristais parecem incapazes de distingui-la do lápis-lazúli, embora sua aparência – um matiz do azul mais apagado e escuro – e sua composição química sejam bem diferentes. Alguns que reconhecem a sodalita afirmam que ela cura diabetes, feridas, infecções, dores de cabeça, pressão alta e problemas dos sinus.[1]

Ainda assim, há pouco acordo. Um autor diz que a sodalita não pode ser considerada útil para a meditação ou a reflexão por ser "demasiado densa".[2] Outro diz: "É uma excelente pedra de meditação e ... promove a sabedoria."[3] Um diz que a sodalita ainda está "num processo de evolução" e só pode funcionar num nível baixo; para outro, ela realiza a façanha deveras sofisticada de dispersar a culpa, o medo e o tumulto interior.[4]

Enquanto os místicos discutem, as outras pessoas podem obter prazer com essa bela pedra azul-marinho opaca, com freqüência pintalgada de calcita branca e de outras inclusões, que serve para interessantes cabochões e peças ornamentais de solidez e peso adequados. A sodalita é forte, fácil de cortar, durável, sendo uma pedra favorita dos lapidadores amadores. Felizmente, ela também é abundante e bem barata. Colares de contas de sodalita são muito simpáticos e fáceis de encontrar.

1. Stein, 250. 2. Chocron, 78. 3. Cunningham, 135. 4. Chocron, 78; Cunningham, 135.

STICHTITA (Carbonato de Crômio Magnésio Hidratado)

Esse nome vem de Robert Carl Sticht, mineralogista americano que chegou a gerente geral da Mt. Lyell Mining Company e teve proeminência no desenvolvimento da mineração na Tasmânia. O mineral tem uma aparência gordurosa característica e uma gama de cores que vai do rosa-claro brilhante ao lavanda delicado ou púrpura-acinzentado, passando pelo magenta. Embora a stichtita não possa ser facetada, suas atraentes cores fazem dela um bom material para cabochões, bem como para coleções.[1]

A stichtita é um produto da decomposição da serpentina portadora de crômio – um grupo mineral que inclui o asbestos crisótila, a antigorita e a lisardita.[2] A maioria dos membros desse grupo tem cores esverdeadas. Às vezes, a serpentina verde, a cromita preta e a stichtita púrpura-rosa são belamente combinadas num único exemplar. Por ser bastante mole, a stichtita se beneficia dessa combinação com minerais um pouco mais duros.

1. Arem, 181. 2. Schumann, 202.

SUGILITA (Silicato de Lítio Ferro Sódio Potássio)

A sugilita é uma novata no mundo das pedras da Nova Era, praticamente um sucesso da noite para o dia, graças a uma grande publicidade e promoção. Foi descoberta pela primeira vez no Japão, em 1944, e recebeu seu nome do petrologista japonês Kenichi Sugi. Descobertas ulteriores foram feitas na Índia e, na África, nas minas Wessels do deserto de Kalahari, perto de Hotazel, onde o material foi chamado inicialmente de wesselsita. Um desenhista de jóias americano comprou uma grande quantidade do material e o apresentou com o nome de Royal Lavulite na Exposição Mineral de Tucson de 1981. No ano seguinte, a sugilita fez outro *début* sob os auspícios de uma companhia da Califórnia, que lhe deu o nome comercial de Royal Azel, derivado do seu lugar de origem (Hotazel). O "royal" referia-se à rica cor magenta-púrpura do mineral. "Lavulite" pretendia sugerir "lavanda", mas esse nome logo foi abandonado, porque se confundia com facilidade com lazurita, lazulita e lava.

A complexidade da nomenclatura confundiu terrivelmente ao menos um místico dos cristais, que chama o mineral de Royal Lazel ou Luvulita, afirmando que ele pode curar qualquer doença, inclusive o câncer. "A luvulita é a taça na qual o conteúdo do Santo Graal é despejado."[1] (A maioria pensava que o cálice era o próprio graal, mas deixemos isso para lá.) A mesma autora diz: "A luvulita é o aspecto masculino do raio violeta, uma vez que leva o conhecimento intuitivo ao intelecto."[2] Evidentemente, isso não tem sucesso quando se trata de ensinar o intelecto a escrever.

Os místicos explicam que há boas razões para que a sugilita só tenha sido encontrada recentemente. Um deles afirma que "a descoberta do planeta Plutão no nosso sistema solar, em 1930, levou à descoberta da Sugilita",[3] embora possa ser difícil compreender a ligação entre as duas coisas. Outro diz que, até o momento, "a raça humana não estava pronta para o raio púrpura profundo" que emana da sugilita.[4] Não sabemos o que esse raio vai fazer por nós ou como ficamos de repente prontos para ele; mas o fato é que ele está aí, e até pedaços bem pequenos dele estão sendo vendidos por preços bem altos.

Um místico sugere, vacilante, que a sugilita "parece facilitar a percepção mediúnica quando usada ou carregada".[5] Outro a prescreve para autismo, dislexia, epilepsia, dificuldades de visão ou de coordenação física, e "toda disfunção da resposta do nervo motor".[6] Outro ainda diz que a pedra serve para "depurar o sangue intoxicado" quando pedaços dela são colocados nas virilhas, debaixo dos braços, ao longo da clavícula e acima do fígado e do baço.[7]

A sugilita tem muito a recomendá-la: cor bela, textura firme, dureza aceitável (6,5-7,5), faixas e padrões interessantes nas pedras opacas. Como a maioria das estrelas instantâneas, é provável que a sugilita sobreviva ao primeiro surto de popularidade excessiva e, com o passar do tempo, encontre um lugar mais modesto na hierarquia mineral.

---

1. Raphaell, *C. E.*, 122, 125. 2. Raphaell, *C. H.*, 36. 3. Bravo, 262. 4. Raphaell, *C. E.*, 121. 5. Cunningham, 138. 6. Gurudas, 151. 7. Raphaell, *C. E.*, 124.

TANZANITA (Silicato Oxidrilo de Alumínio Cálcio)

A gema azul-violeta tanzanita hoje é muito conhecida, graças a uma intensa campanha publicitária feita pelos seus promotores, Tiffany and Company, depois de sua descoberta na Tanzânia em 1967. Anunciada como alternativa para a safira azul, a tanzanita logo ficou tão cara quanto a safira, embora sua natureza quebradiça e a sua dureza inferior (6 a 7 na escala Mohs) a tornem imprestável para um uso constante, como num anel.

A tanzanita é uma variedade da zoisita. Ela pode fornecer pedras transparentes e com o efeito olho-de-gato. É fortemente pleocróica; isto é, pode parecer azul quando vista de uma dada direção e violeta ou azul-acinzentada quando vista de outra.

O que não costuma ser mencionado sobre a tanzanita é o fato de que ela, quando extraída, é em geral um material amarronzado ou amarelado sem atrativos que requer um tratamento artificial por aquecimento para suprimir os tons amarelos e revelar o azul.[1] Nessa operação, a pedra é aquecida a 426 ou até a 482 graus centígrados.

Como toda gema cara, a tanzanita é imitada. "Há imitações de vidro no mercado; há também agregados de vidro com uma coroa de tanzanita ou de duas espinelas sintéticas incolores coladas com uma cola cor de tanzanita."[2]

Recomenda-se que jóias de tanzanita nunca sejam limpadas com os limpadores ultra-sônicos hoje comuns. Ela tem baixa resistência ao ultra-som e pode sofrer danos irreparáveis com esse tratamento.

Apesar de suas desvantagens, diz-se que a tanzanita tem "fortes" capacidades de cura, porque "fortalece os genitais masculinos ou a coluna cervical feminina", aumentando magicamente a fertilidade.[3] Contudo, a maioria dos proprietários de tanzanita se satisfazem em considerá-la bonita.

---

1. Nassau, *G. M. M.*, 282. 2. Schumann, 160. 3. Parkinson, 244.

TECTITA (Vidro)

Tectitas são os nódulos negros ou amarronzados, marcados e fundidos, de materiais vítreos que, como a moldavita, têm sido chamados de pedras do espaço exterior. Não há neles vestígios de estrutura cristalina. Eles são vidro, mas as temperaturas necessárias para derretê-los são cerca de 160 graus superiores à temperatura necessária para fundir o vidro Pyrex.[1]

Ainda não está claro se a tectita é material derretido de meteoritos ou rocha terrestre fundida pelo impacto destes. Seu nome vem da palavra grega para "derretido". Algumas tectitas são conhecidas por outros nomes. As do Texas são bediasitas; as do Bornéu, billitonitas; da Austrália, australitas. A moldavita da Tchecoslováquia também é considerada um tipo de tectita.

Como é natural, os místicos dos cristais interpretam as tectitas como visitantes do espaço profundo, seja como espíritos dévicos ou como mensagens de alguma espécie. Na verdade, elas são objetos de aparência bem interessante, sugerindo todo tipo de idéias imaginativas. A tectita negra típica lembra, de alguma maneira, uma passa, podendo-se facilmente prever as suas rugas como resultado de encontros com partículas de poeira espacial. Por alguma razão inexplicável, um autor descreve como "tectitas marrons"os pequenos nódulos de obsidiana apelidados de lágrimas-de-apache, embora sua origem seja inequivocamente terrena e apesar de sua aparência em nada lembrar a da tectita.[2]

Segurar uma tectita é excitante se também se tiver o pensamento de que ela pode ter viajado para esse lugar particular através do espaço extraterrestre ou mesmo extragaláctico.

---

1. Sinkankas, *G. N. A.*, 492. 2. Uyldert, 106.

THULITA (Silicato Oxidrilo de Alumínio Cálcio)

A thulita é uma variedade de zoisita que contém manganês, tendo obtido aceitação como gema há pouco tempo. Ela costuma ocorrer em massas, variando sua cor de um rosa pálido a um vermelho framboesa. Seu nome vem de Thule, a velha denominação da Escandinávia, onde ocorreu sua primeira descoberta.

A thulita chegou ao conhecimento do público graças à grande promoção das suas irmãs, a tanzanita, gema azul-violeta, e a zoisita verde que contém rubi e é por vezes polida como pedra ornamental. A família da zoisita cobre uma interessante gama de cores. A variedade maciça verde inclui com freqüência faixas pretas de hornblenda, bem como traços de rubi vermelho encarnado (coríndon), o que cria atraentes contrastes.

A thulita serve agora de material para lapidação. Suas densas massas podem ser cortadas e polidas para fazer cabochões. Apesar do seu estreito relacionamento com a tanzanita (são quimicamente idênticas), ela tem pouca semelhança com esta última; mas, com base na aparência superficial, pode ser confundida com outros minerais rosa.

TOPÁZIO (Silicato de Flúor Oxidrilo Alumínio)

O topázio recebeu seu nome da fabulosa Ilha Vermelha de Topasos, ou Topazin, que significa "buscar", hoje identificada com a Ilha de São João. Mas o "topázio" original dessa ilha era provavelmente peridoto.[1]

O topázio gema pode ser esverdeado como o peridoto, branco transparente, azul pálido, ou apresentar a cor amarela forte que varia do ouro ao cereja conhecida como topázio imperial. Ele também pode ficar, através do aquecimento, com a cor rosa clara. As pessoas tendem a considerar o topázio tipicamente amarelo, mas a maioria dos topázios é incolor. Embora duro (8 na escala Mohs), o topázio tem clivagem perfeita entre os cristais, dividindo-se prontamente em fatias agudas. Essa tendência pode explicar a história apócrifa de que o imperador Maximiliano era tão forte que quebrava topázios com os dedos.[2]

Santa Hildegarda de Bingen afirmava curar "turvação das vistas" tocando levemente a retina com topázio umedecido em vinho. Um médico romano do século XV alegava curar praga com um topázio que pertencera a dois papas.[3] As pedras preciosas eram freqüentemente anunciadas como cura para a praga, porque a persistência desta podia ser explicada quando a cura estava além dos meios das pessoas comuns. O topázio era especialmente associado com pessoas abastadas. Um topázio com a marca de um falcão era uma simpatia popular para atrair a boa vontade de patrões ricos.[4]

O topázio costumava ser recomendado como pedra de "resfriamento". Ao contrário do rubi, que fazia a água fria ferver, o topázio esfriava instantaneamente a água fervente – é o que dizia Adamus Lonicerus no século XVII. Portanto, acreditava-se também que o topázio pudesse esfriar as paixões da carne e extinguir "o desejo carnal da luxúria".[5] Contudo, tal como o rubi, o topázio podia brilhar por si próprio. Mesmo no século XX, o dr. Fernie imaginou que essa pedra "possui um dom de radiância interior que pode dispersar as trevas, tal como o Carbúnculo". Ele também pensava que o topázio estancasse hemorragias, evitasse a calvície e, "através dos seus fluoretos", promovesse a saúde dos dentes e dos ossos.[6]

O topázio era prescrito, e em alguns círculos ainda é, para um número estonteante de males. Ele trata as adenóides, a tosse, crupe, surdez, bócio, caxumba, pancreatite, obesidade, amigdalite, tonsilite, coqueluche, hemorragias, gota, deficiências circulatórias, dores de cabeça decorrentes de tensão, insônia, depressão, loucura, pesadelos, artrite e "magia negativa". Ele reverte o processo de envelhecimento.[7] E é até considerado cura para a ... morte![8]

A "natureza eletrificadora" do topázio "magnetiza todo o nosso ser", diz um místico.[9] O topázio também "faz as células do interior da cabeça serem liberadas", uma observação que evoca um quadro mental bem estranho.[10]

O topázio é considerado um coagulador elétrico, estimulando o sangue, o fígado, os rins, o trato urinário, o baço, o pâncreas, os olhos e o apetite.[11] Ele atrai calor e amor. Previne acidentes e incêndios.[12] Associando gemas com base na cor, mas aparentemente ignorando sua composição, afirma um autor que "a citrina e o âmbar são uma vibração inferior do topázio".[13] Outro declara que o topázio "fica fortemente elétrico" diante da aproximação de um relâmpago.[14] É claro que ele não fica, nem qualquer outra pedra.

Embora tenha menos iridescência e costume parecer menos vívido que um diamante, o topázio incolor é um dos imitadores clássicos deste. As jóias da coroa de Portugal eram festejadas por conterem o chamado diamante Bragança, de 1680 quilates – até que se testou a gema real provando-se que ela era um topázio. Gemas muito grandes são por vezes cortadas do topázio. No Instituto Smithsoniano, de Washington, D.C., há topázios azuis facetados de vários milhares de quilates.[15] Sabe-se que a natureza já produziu cristais de topázio pesando mais de cem quilos.

---

1. Stern, 58. 2. Fernie, 168. 3. Kunz, 389. 4. Anderson, 147. 5. Medenbach & Wilk, 198. 6. Fernie, 3, 163, 355. 7. Parkinson, 194; Cunningham, 141; Bravo, 226. 8. Stein, 278; Wodiska, 237. 9. Chocron, 62. 10. Richardson et al., 118. 11. Stein, 204-205. 12. Cunningham, 141. 13. Bravo, 83. 14. Uyldert, 119. 15. Schumann, 102.

TURMALINA (Borossilicato Complexo)

A turmalina é piroelétrica: aquecida, desenvolve uma carga estática que atrai a poeira e outras partículas leves para a sua superfície. Seu nome cingalês original, *turamali,* ou "pedra colorida", significava também algo que atrai cinzas.[1] Os holandeses chamavam a turmalina de *aschentrekker,* "tira-cinza", usando-a para tirar cinzas do cachimbo. Uma lenda holandesa dizia que algumas crianças tinham encontrado pedaços de turmalina jogados por lapidadores e descoberto que eles atraíam cinzas quando o sol os aquecia.[2]

Nenhuma outra gema é tão complexa. As variedades da turmalina são a dravita (marrom, laranja), a uvita (marrom-escura, verde), a schorl (preta, azul) a buergerita (marrom-escuro iridescente), elbaíta e a lidicoatita (multicolorida), a crondravita (verde-escura), a ferridravita (marrom, verde) e a tsilaisita (amarela, marrom). A turmalina tem mais de cem cores. Alguns nomes populares para variedades de cores são: rubelita (rosa, vermelha), indicolita (azul), siberita (violeta), verdelita (verde), acroíta (incolor) e melancia, a variedade que apresenta um núcleo rosa cercado por uma camada de branco e uma cobertura externa verde. As cores podem mudar de repente em níveis diferentes do mesmo cristal. A maioria das turmalinas gema é formada por elbaítas, cujo nome vem de sua descoberta na Ilha de Elba. Os cristais costumam ser longos, com três lados na seção transversal, e fortemente estriados no sentido do comprimento. Essas estrias inspiraram um místico dos cristais a falar sobre uma corrente elétrica de alta voltagem que se move rapidamente ao longo das estrias de um cristal de turmalina.[3]

Que ninguém se preocupe; não existe essa corrente, e podemos pegar uma turmalina sem correr o risco de levar um choque. Apesar de suas propriedades piroelétricas e piezoelétricas, a turmalina é não-condutora e não transmite corrente elétrica. Os místicos não parecem saber a diferença entre carga estática e corrente que flui num meio. Para eles, não há distinção entre tipos de eletricidade. As turmalinas ricas em ferro, como o schorl, costumam carecer até de capacidades piroelétricas.

Não há tradições místicas ou mágicas de longa data acerca da turmalina na Europa, porque os europeus só a conheceram quando comerciantes holandeses levaram algumas pedras do Oriente em 1703. Quando foi reconhecida pela primeira vez na literatura ocidental oitocentista, a turmalina foi declarada uma pedra das Musas, que inspirava e enriquecia a mente.[4] Ela era caracterizada como pedra da sorte para artistas, escritores e atores.[5] Na época vitoriana, tinha se tornado uma gema popular.[6]

Hoje, esse mineral complexo e variável despertou em alguns místicos dos cristais alguns dos mais altos vôos da fantasia, que por vezes os deixam literalmente longe da terra. Afirma-se que a turmalina não é original deste planeta, tendo se materializado nele graças à ação de "formas superiores de vida". Ela ainda está sendo criada como bastões mágicos em secretos "laboratórios alquímicos das profundezas dos Andes, na América do Sul", de onde é desmaterializada, transportada e rematerializada nas rochas das minas.[7]. Um autor, talvez influenciado indevidamente pelo filme *Jornada nas Estrelas,* declara que a turmalina azul transmite "um multirraio do planeta ainda não descoberto chamado Vulcano".[8] Outro afirma que esse raio é um "raio azul da paz", bom para curar inflamações crônicas da garganta, dificuldades de fala e problemas da tireóide.[9] Outro ainda diz (erroneamente) que a turmalina já foi "chamada a 'Pedra de Cristo'" por causa de suas "capacidades etéricas".[10]

A turmalina do tipo melancia é particularmente admirada. Ela é "usada para projeções curativas que operam diretamente com os construtores dévicos da forma nos planos interiores. Isso apresenta o quadro de um elemento capaz de trabalhar com a unificação da matéria antes de ela se tornar matéria. A variedade melancia tem a capacidade de ajudar a alteração da estrutura celular".[11] Ela também equilibra o metabolismo e age como "harmonizador geral".[12]

A turmalina verde "tem a qualidade de acalmar e equilibrar o cérebro e os fluidos nervosos", o sistema endócrino e o sistema imunológico.[13] A turmalina negra "aterra e desvia" o perene inimigo da Nova Era, a negatividade. Além disso, trata *tanto* a diarréia *como* a constipação intestinal.[14] Diz-se que a influência da turmalina no trato intestinal é tão forte que se deve empregá-la com cuidado. Alguns místicos afirmam que a turmalina negra causa constipação, que a verde provoca um "efeito violento" e que a amarela promove um "fluxo suave". Além disso, nenhuma turmalina deve ser usada "no corpo".[15] O uso da turmalina pode "levar a um superestímulo das entranhas".[16]

A turmalina reduz a febre e a pressão alta, combate resfriados e gripes, acalma os nervos, cura a exaustão e "equilibra a mente racional e criativa".[17] Ela influencia o sistema nervoso "por causa de sua tremenda natureza elétrica".[18] Além de proteger da "negatividade" e da "radiação da terra", essa pedra também trata o câncer.[19] Que infelicidade para os médicos o fato de não terem descoberto essa panacéia!

A própria imaginação mística fica em posição incômoda diante da ocorrência comum do quartzo turmalinado – isto é, quartzo com inclusões de pequenos cristais de turmalina, em geral da variedade schorl. O quartzo turmalinado é muitas vezes cortado ou polido como gema, mas a tarefa de combinar as alegadas propriedades mágicas desses dois minerais milagrosos numa única expressão parece derrotar os poderes dos místicos. Por isso, essa entidade mineral particular é, de modo geral, ignorada.

Embora costume ser facetada e engastada, a turmalina é mais interessante em suas formas cristalinas naturais, por serem estas deveras diferentes das de outros cristais gema. Cortada, a turmalina não passa de mais uma pedra colorida transparente; deixada em sua forma natural, é uma pedra ímpar com um estilo próprio e inconfundível. Os europeus que a viram pela primeira vez e decidiram considerá-la um talismã da criatividade no final das contas quase acertaram o alvo. Trata-se de uma pedra que tem a coragem de ser diferente. Os que acham essa idéia inspiradora provavelmente verão que a turmalina vai se tornar uma de suas pedras especiais.

1.Fisher, 89. 2. Wodiska, 166. 3. Raphaell, *C. E.,* 126. 4. Stern, 55. 5. Thomson, 53. 6. Medenbach & Wilk, 182. 7. Raphaell, *C. E.,* 127-129. 8. Bravo, 56. 9. Raphaell, *C. H.,* 187-188. 10. Rea, 331. 11. Lorusso & Glick, 84. 12. Stein, 228. 13. Chocron, 71; Parkinson, 187. 14. Stein, 181. 15. Richardson et al., 121-122. 16. Harold, 175. 17. Stein, 229. 18. Chocron, 64. 19. Gurudas, 165-166.

TURQUESA (Fosfato de Alumínio Cobre Hidratado)

Turquesa significa "pedra turca". Os turcos a chamavam de *fayruz*, a pedra da sorte. Os tibetanos a denominavam *gyu*, o mesmo que a palavra chinesa *yu*, "jade". Os índios apache lhe davam o nome de *duklij*, que designava uma pedra verde ou azul; tal como os antigos gregos, eles não distinguiam essas duas cores uma da outra.[1] A turquesa foi a principal pedra sagrada das tribos do sudoeste dos Estados Unidos. Todo navajo costuma carregar uma turquesa pessoal. Acreditava-se que atirar uma turquesa no rio fazia chover.[2] Eram colocadas peças de turquesa no lintel das portas para proteger dos maus espíritos. A turquesa em pó misturada com milho era uma oferenda de agradecimento aos deuses. Devido ao seu valor espiritual, muitas tribos indígenas usavam a turquesa como meio de troca comum.[3]

Os hindus acreditavam que traz muito boa sorte olhar uma turquesa logo depois de contemplar a lua nova. Na Pérsia, essa crença era ligeiramente alterada: traz muito boa sorte ver o reflexo da lua nova numa turquesa. Depois do advento do islamismo, as pessoas começaram a dizer que a sorte vinha de ver o reflexo da lua nova nos olhos de um amigo ou num exemplar do Corão.[4]

A tradição do Oriente Médio insistia que a turquesa guardava dos acidentes, especificamente os que envolviam queda.[5] A turquesa era usada como amuleto para evitar que os cavalos ou os cavaleiros caíssem. Os europeus copiaram até certo ponto a tradição, dizendo que, embora a queda pudesse ocorrer, o usuário da turquesa nunca quebraria os membros. O bobo da corte do imperador Carlos V fez uma brincadeira famosa com o assunto: "Se acontecer de você cair de uma alta torre enquanto usar uma turquesa no dedo, a turquesa não vai se quebrar."[6]

Os árabes pensavam que a turquesa alertava para a aproximação do perigo pela mudança de cor. É verdade que a cor de algumas turquesas é facilmente perturbada pelo calor, pela luz solar, pela umidade, pela secura, por óleos, pela transpiração ou pela água, se se lavarem as mãos com um anel de turquesa.[7] A cor básica também varia, podendo a turquesa apresentar qualquer matiz entre o azul e o verde; o azul é contribuição do conteúdo de cobre, e o verde, dos vestígios de ferro.[8]

O dr. Fernie achava que os fosfatos da turquesa poderiam servir para "conferir poderes cerebrais renovados".[9] Mas se expor a pele a algum tipo de fosfato bastar para desenvolver um cérebro poderoso, é certo que as pessoas mais inteligentes seriam as que manipulam rotineiramente os fertilizantes.

A turquesa ocorre em nódulos criptocristalinos, e não em cristais evidentes. Para a mágoa duradoura dos mineralogistas, um mineiro de cobre da Virgínia desorientado encontrou a primeira turquesa plenamente cristalizada do mundo e a destruiu ao tentar extrair cobre dela.[10]

A Nova Era também tem revelado igual descuido no tratamento que dá à turquesa. Dentre as afirmações mais irresponsáveis está a de que algo muito parecido com a turquesa "existe hoje no planeta físico Vênus" e de que a turquesa é mais útil para "almas mais velhas" que tiveram experiências com ela em encarnações precedentes na Atlântida.[11] Lama Sing diz que a turquesa é "muito conhecida" (imaginamos por quem) pela sua capacidade de "afetar em alguma medida as escórias e estimular forças vibracionais capazes de eliminar os resíduos que fecham ou bloqueiam o dueto [*sic*] ou função vesicular, aumentando de alguma maneira o fluxo lácteo e eliminando até certo ponto alguma saturação de dióxido no tecido muscular".[12]

Alega-se também que a turquesa é um profundo agente de cura mestre que "reduz a excessiva mucosa [*sic*] do corpo".[13] Ela também atrai novos amigos e amores, dinheiro e felicidade; protege de acidentes, de venenos, da violência, de enxaquecas, de cobras e de todas as doenças.[14] Além disso, "traz o conhecimento e a sabedoria de todas as eras".[15] É uma desgraça que as pessoas que escrevem essas coisas não tenham tido o cuidado de aprender um pouco mais com a turquesa.

A turquesa é muito imitada. Pode-se fazer que plásticos e cerâmicas se assemelhem a ela. A howlita, um mineral branco parecido com a porcelana que costuma apresentar veios negros, é tingida com facilidade de azul turquesa e vendida aos desavisados como tal. A turquesa é imitada por marfim tingido, calcita, mármore, vidro, porcelana, resinas de poliestireno e pó de turquesa prensado. A "turquesa-osso" nada tem de turquesa; ela consiste em ossos e dentes fósseis coloridos de azul com a vivianita. Seu nome próprio é odontolita ("pedra de dente"). "Turquesa vienense" é um falso nome para o fosfato de alumínio colorido com oleato de cobre e prensado. Outra mistura que lembra a turquesa, conhecida como Neolith, é fosfato de cobre e bayerita.[16]

A própria turquesa natural é amplamente maquiada. Hoje, quase todas as turquesas têm a cor estabilizada pela impregnação com cera, com plásticos ou com silicato de sódio, contendo muitas vezes uma tintura que visa melhorar a sua cor.[17] Como alguns espécimes começam a perder a cor quando são tirados da mina e expostos à luz, os vendedores os mantêm cobertos de terra úmida até os venderem. Outros espécimes podem parecer sólidos, mas logo começam a rachar e se fazem em pedaços. O comprador de turquesa precisa ser abençoado com uma boa sorte e um bocado de experiência.

Além das imitações indubitáveis, foram descobertos dois outros minerais que se assemelham muito à turquesa e podem ser vendidos como tais. Um é o análogo de zinco da turquesa, chamado faustita; o outro é a prosopita azul. Esta última costuma ser branca ou cinza, mas foi descoberta no México uma variedade azul que se assemelha tanto à turquesa que engana todos os que não forem especialistas e usem instrumentos de teste.[18]

Um antigo nome egípcio para turquesa foi *majkat,* que as primeiras traduções interpretaram como "malaquita". Isso pode explicar a escassez de referências à turquesa nos manuscritos egípcios, embora o mineral fosse valorizado no Egito. Uma mina de turquesa muito antiga em Serabit el Khadim estava próxima do templo de Hátor, chamada a Deusa da Turquesa.[19] A pedra era consagrada a ela, tal como o cobre o era à sua contraparte cipriota, Afrodite. Os navajo também reverenciavam o coração sagrado de turquesa da Mãe Terra. Uma lenda zuni diz que o céu é azul por causa da luz refletida a partir de sua divina Montanha de Turquesa.

1.Webster, 80; Kunz, 113. 2. Axon, 129. 3. Sinkankas, *G. N. A.*, 208. 4. Kunz, 111, 345. 5. Wodiska, 237. 6. Kunz, 24, 109. 7. Smith, 439. 8. Stern, 61. 9. Fernie, 19. 10. Sinkankas, *G. N. A.*, 213. 11. Lorusso & Glick, 88. 12. *Gems, Stones and Metals*, 24. 13. Gurudas, 167, 192. 14. Cunningham, 143-144. 15. Bravo, 190. 16. O'Donoghue, *G. M. G.*, 183. 17. Nassau, *G. M. M.*, 284. 18. Arem, 152, 195. 19. Webster, 244-245.

ULEXITA (Borato de Cálcio Sódio Hidratado)

A ulexita é um interessante mineral que ocorre em "fios-de-cabelo" brancos sedosos ou em fibras esguias, tipicamente em massas soltas conhecidas como bolas-de-algodão. Fragmentos de ulexita costumam ser vendidos em exposições de minerais com o nome de "pedra-televisão". O material ganhou esse nome por causa de sua capacidade peculiar de agir como fibra ótica; ele transmite luz pela extensão de suas fibras paralelas. Assim, quando uma peça de ulexita é cortada transversalmente e colocada numa página impressa, o texto impresso debaixo dela aparece claramente na sua superfície *superior.*

A ulexita é, como o bórax, um dos minerais que evaporam, devendo ser protegida da umidade. A água quente a dissolve. Embora o seu sedoso efeito olho-de-gato tenha encorajado o seu corte como imitação de gema olho-de-gato, a vulnerável pedra resultante está fadada a uma curta vida, mesmo quando protegida sob o plástico num conjunto tríplice.[1] As esferas e outros artefatos ornamentais de ulexita logo ficam cobertos com o pó esbranquiçado da eflorescência.[2]

1. Nassau, *G. E.*, 76. 2. Sinkankas, *M. A.*, 384.

VANADINITA (Clorovanadato de Chumbo)

O vanádio e o seu minério, a vanadinita, receberam seu nome do químico sueco Nils Sefström em 1830; ele homenageou a deusa escandinava Fréia, cujo título antigo era Vanadis, "Matriarca dos Vanes".[1] Na mitologia escandinava, os Vanes eram os antigos deuses que precederam os deuses patriarcais guerreiros de Asgard, Odin e seus seguidores. Os Vanes eram divindades agrícolas amantes da paz, devotadas aos princípios do matriarcado e à Grande Deusa, que terminou por ser incluída no novo panteão com o nome de Freya ou Frigga.

A vanadinita é um mineral de cor forte que exibe variados matizes do vermelho, do vermelho-laranja, do vermelho-marrom e do amarelado, em geral como crostas de pequenos cristais hexagonais. Muito apreciada pela sua cor, também vale a pena contemplá-la com uma lupa, capaz de revelar sua beleza de forma.

A vanadinita também serve como minério secundário de chumbo.

1. Medenbach & Wilk, 144.

VARISCITA (Fosfato de Alumínio Hidratado)

A variscita recebeu seu nome de Variscia, antigo termo para o distrito alemão de Vogtland, onde o mineral foi descoberto pela primeira vez. Quando a variscita foi descoberta em Utah, foram feitos esforços para mudar o seu nome para Amatrice ou Amatrix, a partir de "matriz americana", mas o termo não pegou. Há, no entanto, uma variedade conhecida como utahlita. Outra variedade, em que há ferro no lugar do alumínio, é conhecida como strengita.[1]

A variscita é um mineral fascinante, encontrado de modo geral em massas criptocristalinas, estando em veios com outros minerais como a millisita ou wardita, com sua cor cinza pálida; tal como a malaquita, a variscita desenvolve anéis e "olhos" concêntricos. Suas cores básicas são o verde-amarelado, o verde-azulado e os verdes mais profundos. Às vezes, ela é polida e vendida como substituto da turquesa, mais cara, com a qual pode assemelhar-se. Mas a variscita tem seu próprio tipo de beleza e não deve ser mascarada de outra coisa. Peças boas, mostrando uma rica variedade em termos de cor e de padrão, estão se tornando raras, sendo por isso ainda mais valorizadas pelos seus afortunados donos.

1. Wodiska, 185; Sinkankas, *M. A.*, 409.

WAVELLITA (Fosfato de Alumínio Hidratado)

A wavellita é um dos minerais interessantes que formam mandalas naturais – isto é, círculos radiantes – em agregados de cristais semelhantes a agulhas que se projetam para fora a partir de um centro comum. Esses agregados iridescentes podem ocorrer como crostas circulares chatas ou como esferas e hemisférios tridimensionais. Massas chatas de wavellita podem cobrir a rocha-matriz como uma roupa desenhada com padrões estrelados intricadamente sobrepostos.

As cores desse mineral costumam ser suaves, variando do esbranquiçado aos verdes e marrons. Os cristais radiantes exibem um brilho sedoso e podem assemelhar-se a rodas girando quando inclinados contra uma fonte de luz. Talvez essa semelhança dê à wavellita uma conotação de viagem ou de rodas cármicas simbólicas.

O mineral recebeu seu nome do seu descobridor inglês, William Wavell, que morreu em 1829.

WILLEMITA (Silicato de Zinco)

Batizada a partir do nome do rei Willem I da Holanda (1772-1843), a willemita tem sido encontrada em cristais grandes com qualidade de gema quase exclusivamente nas famosas minas de zinco de Franklin, Nova Jersey. Em outros lugares, aparece em crostas de cristais microscópicos e em formas maciças. A willemita pode ser incolor, amarela, avermelhada ou marrom; mas a cor característica é amarelo-verde, com uma espetacular fluorescência verde-amarelada sob a luz ultravioleta. Acredita-se que quantidades vestigiais de manganês ativem essa fluorescência. Alguns exemplares brilham tão vividamente que a sua radiância é vista com clareza mesmo em plena luz do dia.

Cristais transparentes de willemita, adequados para a joalheria, são hoje muito raros. A maioria dos espécimes de colecionador são massas, mas alguns contêm pequenas áreas de transparência. A willemita verde pode ser combinada de maneira atraente com a franklinita preta e com a calcita branca, originando belas peças de prateleira. O tão admirado "minério de Natal" combina a willemita, com sua fluorescência verde, e a calcita, igualmente brilhante, com sua fluorescência vermelha.

WITHERITA (Carbonato de Bário)

A witherita é um mineral relativamente raro cujo nome vem do mineralogista inglês W. Withering (1741-1799). É translúcida, mas de cor apagada, normalmente cinza-amarelada pálida ou de um branco sujo. Tem interessantes formas cristalinas, como dipirâmides pseudo-hexagonais e prismas pseudo-hexagonais. Colocada diante da luz clara, exibe fascinantes marcas superficiais semelhantes a ondas e um forte luzir interior, como se gostasse de se tornar transparente caso a natureza não tivesse determinado outra coisa.

A witherita é pesada por causa do seu conteúdo de bário. Ela é, às vezes, usada como minério de bário, embora raramente ocorra em quantidade suficiente para tornar a extração lucrativa.

WULFENITA (Molibdato de Chumbo)

A wulfenita recebeu o apelido de pedra-manteiga, porque aparece tipicamente em cristais tabulares (achatados) amarelo-laranja brilhantes ou marrom-mel, lembrando doces ou caramelos de manteiga. Seu nome perpetua o do mineralogista austríaco Franz Xavier von Wulfen (1728-1805), embora seu apelido seja uma designação mais descritiva e fácil de lembrar. Sendo um composto do chumbo, a wulfenita é pesada – tem sete vezes o peso da água. Apesar de sua aparência de doce, ela por certo não é edível.

A wulfenita é valorizada pelos colecionadores porque seus cristais surgem em belos agrupamentos e, às vezes, assumem formas inesperadas; sempre vale a pena estudá-los com uma lupa. A wulfenita é muito mole para servir como jóia, mas um bom exemplar pode ser a "gema" de uma coleção. Os espécimes famosos e incomuns são os cristais vermelhos ígneos da mina de Red Cloud do Arizona, mas os matizes dourados mais familiares podem dar uma nota especial a qualquer exibição de minerais.

ZINCITA (Óxido de Zinco)

Ao lado da hematita, do rubi, da granada, da cornalina e do jaspe heliotrópio, a zincita merece ser chamada de "pedra-de-sangue", porque seu vermelho profundo é bem parecido com o matiz do sangue. Contudo, nenhuma quantidade significativa de zincita foi encontrada em outra parte do mundo a não ser os peculiares depósitos de zinco de Franklin, Nova Jersey. Alguns vestígios insignificantes foram encontrados na Itália, na Polônia, na Espanha e na Austrália. As minas de Franklin produzem um número assombroso de minerais não encontrados em outros lugares, e a zincita parece estar entre eles.

São muito raros os grandes cristais de zincita, mas há notícias da ocorrência de alguns; alguns foram cortados e facetados como gemas.[1] Crostas de pequenos cristais podem lembrar manchas de sangue nas rochas de base. A zincita não deve ser confundida com o óxido de zinco comercial, resultante da oxidação dos vapores do metal zinco fervente, o que produz um brilhante pigmento branco usado muitas vezes em tintas e vernizes. O óxido de zinco natural é vermelho, talvez devido a vestígios de manganês. Esse mineral incomum pode muito bem qualificar-se como o sangue simbólico da terra e como uma lembrança dos muitos mistérios ainda não resolvidos com que se defrontam os esforços humanos permanentes de compreender o nosso planeta natal.

---

1. O'Donoghue, *E. M. G.*, 93, 175.

ZIRCÃO (Silicato de Zircônio)

O zircão é a gema radiativa. Muitos exemplares contêm tório, urânio ou háfnio radiativos, que destroem lentamente a estrutura cristalina através do bombardeio com partículas alfa. O zircão normal ou "alto" ainda não está afetado pela radiatividade, ao passo que o zircão "baixo" pode já ter se tornado um mineral metamíctico (decaído) de aparência escura betuminosa e estrutura interna amorfa, havendo vários estágios intermediários. O tratamento com calor pode às vezes devolver o zircão baixo a um estado cristalino, mas ele reverte à sua cor escura. O zircão transparente com qualidade de gema é obtido pelo tratamento com calor das pedras naturais. O zircão incolor é chamado jargão; o cor-de-fogo é com freqüência denominado jacinto. Uma variedade marrom-avermelhada escura conhecida como cirtólita é inequivocamente radiativa.[1]

Alguns místicos dizem que o zircão não tem propriedades de cura porque "ainda está evoluindo". Outros insistem que ele trata o fígado e o estômago, estimula os sonhos e a projeção astral e age como pedra de desejos.[2] Alternativamente, ele "estimula o apetite, ajuda a digestão e retira o pecado".[3] Há quem diga que o seu único efeito é sobre os pulmões, devendo ser colocado no interior de um pulmão de ferro "para que a luz exterior do universo possa ser transmitida através das pedras para o peito nu da pessoa, chegando aos pulmões".[4] Uma fonte especialmente confusa diz ser ele uma "gema do verão", mas o coloca como uma pedra natal de dezembro.[5]

O negro e amorfo zircão baixo deve ter sido um elemento do tradicional teste de castidade com o zircão: alguém que beija um zircão branco revela sua falta de castidade se a pedra ficar preta. O zircão amarelo, no entanto, atrai o amor e aumenta o desejo sexual. O zircão vermelho cura ferimentos e alivia a dor. O zircão marrom – sua cor natural comum – serve para "aterrar".[6]

O zircão incolor tem servido de substituto barato dos diamantes há muitos anos, ao lado do seixo do Reno (quartzo facetado). Hoje, os zircões são valorizados como gemas por direito próprio. Contudo, a maior parte do zircão extraído nunca é convertida em gemas, servindo antes como minério do zircônio, do háfnio e do tório. Como os seus cristais tendem a parecer apagados até receberem um tratamento cosmético, o zircão natural não é especialmente cobiçado. Para ser convertido numa gema clara e brilhante, o zircão, naturalmente marrom, é exposto a temperaturas que excedem os 980 graus. A conversão costuma ser permanente, mas a exposição à radiação dessas pedras tratadas a fogo pode restabelecer sua cor marrom original. Nos séculos XVIII e XIX, os zircões incolores tinham o nome popular de diamantes Matara,[7] nome que ainda é usado algumas vezes.

---

1. Sinkankas, *M. A.*, 540. 2. Stein, 265. 3. Wodiska, 237. 4. Richardson et al., 127. 5. Parkinson, 220. 6. Cunningham, 145. 7. Webster, 153, 156.

ZIRCÔNIA CÚBICA (Óxido de Zircônio Cúbico Estabilizado)

Em 1937, os mineralogistas observaram pela primeira vez, no interior de um zircão natural, a forma cúbica do óxido de zircônio, também conhecido como beddeleyita, a partir do nome do mineralogista inglês do século passado, Joseph Baddeley. A princípio considerada demasiado instável para ter utilidade no comércio de gemas, essa "zircônia cúbica" tornou-se a mais importante gema feita pelo homem. É até agora a melhor imitação do diamante, tendo uma dureza de 8,5 na escala Mohs e brilho ainda maior do que um diamante genuíno. Vendo uma zircônia cúbica e um diamante facetados lado a lado, uma pessoa pouco informada não consegue perceber a diferença. A zircônia cúbica é quase duas vezes mais pesada que o diamante, mas essa diferença não importa no caso de pequenas pedras cortadas.

Costumava-se pensar que cristais de óxido de zircônio jamais poderiam ser desenvolvidos em laboratório devido ao ponto de fusão extremamente alto do mineral, cerca de 5000 graus Fahrenheit (2750 graus Celsius). O recipiente não podia ser feito de nenhuma substância conhecida, porque nessas temperaturas derreteria antes do conteúdo. Por fim, o cientista russo V. V. Osiko inventou a técnica "skull melt", mediante a qual o óxido de zircônio derretido fica contido no interior de paredes secas ou não derretidas de sua própria substância, sendo a porção central aquecida por ondas de rádio, enquanto a carapaça externa é resfriada com água levada por canos de cobre.

A zircônia cúbica tem sido vendida sob grande número de nomes comerciais, alguns deles elaborados para sugerir que ela é uma espécie de diamante: Cerene, Diamon-Z, Diamonair, Diamonesque, Diamondite, Diconia, Djevalite, Fianite, Phyanite, Shelby, Singh kohinoor. Agora que a gema está ganhando aceitação por seus próprios méritos, esses nomes enganosos estão desaparecendo e "CZ" é respeitável. Ela pode ser encontrada numa variedade de cores. É tão durável quanto qualquer pedra natural de dureza comparável, sendo portanto um acréscimo permanente aos minerais deste planeta, embora seja filha da engenhosidade humana e não da natureza. Com efeito, esses diamantes de imitação podem sobreviver por milhões de anos a toda a espécie humana. Esse pensamento é um provocador ponto de partida para a meditação sobre essa jóia nova e tão humana.

Especial para quem faz tricô: Como fazer uma bolsinha para cristal para pendurar no pescoço

Use suas agulhas mais finas (1, 0 ou 00) e a melhor linha. Escolha um belo algodão metálico, ou seda, ou linha de crochê, linha de bordado ou até de costura. Outra possibilidade é uma linha de pesca de náilon extrafina debruada, para fazer uma bolsinha indestrutível.

Dê cinco pontos.

Carreira 1 (avesso) – Dê um ponto de tricô,* arremate, dê mais um ponto; repita a partir de *.

Carreira 2 – Dê um ponto de meia, trabalhando com as costas de todos os pontos arrematados para prendê-los e fechar os buracos.

Repita essas duas carreiras duas vezes mais. Aumente a carreira da primeira vez com 9 pontos; a segunda com 17 e a terceira com 33. Então trabalhe sempre com pontos de tricô (tricô pelo avesso e ponto de meia pelo direito) até que a peça fique comprida o bastante para cobrir o seu cristal, terminando com uma carreira do lado direito.

Carreira de ilhó, lado avesso – Dê um ponto de tricô,* arremate, dê 2 pontos juntos; repita a partir de *.

Próxima carreira – Dê pontos de tricô, trabalhando na frente de todos os pontos arrematados para deixar orifícios por onde passar um cordão. Depois, faça mais 5 carreiras (ponto de liga) e prenda, deixando uma longa extremidade para costurar a junção lateral. Costure até a fileira inicial, una os dois fios e prenda pelo lado de dentro.

Para o cordão, que deve ter um fio igual e um pequeno gancho de crochê, use umas 24 polegadas de linha ou o bastante para caber confortavelmente no pescoço. Com uma agulha de arremate, passe o cordão pelos ilhoses, centre a bolsinha no cordão e dê um nó folgado perto da bolsinha. Amarre bem as extremidades do cordão num nó firme (que vai ficar na parte posterior do pescoço). Coloque o cristal e use-o!

Variações: obviamente, o número de pontos dessa bolsinha simples pode ser aumentado à vontade para acomodar pedras maiores que não vão ser usadas em torno do pescoço. Uma quarta carreira trabalhada com as outras vai dar um total de 65 pontos; pode-se aumentar mais gradualmente fazendo apenas 4, 8 ou 12 aumentos uniformemente espaçados em cada uma das outras carreiras. Lembre-se de que o número total de pontos deve ser um múltiplo de 4 mais um extra, para que haja um número par de ilhoses.

Para fazer uma bolsa para proteger uma esfera, um ovo ou outra peça grande de cristal, use fio *espesso* e agulhas pequenas para o máximo de proteção. Fios fortes usados com agulhas 1 ou 2 formarão uma "capa" que mantém o seu exemplar em segurança durante o transporte ou a embalagem. Experimente vários tipos e espessuras de fio e tenha um conjunto das pedras mais bem vestidas do ano!

Bibliografia

Alper, Frank, *Exploring Atlantis,* 2 vols., Fênix, Arizona, Metaphysical Society, 1981.

Anderson, Frank J., *Riches of the Earth: Ornamental, Precious, and Semiprecious Stones,* Nova York, Windward, 1981.

Arem, Joel E., *Color Encyclopedia of Gemstones,* Nova York, Van Nostrand Reinhold, 1977.

Audubon Society Field Guide to North American Rocks and Minerals, Nova York, Knopf, 1978.

Axon, Gordon V., *The Wonderful World of Gems,* Nova York, Criterion Books, 1967.

Baer, Randall N. e Vicki V. Baer, *Windows of Light: Quartz Crystals and Self-Transformation,* Nova York, Harper and Row, 1984.

______, *The Crystal Connection: A Guidebook for Personal and Planetary Ascension,* Nova York, Harper and Row, 1987.

Bancroft, Peter, *The World's Finest Minerals and Crystals,* Nova York, Viking, 1973.

Bariand, Pierre, *World Treasury of Minerals in Color,* Genebra, Éditions Minerva, 1976.

Bauer, Jaroslav, *A Field Guide in Color to Minerals, Rocks and Precious Stones,* Londres, Octopus Books, 1974.

Bell, Pat e David Wright, *Rocks and Minerals,* Nova York, Macmillan, 1985.

Boegel, Hellmuth, *The Studio Handbook of Minerals,* Nova York, Viking, 1972.

Bonewitz, Ra, *Cosmic Crystals: Crystal Consciousness and the New Age,* Wellingborough, Northamptonshire, Turnstone Press, 1983.

Bravo, Brett, *Crystal Healing Secrets,* Nova York, Warner Books, 1988. [*O Segredo dos Cristais,* Editora Pensamento, São Paulo, 1991.]

Brennan, Barbara Ann, *Hands of Light: A Guide to Healing Through the Human Energy Field,* Nova York, Bantam, 1987. [*Mãos de Luz: Um Guia para a Cura através do Campo de Energia Humana,* Editora Pensamento, São Paulo, 1990.]

Bryant, Page, *Crystals and Their Use*, Albuquerque, Novo México, Sun Publishing, 1984.

Burbutis, Philip W., *Quartz Crystals for Healing and Meditation*, Tucson, Arizona, Universarium Foundation, 1983.

Camp, John, *Magic, Myth and Medicine*, Nova York, Taplinger, 1974.

Chambers's Mineralogical Dictionary, Nova York, Chemical Publishing, 1945.

Chocron, Daya Sarai, *Healing with Crystals and Gemstones*, York Beach, Maine, Weiser, 1986.

Clark, Andrew, *Rocks and Minerals*, Nova York, Exeter Books, 1984.

Court, Arthur e Ian Campbell, *Minerals: Nature's Fabulous Jewels*, Nova York, Harry N. Abrams, 1974.

Cunningham, Scott, *Cunningham's Encyclopedia of Crystal, Gem and Metal Magic*, St. Paul, Minnesota, Llewellyn, 1988.

Dake, H. C., Frank L. Fleener e Ben Hur Wilson, *Quartz Family Minerals*, Nova York, McGraw-Hill, 1938.

de Camp, L. Sprague, *Lost Continents: The Atlantis Theme*, Nova York, Dover, 1970.

Deeson, A. F. L., *The Collector's Encyclopedia of Rocks and Minerals*, Nova York, Clarkson N. Potter, 1973.

De Michele, Vincenzo, *The World of Minerals*, Nova York, World Publishing, 1972.

Desautels, Paul E., *The Mineral Kingdom*, Nova York, Grosset & Dunlap, 1968.

______, *Rocks and Minerals*, Nova York, Grosset & Dunlap, 1974.

______, *The Gem Kingdom*, Nova York, Random House, s/d.

English, George Letchworth e David E. Jenson, *Getting Acquainted with Minerals*, Nova York, McGraw-Hill, 1958.

Fernie, William T., M. D., *The Occult and Curative Powers of Precious Stones*, São Francisco, Harper and Row, 1973.

Fisher, P. J., *The Science of Gems*, Nova York, Scribner's, 1966.

Flammonde, Paris, *The Mystic Healers*, Nova York, Stein & Day, 1974.

Gait, Robert I., *Exploring Minerals and Crystals*, Toronto, McGraw-Hill Ryerson, 1972.

Galanopoulos, A. G. e Edward Bacon, *Atlantis: The Truth Behind the Legend*, Nova York, Bobbs-Merrill, 1969.

Gems, Stones, and Metals for Healing and Attunement: A Survey of Psychic Readings, Heritage Publications, 1977.

Gurudas (canalizado através de Kevin Ryerson), *Gem Elixirs and Vibrational Healing*, Boulder, Colorado, Cassandra Press, 1985.

Harold, Edmund, *Focus on Crystals*, Nova York, Ballantine Books, 1986.

Hay, John, *Kernels of Energy, Bones of Earth: The Rock in Chinese Art*, Nova York, China House Gallery, 1985.

Hodges, Doris M., *Healing Stones*, Perry, Iowa, Pyramid, 1961.

Holbrook, Stewart H., *The Golden Age of Quackery*, Nova York, Macmillan, 1959.

Holden, Alan e Phylis Morrison, *Crystals and Crystals Growing*, Cambridge, Massachusetts, MIT Press, 1982.

Hurlbut, Cornelius S., Jr., *Minerals and Man*, Nova York, Random House, s/d.

Hutton, Helen, *Practical Gemstone Craft*, Nova York, Viking, 1972.

Jones, Robert W., Jr., *Nature's Hidden Rainbows: The Fluorescent Minerals of Franklin, New Jersey*, São Gabriel, Califórnia, Ultra-Violet Products, 1964.

Kunz, George Frederick, *The Curious Lore of Precious Stones*, Filadélfia, Lippincott, 1913.

Lorusso, Julia e Joel Glick, *Healing Stoned: The Therapeutic Use of Gems and Minerals*, Albuquerque, Novo México, Brotherhood of Life, 1985.

Lucas, Randolph, org., *The Illustrated Encyclopedia of Minerals and Rocks*, Londres, Octopus Books, 1977.

Medenbach, Olaf e Harry, Wilk, *The Magic of Minerals*, Berlim, Springer-Verlag, 1985.

Metz, Rudolph, *Precious Stones and Other Crystals*, Nova York, Viking, 1965.

Nassau, Kurt, *Gems Made by Man*, Radnor, Pensilvânia, Chilton, 1980.

______, *Gemstone Enhancement*, Londres, Butterworth's, 1984.

O'Donoghue, Michael, *A Guide to Man-Made Gemstones*, Nova York, Van Nostrand Reinhold, 1983.

______, *Quartz*, Londres, Butterworth's, 1987.

O'Donoghue, Michael, org., *The Encyclopedia of Minerals and Gemstones*, Nova York, Crescent Books, 1983.

Parkinson, Cornelia M., *Gem Magic*, Nova York, Fawcett Columbine, 1988.

Pearl, Richard M., *1001 Questions Answered About the Mineral Kingdom*, Nova York, Dodd, Mead, 1960.

Pough, Frederick H., *A Field Guide to Rocks and Minerals*, Boston, Houghton Mifflin, 1960.

Randi, James, *Flim-Flam!*, Búfalo, Nova York, Prometheus Books, 1982.

Raphaell, Katrina, *Crystal Enlightenment: The Transforming Properties of Crystals and Healing Stones*, Nova York, Aurora Press, 1985. [*As Propriedades Curativas dos Cristais e das Pedras Preciosas*, Editora Pensamento, São Paulo, 1988.]

______, *Crystal Healing: The Therapeutic Application of Crystals and Stones*, Nova York, Aurora Press, 1987. [*A Cura pelos Cristais: Como Aplicar as Propriedades Terapêuticas dos Cristais e das Pedras Preciosas*, Editora Pensamento, São Paulo, 1991.]

Rea, John D., *Patterns of the Whole. Vol. 1, Healing and Quartz Crystals*, Boulder, Colorado, Two Trees Publishing, 1986.

Rice, Patty C., *Amber: The Golden Gem of the Ages*, Nova York, Van Nostrand Reinhold, 1980.

Richardson, Wally, Jenny Richardson e Leonora Huett, *The Spiritual Value of Gem Stones*, Marina del Rey, Califórnia, DeVorss & Company, 1980.

Robinson, Lytle, *Edgar Cayce's Story of the Origin and Destiny of Man*, Nova York, Berkley Books, 1985.

Rogers, Cedric, *Rocks and Minerals*, Londres, Triune Books, 1973.

Rouse, John D., *Garnet*, Londres, Butterworth's, 1986.

Rutland, E. H., *An Introduction to the World's Gemstones*, Nova York, Doubleday, 1974.

Sanborn, William B., *Oddities of the Mineral World*, Nova York, Van Nostrand Reinhold, 1976.

Schumann, Walter, *Gemstones of the World*, Nova York, Sterling, 1977.

Scientific Properties and Occult Aspects of Twenty-two Gems, Stones, and Metals: A Comparative Study Based on the Edgar Cayce Readings, Virginia Beach, Virgínia, A. R. E. Press, 1979.

Shaub, Benjamin M., *Treasures from the Earth: The World of Rocks and Minerals*, Nova York, Crown, 1975.

Shipley, Robert M., *Dictionary of Gems and Gemology*, Los Angeles, Gemological Institute of America, 1971.

Silbey, Uma, *The Complete Crystal Guidebook*, Nova York, Bantam, 1987.

Simon & Schuster's Guide to Gems and Precious Stones, Nova York, Simon & Schuster, 1986.

Simon & Schuster's Guide to Rocks and Minerals, Nova York, Simon & Schuster, 1977.

Sinkankas, John, *Gemstones of North America*, Princeton, Nova Jersey, D. Van Nostrand, 1959.

______, *Gemstones and Minerals: How and Where to Find Them*, Princeton, Nova Jersey, D. Van Nostrand, 1961.

______, *Mineralogy for Amateurs*, Princeton, Nova Jersey, D. Van Nostrand, 1964.

Smith, G. F. Herbert, *Gemstones*, Nova York, Pitman, 1958.

Sorrell, Charles A., *Rocks and Minerals*, Nova York, Golden Press, 1973.

Spence, Lewis, *The History of Atlantis*, Nova York, University Books, 1968.

Spencer, L. J., *A Key to Precious Stones*, Nova York, Emerson Books, 1959.

Stein, Diane, *The Women's Book of Healing*, St. Paul, Minnesota, Llewellyn, 1987.

Stern, Max, and Company, *Gems: Facts, Fantasies, Superstitions, Legends*, Nova York, Max Stern and Company, 1946.

Tennissen, Anthony C., *Nature of Earth Materials*, Englewood Cliffs, Nova Jersey, Prentice-Hall, 1974.

Thomson, Horace L., *Legends of Gems*, Los Angeles, Graphic Press, 1937.

Uyldert, Mellie, *The Magic of Precious Stones*, Wellingborough, Northamptonshire, Turnstone Press, 1981. [*A Magia das Pedras Preciosas*, Editora Pensamento, São Paulo, 1991.]

Wade, Frank B., *A Text-Book of Precious Stones*, Nova York, Putnam's, 1918.

Webb, James, *The Harmonious Circle: The Lives and Works of G. I. Gurdjieff, P. D. Ouspensky, and Their Followers*, Nova York, Putnam's, 1980.

Webster, Robert, *Gems: Their Sources, Descriptions and Identification*, Londres, Butterworth's, 1983.

Weinstein, Michael, *The World of Jewel Stones*, Nova York, Sheridan House, 1958.

Whitlock, Herbert P., *The Story of the Gems*, Nova York, Emerson Books, 1963.

Wodiska, Julius, *A Book of Precious Stones*, Nova York, Putnam's, 1909.

Woolley, Alan, org., *The Illustrated Encyclopedia of the Mineral Kingdom*, Nova York, Larousse, 1978.

Young, James Harvey, *The Medical Messiahs: A Social History of Health Quackery in Twentieth-Century America*, Princeton, Nova Jersey, Princeton University Press, 1967.

Zim, Herbert S., e Paul R. Shaffer, *Rocks and Minerals: A Guide to Familiar Minerals, Gems, Ores and Rocks*, Nova York, Golden Press, 1957.